Deux Ans de Commandement

SUR LE FRONT DE FRANCE

TOME II

LE 9ᵉ CORPS D'ARMÉE — LA 6ᵉ ARMÉE

Général A. DUBOIS

Du Cadre de Réserve

Ancien Commandant du 9e Corps et de la 6e Armée

Deux Ans
de Commandement
sur le Front de France
1914-1916

TOME II

Photo Antony, Ypres.

Ruines d'YPRES. — Incendie Halles et rue de Lille (22 novembre 1914).

PARIS
Henri CHARLES-LAVAUZELLE
Editeur militaire
124, Boulevard Saint-Germain, 124
(MÊME MAISON A LIMOGES)

—

1921

AVANT-PROPOS

Nous avons laissé, dans le tome Ier, le 9e corps d'armée au moment où, reconstitué après ses magnifiques combats du début de la guerre, il recevait l'ordre de s'embarquer pour gagner, en Belgique, la gauche des armées françaises.

Le présent volume (tome II) le prend au moment où il débarque dans le Nord pour aller s'engager à Ypres.

Deux Ans de Commandement

SUR LE FRONT DE FRANCE

I

LA BATAILLE D'YPRES.

<table>
<tr><td rowspan="2">Carte
française
au
1/200.000°.</td><td>Dunkerque.</td><td rowspan="2">Carte belge
au
1/40.000°.</td><td>Roulers.</td></tr>
<tr><td>Lille.</td><td>Ypres.</td></tr>
</table>

Après leur retraite au nord de la Marne, les Allemands s'étaient arrêtés sur une ligne générale qui passait par Ribécourt (10 kilomètres sud de Noyon), Soissons, Reims, Ville-sur-Tourbe, pour aller s'appuyer à la Meuse à travers l'Argonne.

La bataille s'était aussitôt engagée sur ce front. Presque immédiatement, dès le milieu de septembre, l'ennemi, revenant à sa tactique habituelle, avait tenté une nouvelle manœuvre enveloppante sur notre gauche.

Le commandement français, pour y faire face, avait prescrit, le 17 septembre, de « *constituer à l'aile gauche de notre dispositif une masse capable de parer au mouvement débordant de l'ennemi* (1) ».

Bientôt, l'ennemi accentuait sa menace en transportant d'abord à l'est de Péronne la II° armée allemande (von Bulow), puis à l'est d'Arras la VI° armée (prince Ruprecht de

---

(1) Grand quartier général : *Quatre mois de guerre.*

Bavière), et enfin en faisant intervenir plus au nord, dans la région Lille - Ypres, la IVe armée (duc de Wurtemberg) constituée par des corps d'armée de nouvelle formation, auxquels devait s'ajouter le corps de siège d'Anvers.

A cette manœuvre, nous avions répondu par une action parallèle tendant à gagner la droite allemande :

1° Par le transfert, du 20 au 26 septembre, de la 2e armée (de Castelnau), dans la région au sud de la Somme;

2° Par la création, le 30 septembre, de la 10e armée (de Maud'huy), au nord de la Somme, au moyen de corps d'armée prélevés sur l'ensemble du front;

3° Par le transport, à partir du 12 octobre, de l'armée anglaise de la région de l'Aisne dans celle de Lille - Ypres;

4° Par la formation, le 20 octobre, d'une 8e armée (d'Urbal), dénommée d'abord « détachement d'armée de Belgique », destinée à agir avec l'armée belge qui, après la défense d'Anvers, le 8 octobre, s'était retiré sur la ligne de l'Yser sous la protection des 6.000 fusiliers marins de l'amiral Ronarc'h, de 8.000 marins anglais et de la 7e division anglaise.

C'est l'ensemble de ces transports de troupes que l'on appela « la course à la mer », dans laquelle il ne nous fût pas possible de devancer l'ennemi pour déborder sa droite, mais où nous réussîmes du moins à lui barrer le passage sur la ligne de l'Yser.

Le 9e corps était appelé à faire partie de la 8e armée. Il allait même en être l'élément le plus important, car cette armée n'existait encore qu'à l'état d'embryon. Elle ne comprenait que la 42e division d'infanterie, jetée le 23 octobre à l'embouchure de l'Yser pour y barrer la route de la côte, la brigade de fusiliers marins Ronarc'h, les 87e et 89e divisions territoriales et le 2e corps de cavalerie (de Mitry).

Les troupes alliées étaient entrées en action dans les Flandres dans les conditions suivantes :

Le 12 octobre, le 2e corps anglais (Smith Dorrien) avait atteint Bailleul;

Le 13, le 3e corps (Pulteney), s'était étendu sur la ligne Armentières - Wytschaëte, et le corps de cavalerie Allenby avait gagné le front Wytschaëte - Hollebeke - Zandwoorde;

Le 14, la 3e division de cavalerie anglaise (Byng), avec notre 87e division territoriale (général Bidon), avait occupé Ypres et ses abords;

Le 15, la 7e division d'infanterie anglaise, qui avait été primitivement poussée dans la direction de Gand pour faciliter la retraite de l'armée belge, s'arrêtait dans son mouvement de repli et occupait le front Zandwoorde - Zonnebeke;

Le même jour, l'armée belge qui avait évacué Anvers le 8 octobre, appuyée par la brigade de fusiliers marins Ronarc'h, prenait position sur l'Yser, de la mer à Dixmude. Elle s'y reliait à notre 89e division territoriale qui avait été jetée dans le secteur Dixmude - Bœsinghe.

Ainsi se trouvait tracé par une ligne mince, mais continue, le front sur lequel allait se livrer la bataille de l'Yser. (Croquis n° 18, page 11.)

Cette bataille, qui devait comprendre deux actions distinctes, l'une sur l'Yser même, l'autre dans la région d'Ypres, s'était engagée dès le 17 sur le front de Nieuport - Dixmude, où l'ennemi s'efforçait de déborder la gauche des troupes franco-belges.

L'armée belge, résistant vaillamment, avait contenu, le 17, toutes les attaques allemandes, mais, à partir du 18, elle avait dû abandonner petit à petit les localités de la rive droite de l'Yser dans la région de Nieuport, savoir : Mannekensvere le 18 et Lombartzyde le 20. Elle avait dû également, dans la nuit du 21 au 22, évacuer une partie de la boucle de Tervaete où les Allemands avaient commencé à s'infiltrer. Par contre, les 11e et 12e régiments d'infanterie belge, appuyés par nos fusiliers marins, avaient brisé d'une façon absolue les efforts allemands pour s'emparer de Dixmude qui ne succomba que trois semaines plus tard, le 10 novembre.

Pour venir en aide à nos camarades belges, le corps de

cavalerie de Mitry, arrivé à ce moment au nord d'Ypres, avait reçu comme mission d'attaquer les colonnes allemandes signalées en marche de Thourout et de Roulers sur Dixmude (1).

Le 17, les 4ᵉ et 7ᵉ divisions de cavalerie (général de Buyer et général Hély-d'Oissel) s'étaient heurtées, à Houthulst et à Clercken, à de l'infanterie cycliste appuyée par de l'artillerie lourde. Elles avaient débusqué l'ennemi de ces villages, pendant qu'une division de cavalerie belge, qui était adjointe au corps de Mitry, canonnait des colonnes allemandes en marche à l'est de Staden. (Croquis n° 19, en fin de volume.)

Le 18, les 5ᵉ, 6ᵉ et 7ᵉ divisions de cavalerie (généraux Allenou, Réquichot et Hély-d'Oissel) continuaient l'offensive.

Elles étaient appuyées par les 41ᵉ et 60ᵉ bataillons de chasseurs. Des bataillons territoriaux étaient, en outre, installés en repli : un bataillon avec une batterie à Zonnebeke, un bataillon et une batterie à Poelcapelle, un bataillon à Houthulst, ainsi qu'un bataillon de fusiliers marins à Zarren.

Elles venaient occuper, la 7ᵉ division, Staden; les 5ᵉ et 6ᵉ divisions, Roulers, qui était brillamment enlevé par le 13ᵉ chasseurs (brigade Morel) et par la brigade de dragons Laperrine qui avait débordé la ville par l'ouest.

Ce même jour, la 4ᵉ division de cavalerie avait occupé Werckem et Cortemarck, refoulant les détachements avancés ennemis, canonnant un train chargé de troupes et détruisant la voie ferrée pour empêcher les débarquements.

Le 19, l'entrée en ligne de forces allemandes considérables avait amené le repli de notre corps de cavalerie qui, disputant le terrain pied à pied, était en fin de journée revenu cantonner dans la région Westroosebeke - Poelcappelle - Houthulst.

Cette journée fut marquée par une série de combats. L'un des plus importants fut livré par la 3ᵉ brigade de dragons (général Robillot), qui, chargée de couvrir la route de Staden à Langemarck, s'était installée défensivement sur la croupe de Stadenberg, avec avancées à mi-chemin de Staden.

---

(1) Cet exposé sommaire des opérations de notre cavalerie a été fait d'après les journaux de marches du 2ᵉ corps de cavalerie, de la 4ᵉ D. C., de la 5ᵉ D. C., de la 7ᵉ D. C., de la 5ᵉ brigade de cuirassiers, de la 6ᵉ brigade de dragons, de la 6ᵉ brigade légère, de la 3ᵉ brigade de dragons.

Bataille de l'Yser.

(Croquis nº 18.)

A 20 heures, les Allemands entraient dans Staden, y mettaient le feu et commençaient à piller. Profitant du désordre, le commandant Chapin, du 22ᵉ dragons, se glissait dans la ville avec une quarantaine de cavaliers, ouvrait le feu à bout portant sur les fantassins allemands qui encombraient les rues, y jetait la panique, puis regagnait nos postes avancés.

A 22 heures, l'ennemi, remis de cette alerte, attaquait la brigade Robillot et, à partir de minuit, commençait à s'infiltrer dans les maisons de Stadenberg auxquelles s'appuyaient les barricades. La défense du village se poursuivait jusqu'au 20, à 8 heures du matin, les défenseurs se repliant de barricades en barricades.

A ce moment, la brigade de dragons commençait à être débordée par l'ouest quand arrivaient trois compagnies de chasseurs envoyées en renfort. Ceux-ci se déployaient immédiatement et contre-attaquaient à la baïonnette. On eut alors ce magnifique spectacle : *les dragons, encadrant les chasseurs, chargèrent à pied, la lance en arrêt.* L'ennemi fut refoulé et, grâce à cette brillante action, dragons et chasseurs se dégageaient sans même être inquiétés et allaient prendre position à 2 kilomètres plus au sud, à Vyfwege.

Le 20, le combat avait repris, notre cavalerie continuant à ralentir les colonnes ennemies. Elle les avait longuement retardées, la 5ᵉ division sur la route de Staden à Langemarck, la 7ᵉ division en défendant Westrooscbeke et Poelcappelle, la 6ᵉ division à Passchendaele où la brigade de cuirassiers Maison-Rouge eut un engagement à pied assez chaud. Elle les avait finalement arrêtées sur le front Langemarck - Kortekeer - Bixschoote, où elle avait trouvé l'appui des 87ᵉ et 89ᵉ divisions territoriales et de plusieurs unités anglaises.

Dans ce combat pied à pied, la 4ᵉ division de cavalerie, à laquelle sa situation en pointe pour couvrir les ponts de Dixmude à Drie-Grachten assignait une mission difficile, avait eu une lutte particulièrement dure à soutenir, ne cédant devant des forces considérablement supérieures que dix kilomètres en cinquante heures.

Le 21 et le 22, avec la coopération de la 87ᵉ division territoriale, le corps de cavalerie s'était maintenu sur le front Langemarck - Kortekeer - Bixschoote, contenant l'ennemi dans de violents combats à pied qui étaient allés, en certains points, jusqu'à des corps à corps.

Le rôle de la cavalerie dans cette période fut considérable. Elle rendit un service inappréciable. Sans elle, l'ennemi eût atteint, avant l'arrivée de nos renforts, l'Yser dans le secteur qui s'étend entre Boesinghe et Dixmude et, en admettant même qu'il ne l'eût pas franchi, le front de défense d'Ypres se fût, de ce fait, trouvé tellement rétréci qu'il serait devenu difficilement tenable.

Grâce à elle, les troupes alliées purent s'installer sur l'Yser et s'y organiser défensivement. Résultat capital au point de vue de la bataille future!

Entre temps, le 1er corps anglais (Douglas Haig), venant de la région de l'Aisne, était arrivé à Ypres le 19 octobre. Il y avait remplacé la 87e division territoriale (Bidon) qui avait été, à partir de ce moment, rattachée au corps de Mitry et était allée occuper le front Bixschoote - canal de l'Yser.

Le général Douglas Haig avait reçu comme mission de prendre l'offensive dans la direction générale de Bruges, avec Thourout comme premier objectif (1), mais avec toute latitude d'agir dans son offensive au mieux des circonstances. Il s'était porté en avant dans les journées du 20 et du 21, appuyé à droite, dans la direction générale de Roulers, par la 7e division d'infanterie (Lawford) et par la 3e division de cavalerie (Byng); mais le repli du corps de Mitry et de violentes attaques sur la division Lawford l'amenèrent à ne pas accentuer son offensive. Il s'était arrêté sur le front qui va de Langemarck à Zonnebeke en passant par Saint-Julien. Sa droite s'était même, le 22 au soir, reportée sur une ligne située à 1 kilomètre à l'ouest de Zonnebeke.

En résumé, le 23 au matin, la répartition des forces alliées était la suivante :

---

(1) Rapport du maréchal French : « Dans une entrevue que j'eus avec sir Douglas Haig, le soir du 19 octobre, je lui ordonnai d'avancer avec le 1er corps vers Thourout, par Ypres. Son objectif était la prise de Bruges et postérieurement, si possible, de pousser l'ennemi vers Gand. Dans le cas où l'ennemi serait trouvé plus en force que nous le prévoyions, il y aurait lieu, après avoir passé Ypres, ou d'attaquer l'ennemi posté au nord, ou les forces avançant de l'est. »

La *42ᵉ division* venait d'arriver à Nieuport;

L'*armée belge* tenait l'Yser de Nieuport à Dixmude, appuyée par notre brigade de fusiliers marins;

Le *2ᵉ corps de cavalerie*, avec les 87ᵉ et 89ᵉ divisions territoriales, **gardait** l'Yser de Dixmude à Steenstraat;

La *1ʳᵉ division anglaise* allait de Steenstraat à la rivière, 1.500 mètres sud de Langemarck;

La *2ᵉ division anglaise* la prolongeait jusqu'au passage à niveau, 1 kilomètre ouest de Zonnebeke;

La *3ᵉ division de cavalerie* (Byng) et la *7ᵉ division d'infanterie anglaise*, constituant le 4ᵉ corps (Rawlinson), s'étendaient du passage à niveau de Zonnebeke aux abords de Zandwoorde, en passant par Becelaere - Gheluvelt (*ce 4ᵉ corps devait être dissous le 27 octobre et la 7ᵉ division rattachée au 1ᵉʳ corps*);

Le *corps de cavalerie Allenby* était réparti de Zandwoorde, en passant par Hollebeke, jusqu'au sud de Messines où il rejoignait le 3ᵉ corps (Pulteney) qui descendait jusqu'au delà d'Armentières.

Le front anglais, très étendu eu égard à l'effectif qui le tenait, présentait une partie extrêmement faible : le secteur de Zandwoorde à Messines, qui n'était défendu que par deux divisions de cavalerie avec une artillerie très restreinte. Des attaques sérieuses y eussent difficilement été contenues dans la période antérieure au 26 octobre, mais, fort heureusement, elles ne s'y produisirent qu'après que ce secteur eut été renforcé par l'arrivée d'une division indienne et par l'entrée en ligne du corps de cavalerie Conneau, ainsi que d'une division du 16ᵉ corps français.

Le saillant d'Ypres tenu par les troupes alliées se présentait sous la forme d'un arc de cercle qui, ayant son centre un peu au nord d'Ypres, partait de Bixschoote pour aller aboutir à Hollebeke, en passant près de Zonnebeke et en se prolongeant par Becelaere et Gheluvelt. (Croquis nᵒ 19, en fin de volume.)

Cette ligne convexe avait le grave inconvénient d'offrir une zone restreinte, complètement enveloppée, comme objectif aux tirs convergents des nombreuses batteries allemandes. Elle était, en outre, prise d'enfilade en tous sens. Enfin, elle n'avait comme communication avec l'arrière qu'une seule chaussée : la route d'Ypres à Vlamertinghe, entièrement sous le feu de l'ennemi à partir de son entrée dans Vlamertinghe.

C'est sur ce front resserré, au tracé désavantageux, avec un canal à dos, que les troupes alliées allaient avoir à contenir les attaques allemandes, répétées quotidiennement avec une extrême violence.

Les dangers que pouvait entraîner une pareille situation ne devaient d'ailleurs pas tarder à se faire sentir.

Dès les premiers jours de la bataille, la chaussée de Vlamertinghe à Ypres, seule voie susceptible de desservir les six divisions d'infanterie et les trois divisions de cavalerie alliées, agglomérées au nord et à l'est de la ville, fut insuffisante pour faire face aux ravitaillements et aux évacuations. Constamment surchargée de véhicules de toute nature, elle présentait aux croisées de routes un état d'encombrement dont l'aspect même des grands boulevards de Paris aux heures de circulation la plus intense ne saurait donner idée. Malgré un service d'ordre des plus sévères, les convois anglais, hindous, français s'y croisaient, y provoquant des encombrements qui arrêtaient toute circulation, parfois pendant une heure, quelquefois même davantage.

Il apparut de suite quels graves dangers, quelles impossibilités même se présenteraient si un mouvement de retraite venait à être ordonné. Les troupes eussent été exposées à rester entassées sous le feu des canons ennemis dans le cul-de-sac que formaient Ypres et ses abords nord-est, sans aucune possibilité d'écoulement.

Aussi le commandant du 9e corps fut il amené, dès le 26, à faire jeter sur la partie du canal comprise entre Ypres et Boesinghe trois ponts de bateaux, susceptibles de permettre un repli sans avoir à se mélanger avec les troupes anglaises. Travail considérable, car non seulement ces ponts, rapidement repérés par les Allemands, furent endommagés presque chaque jour par leurs projectiles, ce qui obligea à des réparations incessantes, mais ils durent être complétés par l'aménagement de voies d'accès dans ce sol bas et humide. On n'aboutit qu'avec les pires difficultés. Encore ne fut-ce qu'un faible palliatif, car dans ce pays, où tout parcours est impossible aux voitures à travers champs, toutes les voies venaient finalement aboutir à la chaussée de Poperinghe aux environs de Vlamertinghe. Mais cela donna au moins une sécurité relative pour le cas où, par suite de circonstances malheureuses, les forces alliées auraient eu à évacuer Ypres.

Au point de vue topographique, cette région se présente sous l'aspect d'une plaine basse, uniformément plate, d'une altitude moyenne de 15 à 20 mètres, au centre de laquelle s'élevait la ravissante ville d'Ypres avec ses antiques et pittoresques maisons flamandes, sa magnifique Halle aux draps du xiiie siècle et sa vieille cathédrale Saint-Pierre qui dominait toute la région à plusieurs lieues à la ronde.

Entourée de vieux remparts en briques, dont les troupes utilisèrent les quelques casemates, Ypres a sa face ouest adossée aux canaux de l'Yser et de l'Yperlée, dont les digues la préservent de l'inondation. L'Yperlée, sert de déversoir aux innombrables ruisseaux (becke) et canaux d'écoulement (watergand) chargés de drainer l'eau qui, dans le polder qu'est cette région, est partout à fleur de sol.

Deux énormes étangs, l'étang de Zillebeke à l'est du canal et l'étang de Dickebusch à l'ouest, servent de réceptacles aux eaux de tous les *beekes* et *watergands* de la plaine au sud d'Ypres; ils sont munis d'écluses qui eussent permis, en cas de nécessité, d'inonder une grande partie du pays, comme cela se fit dans la région nord de l'Yser.

Toute la campagne est couverte de hautes haies qui bordent les pâturages, obstruent la vue et s'ajoutent aux *watergands* pour rendre impossible en de nombreux points le parcours à la cavalerie et à l'artillerie. Les routes y sont en chaussées surélevées pour être à l'abri de l'eau et sont en nombre limité.

Trois faibles lignes de hauteurs seulement dans toute cette plaine. L'une, une simple ride, de 4 à 6 mètres au-dessus du niveau moyen de la région, part du nord d'Ypres et s'étend jusqu'à Wieltje, sur une longueur de 4 kilomètres. La deuxième, plus importante, a un commandement de 10 à 12 mètres et va de Passchendaele sur Broodseinde, Gheluvelt et Zandwoorde. La troisième, un peu plus marquée, s'étend de Wytschaëte à Messines. Ce n'est qu'un peu plus loin, au nord-ouest de Bailleul, c'est-à-dire à l'arrière du champ de bataille, que le sol prend un certain relief. Là, les monts Vidaigne et Kemmel commandent tout le pays et le dominent de 50 à 60 mètres.

Ce terrain, très coupé et très couvert, se présentait plus favorable aux actions de détail d'infanterie qu'à une offensive de grande envergure. L'absence de vues y rendait le commandement difficile dans les unités supérieures au bataillon. La multiplicité des obstacles s'y opposait aux mouvements à travers champs de l'artillerie et de la cavalerie. Par contre, on y bénéficiait de sérieux avantages au point de vue défensif. Les attaques ennemies ne pouvaient progresser que lentement. L'artillerie de la défense était difficile à repérer dans le dédale des haies; elle avait la possibilité, en concentrant ses feux sur les parties découvertes favorables aux attaques, de constituer des barrages presque inviolables. Quant à la cavalerie, si elle ne pouvait y combattre à cheval, elle trouvait dans les lignes ininterrompues de haies entremêlées d'arbres un masque qui lui permettait de se mouvoir par les chaussées, sans être vue, sur tout le front de bataille, pour jeter rapidement son artillerie et ses carabines aux points où survenaient des dangers imprévus. Cela la mit à même de remplir un rôle de réserve extrêmement efficace, tantôt au bénéfice de nos troupes, tantôt au profit de nos camarades anglais.

Telle était la situation au moment où le 9e corps entrait en ligne. Telle était la région dans laquelle il allait s'engager.

Le trajet en chemin de fer par l'itinéraire Châlons - Pantin - Amiens - Abbeville - Etaples - Saint-Pol - Hazebrouck s'était effectué avec une parfaite régularité, sans aucun accroc, mais à une allure considérablement ralentie entre Paris et Hazebrouck, en raison de la destruction de nombreux ouvrages d'art hâtivement remplacés par des constructions et des ponts de fortune.

Une modification, que l'ordre de transport laissait prévoir, fut apportée aux débarquements qui furent poussés progressivement à Bailleul, Hazebrouck, Caestre, Cassel, Strazeele, mettant ainsi les unités à une distance de 25 à 35 kilomètres du front où elles devaient s'engager.

Les débarquements commencèrent le 21 octobre, à Haze-brouck et à Saint-Pol, par l'état-major du corps d'armée et un bataillon de la 17e division. Ils se poursuivirent jusqu'au 25, avec un retard pour les 32e et 135e d'infanterie qui virent interrompre leurs embarquements pour intercaler dans les transports des troupes sénégalaises destinées au secteur de Dixmude.

Journée du 22 octobre.

Le 22, le commandant du 9e corps devançait ses troupes, en automobile, pour aller se mettre au courant de la situation. Il doublait, en cours de route, les belles divisions indiennes de Lahore, du Bengale et du Bhopal, dont les colonnes s'allongeaient en un défilé pittoresque sur toutes les routes pour aller renforcer le front anglais entre Ypres et Armentières. Magnifique spectacle que celui de ces hommes bronzés, admirablement équipés, avec leurs voitures minuscules traînées par des mules aux harnachements éclatants et qui, dorés par les derniers rayons de notre soleil d'automne, s'en allaient impassibles vers l'effroyable inconnu qu'était pour eux la guerre moderne. Un vrai décor d'opéra! Mais combien peu de ces superbes et très braves soldats devaient revoir le beau ciel d'Orient!

A Rousbrugge, où était le quartier général de l'armée, le général commandant le 9e corps apprenait que son corps d'armée faisait partie du détachement d'armée de Belgique, sous le commandement du général d'Urbal, et qu'aussitôt débarqué il recevrait une mission offensive.

Effectivement, dès son arrivée à Hazebrouck, il trouvait l'ordre ci-dessous du commandant du détachement d'armée de Belgique, qui prescrivait au 9e corps de se concentrer au sud d'Ypres en vue d'une action offensive sur Roulers :

DÉTACHEMENT D'ARMÉE
    DE BELGIQUE
        —
    ÉTAT-MAJOR   Rousbrugge, 21 octobre, 10 heures.

Ordre particulier au 9ᵉ corps.

I. — *Situation :* le 1ᵉʳ corps anglais fait face au nord-est dans la région d'Ypres. Ses avant-postes sont sur la ligne (au sud de la forêt d'Houthulst) *m* du mot Langemarck - Zonnebeke. La 7ᵉ division anglaise est face au sud-est, à hauteur de Gheluvelt; à sa droite, le corps de cavalerie anglais (deux divisions) dans la région de Messines.

II. — Le 9ᵉ corps sera transporté dans la région au sud d'Ypres, où il se concentrera pour agir ultérieurement, aussitôt que possible, dans la direction Ypres - Roulers.

III. — Les cantonnements seront :
Q. G. : Poperinghe;
17ᵉ division : Vormezeele, Dickebusch, Reninghelst (Q. G. de la 17ᵉ division), Westoutre, Locre, Kemmel. Liaison par agents avec le corps de cavalerie anglais à Messines, avec la 7ᵉ division anglaise vers Gheluvelt, et avec le 1ᵉʳ corps à Ypres. Dispositions de sûreté face à l'est.
18ᵉ division : Poperinghe (Q. G.), Godewaerswelde, Saint-Jan, Cappel; *7ᵉ hussards :* Abeele (déjà rendu).
Éléments non endivisionnés : Bailleul, Meteren, Merris.
Parc et convois : Flêtre, Caestre, Hazebrouck.

P. O. : *L'Officier d'état-major,*
AUDIBERT.

Cet ordre mettait le 9ᵉ corps à même d'agir en une seule masse, soit par divisions accolées, soit par divisions successives, avec Roulers comme objectif.

C'était l'offensive souhaitée, une offensive avec toutes forces réunies, comme celles que nous avions engagées à Rethel et aux marais de Saint-Gond.

La satisfaction était générale.

Malheureusement, un nouvel ordre allait, quelques heures plus tard, détruire ces belles espérances en jetant au combat les unités au fur et à mesure de leur débarquement, sans même attendre que les brigades fussent reconstituées.

C'est qu'une situation nouvelle s'était révélée : les Anglais étaient vivement pressés dans la région de Becelaere - Gheluvelt et, d'autre part, les forces allemandes engagées sur l'ensemble du front de l'Yser s'accusaient bien plus considérables qu'il n'avait paru tout d'abord. L'ensemble des renseignements recueillis montrait que l'on avait devant soi la IVe division d'Ersatz, la IIe brigade de Landwehr, les IIIe, XXIIe, XXIIIe, XXVIe et XXVIIe corps d'armée de réserve, déployés sur le front qui s'étend de la mer à la Lys. (Croquis n° 18, page 11.)

On était donc encore une fois devancé par l'ennemi, comme la 2e armée l'avait été à Péronne, l'armée de Maud'huy devant Douai, le 21e corps et l'armée anglaise devant Lille.

Les troupes anglaises, étirées sur un front étendu et composées dans une forte proportion de cavalerie, demandaient qu'on les appuyât. Elles étaient notamment très menacées dans la région Zonnebeke - Becelaere - Gheluvelt.

Dans ces conditions, il fallut aller au plus pressé et engager immédiatement toutes les forces disponibles. A cet effet, l'ordre d'opérations n° 1 du détachement d'armée en date du 22 octobre, 19 heures, prescrivit une offensive immédiate et générale, offensive exécutée :

1° Dans la direction d'Ypres - Passchendaele - Roulers, par la 17e division et les 6e et 7e divisions de cavalerie mises à la disposition du commandant du 9e corps;

2° Dans la direction Dixmude - Thourout, par les troupes belges et les fusiliers marins;

3° Dans la direction Nieuport - Ghistelles, par la 42e division et les troupes belges.

Cet ordre entrait, en outre, dans les détails d'exécution qui étaient ainsi fixés en ce qui concernait l'attaque sur Roulers :

III. — Le général Dubois, disposant de la 17e division et de deux divisions du corps de cavalerie, attaquera dans les conditions suivantes :

17e division, d'Ypres sur Passchendaele;

Une division de cavalerie appuyant à droite cette attaque, en prenant comme point de direction Zonnebeke et Moorslede;

Une division de cavalerie opérant de même, à gauche, sur Westroosebeke.

Les éléments de tête de la 17e division déboucheront à 9 heures d'Ypres, que les deux divisions de cavalerie devront avoir dégagé auparavant.

Général D'URBAL.

Un ordre particulier mettait en même temps à la disposition

du commandant du 9ᵉ corps un groupement d'artillerie lourde
(deux batteries de 105, une batterie de 155 Rimailho et une
batterie de 120, sous les ordres du commandant Blumer)
rendu à Poperinghe le 23 à midi, ne pouvant intervenir par
conséquent avant le 24 dans la soirée, au plus tôt. On re-
commandait, en outre, d'être économe des munitions de cette
artillerie, notamment de celles des 105, dont on ne pouvait
garantir le réapprovisionnement.

Ainsi, on est obligé de renoncer à l'offensive méthodique,
toutes forces réunies, qu'avait envisagée le commandant de
l'armée et que faisait espérer l'ordre du matin du même jour,
à 10 heures. Les circonstances exigent que l'on engage les
unités au fur et à mesure de leur arrivée, sans même attendre
que l'artillerie de corps ait rejoint. Conditions peu favorables
pour une offensive que l'on voudrait énergique et qui s'annonce, de plus, comme devant être de longue haleine. La situation est même tellement pressante qu'un groupe automobile — ce qui, à l'époque, était une innovation — est mis à
la disposition du 9ᵉ corps pour transporter les régiments de
la 18ᵉ division au fur et à mesure de leur débarquement et
hâter leur entrée en ligne.

Dans cette offensive, l'attaque principale, celle qui avait
Roulers comme objectif, incombait au groupement placé sous
les ordres du général commandant le 9ᵉ corps. Les deux attaques exécutées par l'armée belge, à ce moment à bout de
forces et de munitions, ne pouvaient être que des attaques
secondaires, voire même des démonstrations. Le groupement
de Mitry, composé de deux divisions de cavalerie et de deux
divisions territoriales, gardait, d'autre part, un rôle défensif.
Mais, par contre, les Anglais devaient agir offensivement à
notre droite et à notre gauche afin de donner une amplitude
suffisante au front d'attaque.

L'ordre d'opérations n° 102 du général commandant le 9ᵉ
corps précise les conditions d'exécution de l'attaque ordonnée
par l'armée. En voici les passages essentiels :

IV. — La 6ᵉ division de cavalerie, poussant son artillerie à l'avant-
garde, appuiera l'attaque de la 17ᵉ division et prendra comme direction Zonnebeke - Moorslede. Elle s'efforcera de gagner l'aile gauche
de l'ennemi quand l'action s'engagera. Elle assurera, en outre, la
liaison avec le corps anglais qui opère vers Gheluvelt et à l'est.

La 7ᵉ division de cavalerie, poussant son artillerie à l'avant-garde, appuyera l'attaque à gauche dans la direction générale de Westroosebeke. Elle s'efforcera de gagner l'aile droite ennemie quand l'action s'engagera. Elle assurera, en outre, la liaison avec le corps anglais qui opère vers Langemarck, sur la forêt d'Houthulst.

V. — La 17ᵉ division débouchera d'Ypres à 9 heures précises et attaquera sur Passchendaele en se flanc-gardant.

Elle disposera des trois escadrons disponibles du 7ᵉ hussards.

. . . .

VII. — Le 268ᵉ rendu à Ypres à 10 heures, à la disposition du général commandant le corps d'armée.

Le génie de corps quittera son cantonnement à 6 heures et se dirigera sur la station d'Ypres.

. . . .

Général Dubois.

P. A. : *Le Chef d'état-major,*

Nourrisson.

Cet ordre d'engagement était donné dans l'hypothèse :

1° Que Zonnebeke était tenu par les troupes anglaises. Or, on allait apprendre que les Allemands l'avaient occupé le 22 au soir, de telle sorte que ce village, étant un obstacle direct à la marche sur Passchendaele, allait devenir l'objectif immédiat pour la journée;

2° Que les Anglais attaqueraient à notre droite et à notre gauche, concurremment avec nous. Mais, le 23, à 12 heures, un officier de liaison devait envoyer de l'est de Zonnebeke le compte rendu suivant :

J'apprends par le général commandant la 7ᵉ division anglaise que son corps n'attaque pas pour le moment. Il attend que le corps français qui doit arriver à sa gauche ait prolongé son front dans la direction nord-sud. Il attaquera à ce moment seulement et il semble supposer que ce ne sera pas aujourd'hui.

Un renseignement analogue devait faire connaître que le 1ᵉʳ corps anglais comptait également rester sur la défensive à Langemarck et à Saint-Julien.

Telles étaient les conditions dans lesquelles s'engageait la bataille d'Ypres.

Journée du 23 octobre. (Croquis n° 19, en fin de volume.)

La 17e division exécute son mouvement en se portant sur Ypres en une seule colonne, la 33e brigade en tête. A midi, son avant-garde atteint la ligne anglaise à Fortuin. Elle apprend là que Zonnebeke est depuis la veille aux mains de l'ennemi.

Bataille d'Ypres.

(Croquis n° 20.)   Situation le 23 octobre soir.

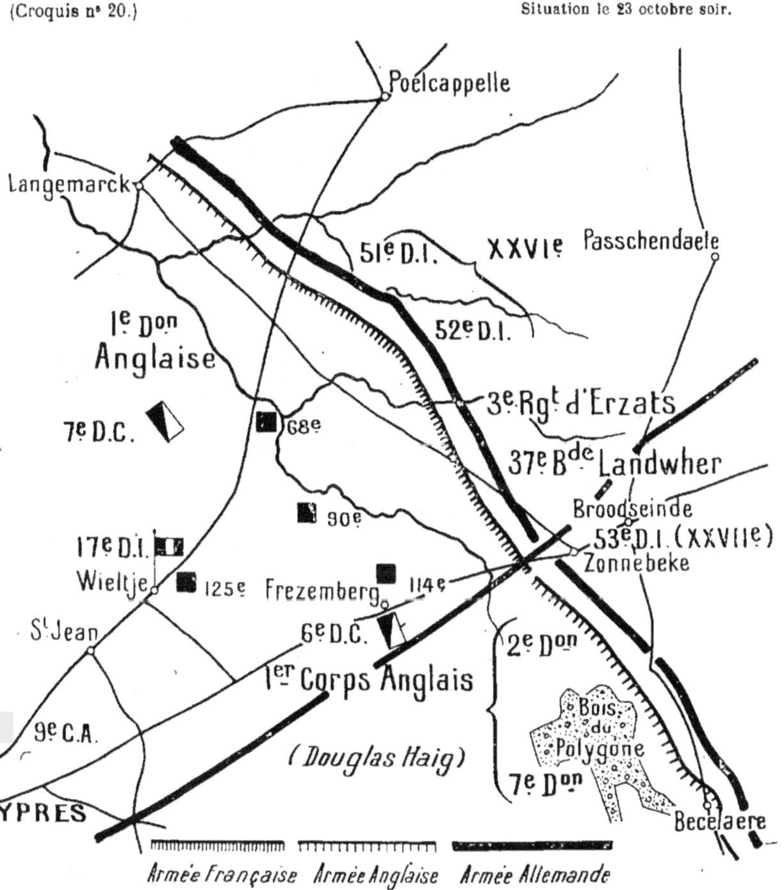

Le général Guignabaudet déploie sa division à cheval sur la route de Passchendaele, mettant trois régiments en première ligne. Le 68ᵉ reçoit Vallemolen comme objectif, le 90ᵉ Gravenstafel et le 114ᵉ Zonnebeke. Le 125ᵉ est maintenu en réserve de division au nord de Wieltje. (Croquis n° 20, page 23.)

Le 68ᵉ et le 90ᵉ progressent sous les barrages de l'artillerie ennemie établie au nord du Strombeeke et parviennent à la nuit à une distance de 20 à 80 mètres des tranchées principales allemandes, après avoir repoussé les postes avancés ennemis, enlevé plusieurs tranchées, fait des prisonniers et pris des mitrailleuses. Le colonel Briant, commandant le 114ᵉ, en raison de l'importance de son objectif (Zonnebeke est un gros bourg de 4.000 habitants, très disséminé), attaque avec deux bataillons en première ligne. Le premier bataillon se déploie à cheval sur la route d'Ypres à Zonnebeke; le deuxième, à gauche, cherche à aborder la lisière ouest du village et se relie au 90ᵉ. Cette attaque est appuyée à la fois par un groupe de la 17ᵉ division et par le groupe à cheval de la 6ᵉ division de cavalerie établi près de Verlorenhoek. L'avance est difficile; elle est gênée à la fois par le tir de l'artillerie ennemie et par celui de l'infanterie, qui a organisé défensivement Zonnebeke, ses lisières et notamment, à l'intérieur du village, le bâtiment de la gendarmerie belge. Néanmoins, à la nuit, le 2ᵉ bataillon est arrivé à border la route de Zonnebeke à Langemarck et le 1ᵉʳ bataillon a pris pied dans les maisons de la lisière ouest du village.

Le 114ᵉ s'installe en avant-postes de combat et bivouaque sur place.

A gauche, la 7ᵉ division de cavalerie (général Hély-d'Oissel) a également progressé et est venue border le ruisseau de Saint-Julien, où elle a été arrêtée par le feu de l'artillerie allemande.

A droite, à 15 heures, la 6ᵉ division de cavalerie a été l'objet d'un appel de la 7ᵉ division anglaise qui, violemment attaquée sur son front, craignait de ne pouvoir tenir. Le général

Réquichot s'était, par suite, trouvé attiré vers le sud, sans avoir cependant à intervenir. Il avait dû renoncer à concourir à l'offensive de la 17ᵉ division. Tout ce qu'il pouvait faire, écrivait-il, était de « *s'engager à ne découvrir en aucun cas la droite de la* 17ᵉ *division* ».

Quant aux troupes anglaises, comme il a été dit plus haut, elles n'avaient marqué aucun mouvement offensif. La 7ᵉ division d'infanterie avait été immobilisée par une forte attaque allemande et la 1ʳᵉ division avait été avisée qu'elle devait se tenir prête à être relevée et à aller secourir la 7ᵉ division.

En somme, quoiqu'elle ne disposât que de moyens limités, l'offensive était en bonne voie. On avait sensiblement progressé sur tout le front, malgré une résistance sérieuse de l'ennemi.

Malheureusement, à 15 h. 30, on recevait du détachement d'armée l'ordre de relever la 2ᵉ division anglaise, complication peu favorable à la rapidité de l'offensive :

La 17ᵉ division doit effectuer, dans la nuit du 23 au 24, la relève de la 2ᵉ division anglaise qui occupe le front passage à niveau à l'ouest de Zonnebeke - rivière à 1.500 mètres au sud de Langemarck, soit en s'établissant en avant de sa ligne, soit en se substituant à elle dans ses tranchées.

Général D'URBAL.

Cette relève était nécessitée par l'obligation de resserrer l'armée anglaise sur sa droite où elle continuait à être en butte à de sérieuses attaques.

Notre succès était trop marqué pour rien abandonner du terrain conquis. On s'installait donc sur le terrain occupé en fin de journée. Mais, du fait que la ligne à tenir était beaucoup plus étendue que le front d'attaque de la 17ᵉ division, la relève entraînait l'obligation de mettre en ligne le 125ᵉ, gardé en réserve dans un but offensif. Il en résultait une diminution de la capacité offensive de la 17ᵉ division. C'était bien l'impression du général Guignabaudet qui la traduisait sous la forme suivante dans son rapport de fin de journée :

..... La progression sera forcément arrêtée par la nécessité où se trouve la 17ᵉ division de relever la 2ᵉ division anglaise dans ses tranchées. L'ordre a été donné de conserver, si possible, le terrain conquis.

Les renseignements de fin de journée faisaient connaître, d'autre part, que, sur le reste du front, notre offensive avait légèrement progressé au nord de l'Yser, dans la direction de Nieuport - Ghistelles, mais que le secteur de Dixmude avait été l'objet de violents assauts à la suite desquels l'ennemi avait continué à jeter des troupes sur la rive gauche de l'Yser, dans la boucle de Tervaete, et que l'armée belge avait dû abandonner la tête de pont de Schoorbakke, à mi-chemin entre Nieuport et Dixmude.

A notre gauche, les Anglais, très vivement attaqués, avaient vu leur front un peu entamé vers Langemarck, malgré une magnifique résistance du célèbre régiment des Cameroons et une très belle contre-attaque à la baïonnette du « Royal West Sunrey du Northampton » et du « King Royal Rifles ». Ils avaient eu, en outre, la plus grande peine à se maintenir dans le secteur entre Zonnebeke et le bois du Polygone, où un léger fléchissement s'était également produit.

Journée du 24 octobre. (Croquis nᵒ 21, page 29.)

L'offensive du 9ᵉ corps se poursuivit avec succès dans la journée du 24. On élargit même le front d'attaque, grâce à l'entrée en ligne d'une partie de la 18ᵉ division.

Le 23 au soir, le commandant du 9ᵉ corps avait reçu du général commandant le détachement d'armée l'ordre suivant :

Ordre particulier.

Au point où nous en sommes, la plus petite rupture d'équilibre sur un point peut faire définitivement pencher la balance en notre faveur. Les troupes que vous avez devant vous et sur votre gauche paraissent appartenir pour la plupart à des corps de nouvelle levée sans grande valeur.

Profitez-en pour prononcer votre offensive sur Roulers avec la plus grande vigueur, sans vous inquiéter de savoir si vous êtes en flèche ou non.

Flanc-gardez-vous à droite et à gauche et poussez de l'avant, quoi que fassent vos voisins de droite et de gauche, sans vous inquiéter autrement d'eux que pour savoir ce qu'ils font. *Tâchons de faire le trou.*

Attaquez demain, aussitôt qu'il vous sera possible.

Général D'URBAL.

De son côté, le général Foch avait envoyé directement le télégramme que voici :

Général Foch à général commandant le 9e corps, 24 octobre, 12 heures.

Tous les éléments du 9e corps sont actuellement débarqués (1); prendre toutes les dispositions (transport en autos, etc...) pour que tous ces éléments soient utilisés aujourd'hui et que l'action en reçoive une nouvelle impulsion. Il nous faut de la décision et de l'activité.

J. FOCH.

Enfin, l'ordre d'opérations du commandant du détachement d'armée avait encore confirmé ces instructions offensives :

Ordre général n° 2 pour la journée du 24 octobre.

..... II. — Demain, 24 octobre, continuation de l'offensive dans les mêmes conditions qu'aujourd'hui :

a) Au sud, le général Dubois, disposant de tout son corps d'armée, des deux divisions de cavalerie et du groupement d'artillerie lourde arrivé à Ypres, continuera son offensive dans la direction de Roulers. Cette action sera couverte face au nord (forêt d'Houthulst) par la 7e division de cavalerie (renforcée par un régiment d'infanterie et un groupe d'artillerie du 9e corps) qui agira à l'est de Langemarck;

b) Au centre, le général de Mitry conserve la mission qui lui a été assignée précédemment. Il prendra ses dispositions pour faire relever le plus tôt possible la 1re division du 1er corps anglais sur le front Steenstraet - Langemarck...;

c) La 42e division, au nord, continuera son offensive dans la direction de Ghistelles...

V. D'URBAL.

Cet ordre devait, en outre, être suivi dans la matinée du 24 d'une instruction particulière et secrète ainsi conçue :

---

(1) Cette indication n'était qu'en partie exacte. Par suite d'une interruption dans les embarquements pour faire place à une brigade sénégalaise, c'est seulement dans la soirée du 24 que la 18e division allait pouvoir être utilisée.

Elle avait achevé ses débarquements dans la nuit du 23 au 24 (sauf un bataillon du 32e); elle avait cantonné dans la zone Poperinghe - Voormezeele, où quelques-uns de ses éléments furent transportés en automobiles.

En exécution de l'ordre 103 du corps d'armée, elle poussa, dans la matinée du 24, le 66e à la disposition de la 7e division de cavalerie, le 135e et un bataillon du 77e à l'est d'Ypres. Les derniers bataillons débarqués n'arrivèrent que vers midi : deux bataillons du 77e à Voormezeele, deux bataillons du 32e à Reninghelst.

Rousbrugge, 24 octobre, 9 h. 30.

Instruction personnelle et secrète.

D'après un renseignement obtenu cette nuit, les XXVIe et XXVIIe corps allemands, partant de la région de Courtrai, attaqueraient sur Boesinghe et Ypres.

Cette action est extrêmement favorable à l'attaque actuellement en cours. Il est, en effet, préférable pour notre offensive de rencontrer des troupes en mouvement plutôt que des troupes établies solidement sur un front défensif.

Il y a donc lieu de profiter de cette situation pour attaquer vigoureusement et repousser, sans leur permettre de s'accrocher au sol, les adversaires, dont les formations sont peu consistantes, qu'on rencontrera.

V. D'URBAL.

La mission donnée était donc nettement, résolument offensive, mais cette mission se compliquait d'une nouvelle relève. En effet, le 9e corps recevait en même temps l'ordre de coopérer à la relève de la 1re division anglaise en étendant son front jusqu'au Lekkerboterbeeck. Il était obligé d'y employer le 66e et un groupe d'artillerie de la 18e division.

En exécution des diverses instructions énumérées ci-dessus, le commandant du 9e corps donne, le 23 au soir, l'ordre de continuer l'offensive le lendemain au point du jour. Les objectifs de la veille sont maintenus.

Le 66e est chargé de prolonger le front jusqu'au Lekkerboterbeeck. Il prend sa direction sur Poelcapelle. Il constitue, avec le 125e et la 7e division de cavalerie sous les ordres du général Hély-d'Oissel, un groupement qui subsistera pendant toute la bataille et qui, sous la direction de ce chef si distingué, y jouera un rôle des plus importants, opposant à l'ennemi, particulièrement dans les derniers jours, un front inébranlable.

A droite, la 6e division de cavalerie reçoit, comme le 23, la mission de partir de Frezenberg pour déboucher dans la direction de Moerslede.

L'attaque doit être préparée et appuyée par l'artillerie lourde, toute l'artillerie de corps, l'artillerie de la 17e division et un groupe de la 18e.

Pour permettre à la 17e division de s'engager tout entière et lui enlever toute préoccupation pour ses derrières et ses

flancs, le commandant du 9ᵉ corps met à la disposition du général Guignabaudet le 268ᵉ régiment de réserve, qui est
chargé d'occuper et d'aménager l'organisation défensive derrière les troupes d'attaque. Il se constitue à lui-même une
réserve générale avec le 290ᵉ et les unités de la 18ᵉ division
(quatre bataillons du 135ᵉ et du 77ᵉ) qui doivent arriver dans
la matinée.

Bataille d'Ypres.

(Croquis nᵒ 21.)   Situation le 24 octobre soir.

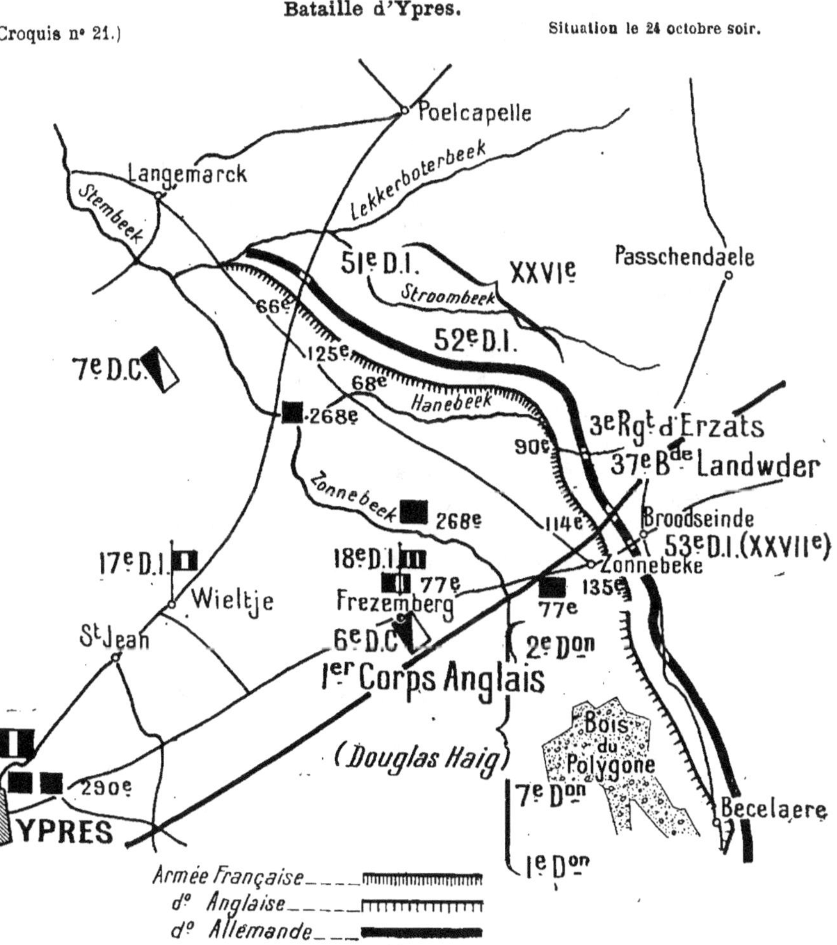

L'action d'artillerie s'engage dès le point du jour : à 7 heures. La préparation terminée, les attaques sont déclenchées. On progresse sur tout le front.

Le 66ᵉ et le 125ᵉ avancent d'un kilomètre vers Poelcapelle, en enlevant des mitrailleuses et en ramassant des prisonniers. Le 68ᵉ poursuit son avance de la veille et l'augmente de cinq cents mètres. Il complétera son succès en enlevant, par des attaques de nuit, les tranchées auxquelles il s'est heurté en fin de journée.

Le 90ᵉ gagne également du terrain.

Le 114ᵉ engage dans Zonnebeke un combat de rues où il progresse maison par maison, mais où il est fortement ralenti par les feux de mitrailleuses qui partent de la caserne de gendarmerie et balaient la route. Le colonel Briant fait avancer à bras une pièce de 75 jusqu'au coude de la route, à 250 mètres de ce bâtiment, et fait ouvrir le feu. L'ennemi évacue la caserne. La conquête du village se poursuit rue par rue. A gauche, le 2ᵉ bataillon du 114ᵉ fait également une sérieuse avance dans un combat très dur.

Vers 11 heures, une forte contre-attaque allemande est déclenchée sur le front du 114ᵉ et du 90ᵉ. En même temps, on apprend que le flanc droit de la 17ᵉ division est découvert par suite d'un mouvement vers le sud de la 6ᵉ division de cavalerie, à laquelle les Anglais, vivement pressés à Becelaere, viennent à nouveau de faire appel. Le commandant du 9ᵉ corps y pare par l'ordre suivant, adressé à la 18ᵉ division, dont un certain nombre de bataillons sont arrivés à proximité d'Ypres :

Ordre particulier.

La 17ᵉ division, après avoir progressé à 300 mètres nord de Zonnebeke et sur la route de Passchendaele, est contre-attaquée sur son front.

La 18ᵉ division appuiera l'offensive de la 17ᵉ division en agissant avec la dernière vigueur et en engageant toutes ses forces disponibles par Zonnebeke sur Passchendaele.

Le 290ᵉ reçoit l'ordre de se porter à l'est d'Ypres, à la disposition du commandant de corps d'armée.

Exécution immédiate.

Attaque poussée à fond.

Général DUBOIS.

P. A. : *Le Chef d'état-major,*

NOURRISSON.

En exécution de cet ordre, la 18e division d'infanterie commence à faire sentir son action à 15 h. 30 avec deux bataillons du 135e portés au sud-est de Zonnebeke. Au même moment, la 6e division de cavalerie redevient disponible, les Anglais ayant fait savoir que l'attaque allemande était enrayée, mais l'heure avancée ne lui permet pas d'intervenir dans la bataille.

L'action se poursuit durant toute la journée à notre avantage et, à 18 heures, le colonel Briant rend compte qu'il tient tout le village de Zonnebeke et qu'il est relié au 90e à sa gauche.

Le combat continue pendant toute la nuit sous la forme d'une violente fusillade accompagnée d'actions offensives tentées par de petits groupes.

Sur le reste du front, la 42e division avait contenu victorieusement l'effort ennemi dans la région de Nieuport, mais les Allemands avaient encore progressé dans la boucle de l'Yser et occupé le pont de Tervaete : un de leurs détachements avait même pénétré par surprise dans Dixmude, d'où il devait être rejeté au petit jour. L'épuisement de l'armée belge était tel que le commandement prenait la résolution de recourir à l'inondation. Il faisait boucher par le génie tous les ponts de la voie ferrée, puis faisait ouvrir à marée haute et fermer à marée basse les écluses de Nieuport, qui laissaient l'eau de mer pénétrer et s'infiltrer dans toute la plaine de l'Yser jusqu'à Dixmude, enlisant les canons allemands, forçant l'ennemi au recul et lui rendant toute offensive impossible, sauf sur de rares chaussées surélevées.

A notre droite, les Anglais avaient brisé toutes les attaques allemandes, sauf à Becelaere qu'ils avaient dû abandonner.

Journée du 25 octobre. (Croquis nº 19, en fin de volume.)

L'offensive se poursuit le 25.

L'ordre du détachement d'armée continue à donner au 9e corps Passchendaele comme objectif, la 17e division devant atteindre le village même pendant que la 18e division gagnera Molenaarelsthoek. L'attaque du groupement Hély-d'Oissel demeure secondaire, simple couverture de l'attaque du 9e corps.

L'entrée en ligne de cinq nouveaux bataillons de la 18ᵉ division, débarqués la veille, va permettre de donner un peu plus d'ampleur à l'offensive. De plus, deux bataillons territoriaux sont mis à la disposition du 9ᵉ corps. Employés à l'occupation et à l'amélioration des tranchées dans le secteur Langemarck - Zonnebeke, ils libèrent la 17ᵉ division de toute préoccupation et rendent disponibles pour les attaques les deux bataillons du 268ᵉ précédemment employés à ce service.

Après une nuit extrêmement agitée, où le 90ᵉ échoue avec des pertes assez sensibles en tentant d'enlever Gravenstafel et où le 66ᵉ a à repousser plusieurs fortes attaques allemandes, ce qu'il fait avec succès et en infligeant à l'ennemi de lourdes pertes, l'offensive reprend à 7 heures du matin.

Les barrages ennemis sont très puissants et notre artillerie lourde est sans action contre les batteries allemandes, très supérieures en nombre, qui se sont considérablement accrues, notamment en canons de 105 et de 150.

La progression est lente. Non seulement la résistance de l'adversaire est de plus en plus forte, mais il montre du mordant et multiplie les contre-attaques locales. Cela est, sur tout le front, une alternance ininterrompue d'attaques et de contre-attaques dans lesquelles nous avons un avantage marqué dans le secteur de la 18ᵉ division. Par contre, il en résulte dans les groupements de gauche un ralentissement qui tient à ce que le 66ᵉ et le 125ᵉ s'attendent mutuellement. Le commandant du 9ᵉ corps doit intervenir par l'ordre suivant :

9ᵉ CORPS D'ARMÉE
—
ÉTAT - MAJOR   Ypres, 25 octobre, 13 h. 30.

Ordre au général commandant la 7ᵉ division de cavalerie.

I. — Le 66ᵉ rend compte qu'il ne peut progresser parce que le 125ᵉ ne marche pas. Le 125ᵉ ne marche pas parce que le 66ᵉ ne marche pas non plus. Et c'est ainsi de la gauche à la droite.
Cela peut durer longtemps.

II. — L'ordre est formel : le 66ᵉ attaquera sans tarder Poelcapelle.

. . . .

Général DUBOIS.

P. A. : *Le Chef d'état-major,*
NOURRISSON.

Malgré tout, on progresse, on fait des prisonniers, on prend des mitrailleuses.

Un ordre du commandant de détachement d'armée vient, vers 13 h. 30, stimuler les combattants :

DÉTACHEMENT D'ARMÉE
    DE BELGIQUE   25 octobre, 13 heures.

Ordre particulier au 9ᵉ corps.

Les succès obtenus par le 9ᵉ corps (prisonniers, mitrailleuses) me permettent d'espérer que sa progression continuera aujourd'hui, rapide, décisive...

V. D'URBAL.

A 14 heures, la situation est la suivante :

Le 268ᵉ et le 68ᵉ ont gagné environ un kilomètre et le 90ᵉ environ six cents mètres.

Le 114ᵉ a débouché à Zonnebeke. Le terrain sur lequel il s'avance est parsemé de fermes et de maisons entourées de jardins clos de haies qui constituent chacune une petite forteresse. Il faut faire battre chacun de ces points d'appui par l'artillerie et l'attaquer dès que la préparation est terminée. Cette progression commence à bénéficier, à partir de midi, de l'entrée en ligne du 135ᵉ dont deux bataillons se sont déployés au sud de la voie ferrée.

A ce moment, un sérieux incident survient à la gauche. Le ralentissement du mouvement dans la région de Poelcapelle a permis à l'ennemi d'y préparer une contre-attaque, sous le couvert de cette grosse localité. A 15 heures, cette contre-attaque, fortement constituée, débouche brusquement, tentant de prendre de flanc et à revers le 268ᵉ et le 68ᵉ. Elle échoue complètement devant l'intervention de nos réserves et est refoulée avec de fortes pertes.

Le combat se poursuit alors à notre avantage jusqu'à la nuit. Le 268ᵉ et le 68ᵉ atteignent le Stroombeek et le 90ᵉ occupe Gravenstafel. Quant au 114ᵉ, il a réalisé une avance importante, enlevant et dépassant Broodseinde avec son bataillon de droite et bordant, avec son bataillon de gauche, le chemin qui va de Gravenstafel à un kilomètre nord de Broodseinde.

A sa droite, la 18ᵉ division a achevé son déploiement. Elle

a amené en première ligne cinq bataillons de la brigade Eon au sud-est de Zonnebeke, conservant trois bataillons en soutien à Zonnebeke et un bataillon en réserve à Frezenberg. Mais les Anglais ayant déplacé à ce moment une partie de leurs réserves vers Becelaere, tout en laissant des éléments face à l'est, elle s'est laissé entraîner à engager plusieurs unités trop au sud, où ces unités se sont enchevêtrées avec les troupes anglaises de première ligne. Conséquence de l'engagement précipité des troupes sur un terrain couvert et difficile qu'elles n'ont pu que très sommairement reconnaître. Il en résultera que, le lendemain, le commandant de la 18ᵉ division devra régulariser cette situation en regroupant ses troupes dans son secteur.

Quant à la 6ᵉ division de cavalerie, elle ne put encore employer ses escadrons. Elle coopéra toutefois à l'offensive par le feu de ses batteries.

Au groupement de gauche, l'attaque menée contre Poelcapelle par le 66ᵉ, le 125ᵉ et le groupe cycliste de la 7ᵉ division n'avait que très faiblement progressé.

Somme toute, en fin de journée, le 9ᵉ corps tenait la ligne un kilomètre nord de Broodseinde - Gravenstafel - rive nord du Stroombeek - 500 mètres sud de Poelcapelle.

A notre gauche, sur le front nord de l'Yser, de Dixmude à Nieuport, les forces franco-belges avaient partout contenu les Allemands.

A notre droite, les Anglais avaient eu à livrer de violents combats dans le bois du Polygone et en avant de Zandwoorde. Ils avaient eu leur ligne rompue en ces deux points, mais de brillantes contre-attaques leur avaient permis de rétablir la situation.

En somme, la journée avait, dans l'ensemble, été bonne pour les alliés.

Journée du 26 octobre.

La journée du 26 voyait enfin le corps d'armée rejoint par tous ses éléments et complètement déployé. Mais, de ces déploiements par régiments successifs au fur et à mesure des

débarquements, il résultait que les unités étaient mélangées
et que deux brigades, la 34ᵉ et la 35ᵉ, avaient leurs régiments
séparés et placés aux deux extrémités du front. (Voir le croquis n° 22, page 37.) Situation fâcheuse au point de vue de
l'action du commandement, situation que les prélèvements
faits dans les journées suivantes pour aider les Anglais devaient encore aggraver.

Cette journée du 26 amena un brusque changement d'orientation dans l'offensive.

Dans les journées précédentes, Passchendaele avait été l'objectif principal des attaques; Poelcapelle n'avait été qu'un objectif secondaire, l'attaque sur ce point ayant surtout pour
but de flanquer l'avance de la 17ᵉ division sur Passchendaele.

Or, à partir du 26 s'ouvre une nouvelle phase de la bataille : Poelcapelle devient l'objectif principal et l'attaque de
Passchendaele passe au second plan.

Ce changement d'attitude est imposé au commandement
par la nécessité de venir plus directement en aide aux forces
franco-belges, très vivement pressées sur l'Yser. Notre offensive un peu divergente sur Roulers, malgré ses progrès,
n'avait pas eu de répercussion sur les opérations de Dixmude
et de Nieuport. Elle ne pouvait, d'ailleurs, se développer sérieusement qu'autant que la gauche de l'armée se trouverait,
elle aussi, en situation d'y prendre part et de déboucher à
l'est de l'Yser.

Ce changement d'orientation fut donné par l'ordre ci-après :

DÉTACHEMENT D'ARMÉE
   DE BELGIQUE
     —
  ÉTAT- MAJOR   Au quartier général, 25 octobre, 18 heures.

Instruction particulière pour M. le général Dubois,
commandant le 9ᵉ corps d'armée.

Il importe de profiter de l'avance gagnée par le 9ᵉ corps pour déclencher, à l'est de la forêt d'Houthulst, une attaque en forces destinée à dégager le front de l'armée belge et à élargir la trouée déjà
faite dans la ligne ennemie.

A cet effet, M. le général Dubois, avec tous les éléments dont il
dispose et la 31ᵉ division d'infanterie, qui débarquera dans la région
d'Ypres et qui sera en mesure de se mettre en mouvement le 26 octobre à partir de midi, prononcera ce jour-là, sur l'axe Staden - Cortemarck, une offensive qui devra être menée avec la plus grande

vigueur. Cette attaque sera préparée, dès le matin du 26, par une attaque sur Poelcapelle.

L'attaque sur Passchendaele sera vigoureusement continuée par les unités déjà engagées sur ce point.

V. D'URBAL.

A cet ordre, le général d'Urbal, venu à 18 heures à Poperinghe, ajoutait le commentaire suivant, donné sous forme d'instruction écrite :

La 31e division (sans artillerie) débarquera cette nuit pour être mise à la disposition du 9e corps d'armée, sauf un régiment (1). L'objet de ce renforcement est d'élargir le trou primitivement fixé avec Roulers comme objectif, en faisant passer l'attaque Passchendaele - Roulers au deuxième plan, sans toutefois l'abandonner, et en cherchant à atteindre le plus rapidement possible Staden, de manière à tenir finalement le front Staden - Roulers.

La même idée d'offensive violente revenait encore une fois dans la note suivante du commandant du détachement d'armée, écrite le 25 octobre à 23 heures :

J'insiste encore sur la nécessité de mener très rondement vos attaques demain, de les commencer de très bonne heure de manière à avoir toute la journée devant vous et de les poursuivre sans interruption et sans trêve, aussi bien sur Poelcapelle que sur Passchendaele.

Poelcapelle doit être enlevé avant midi, en sorte que l'attaque de la 31e division puisse se produire à cette même heure.

Il faut à tout prix gagner du terrain *et en gagner vite.*

V. D'URBAL.

Roulers restait donc l'objectif final et l'idée offensive subsistait tout entière. Mais les objectifs étaient alternés : Poelcapelle d'abord, Passchendaele ensuite, à moins que les deux ne fussent possibles simultanément.

Il en résultait pour le 9e corps l'obligation de renverser son dispositif en reportant sur Poelcapelle le gros de son artillerie utilisé jusque-là dans la région de Passchendaele. De là une cause de retard.

On perdait en même temps l'avantage qu'avait donné notre progression constamment victorieuse des journées précédentes qui, en forçant les Allemands au recul, avait fait tomber

---

(1) Le 96e, qui fut donné au corps de cavalerie de Mitry. Quant à l'artillerie, elle ne put entrer en ligne que le 27 dans la journée.

leurs tranchées successives avant qu'ils aient eu le temps de les renforcer par des défenses accessoires sérieuses. On allait, au contraire, agir dans un secteur où ils avaient eu l'initiative des opérations du 20 au 23 octobre et où, faute de moyens, notre avance avait été relativement faible dans les journées du 24 et du 25. On allait, par suite, trouver une organisation défensive très forte et très complexe.

Bataille d'Ypres.

(Croquis n° 22.) Situation le 26 octobre soir.

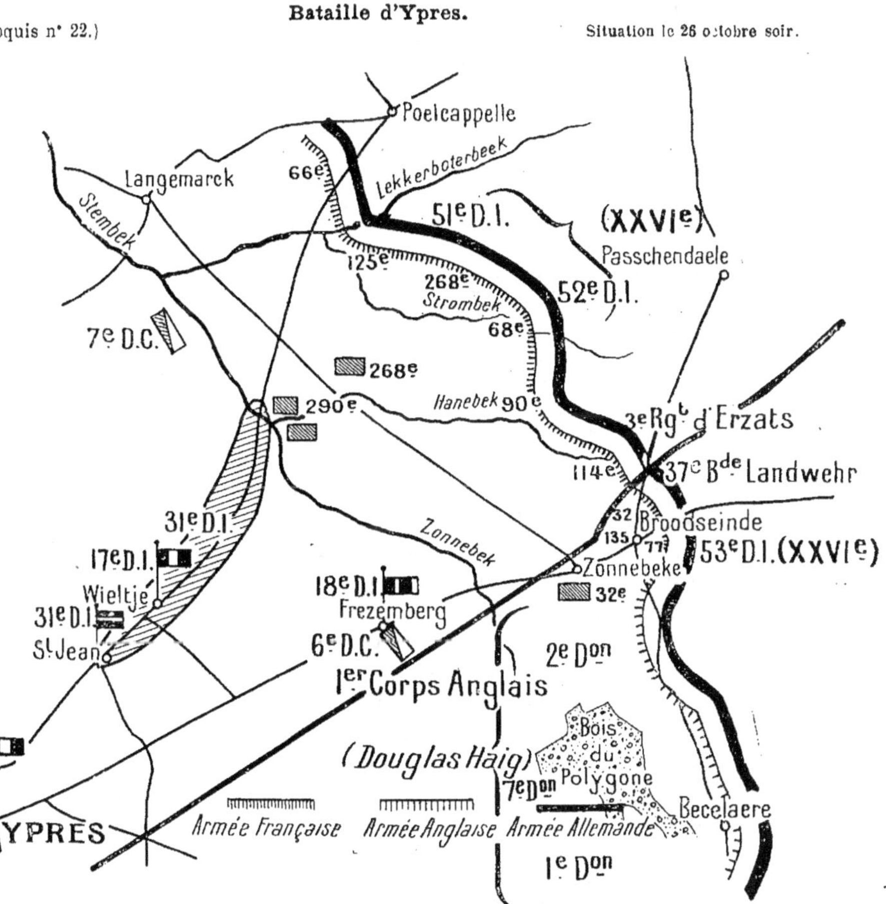

On ne pouvait, d'autre part, retirer du corps d'armée, tout entier déployé et accroché par un combat violent, que des éléments restreints pour constituer une réserve, la précédente se trouvant dépensée. Tout ce que l'on put faire fut de modifier légèrement la répartition des troupes et d'appuyer l'attaque de Poelcapelle de toute l'artillerie lourde et de deux groupes d'artillerie de corps précédemment employés sur Passchendaele, en attendant l'entrée en ligne de la 31e division.

Ce fut l'objet de l'ordre général n° 106 du 9e corps, qui donnait les prescriptions suivantes relatives à l'exécution de l'attaque :

Attaque sur Poelcapelle par la 7e division de cavalerie, le 66e, le 125e, un groupe de l'artillerie de la 18e division, sous les ordres du général Hély-d'Oissel.

Cette attaque sera préparée dès le jour par toute l'artillerie lourde et les deux groupes d'artillerie de corps précédemment affectés à la 17e division d'infanterie.

L'action des quatre groupes (groupe à cheval, un groupe de l'artillerie de la 18e division, deux groupes d'artillerie de corps) sera réglée par le colonel commandant le 49e d'artillerie.

Celle de l'artillerie lourde, par entente entre le général Hély-d'Oissel et le général commandant l'artillerie du 9e corps d'armée.

Général DUBOIS.

Ces mesures n'étaient évidemment pas suffisantes pour obtenir un résultat décisif, mais elles pouvaient le préparer, l'intervention de la 31e division dans la journée étant susceptible de produire un effet de surprise à l'est de Poelcapelle.

Après une nuit où l'on fut en butte à de violentes attaques presque ininterrompues, la préparation commençait au point du jour, mais, en raison de la supériorité numérique de l'ennemi, particulièrement en artillerie lourde, et aussi en raison d'un état atmosphérique tout à fait défavorable, on n'arrivait pas à agir efficacement contre les batteries allemandes.

L'attaque était déclenchée vers 15 heures, avec quatre bataillons en première ligne (deux du 125e et deux du 66e). Elle progressait très lentement par infiltration, sous un feu intense qui gênait non seulement le mouvement en avant, mais rendait lent et difficile le ravitaillement. Néanmoins, on gagnait trois cents mètres et on arrivait en rampant à une distance des tranchées ennemies variant de quarante à cent mètres.

A 18 heures, l'assaut était ordonné et mené dans la nuit tombante avec la plus grande énergie, mais il se heurtait à une barrière de feux et de fils de fer presque infranchissable. Le fil de fer avait déjà fait son apparition dans ce secteur où les Allemands avaient pu s'installer sans rencontrer de difficultés! Sur toute la ligne d'assaut, les unités se trouvaient arrêtées, sauf à l'extrême gauche où on enlevait une tranchée.

Pendant que le groupement Hély-d'Oissel menait cette violente attaque, l'intervention attendue de la 31ᵉ division ne s'était pas produite.

L'ordre d'opérations avait été remis personnellement avec toutes les indications utiles au commandant de la division, convoqué à 10 heures au poste de commandement du corps d'armée. La partie qui concernait la 31ᵉ division était ainsi conçue :

II. — ..... 6ᵒ La 31ᵉ division sera prête à être mise en marche dans la direction Saint-Jean - Poelcapelle à partir de 12 heures.

A cet ordre, était joint un ordre particulier visant cette division et ayant pour but de hâter son entrée en ligne :

9ᵉ CORPS D'ARMÉE

ÉTAT - MAJOR   26 octobre, 11 heures.

Ordre particulier au général commandant la 31ᵉ division d'infanterie.

Les éléments disponibles de la 31ᵉ division s'engageront, aussitôt que possible et au fur et à mesure que chaque régiment sera reconstitué, dans la direction générale Spriet - Westroosebeke, en partant de la région de Saint-Julien.

L'attaque sera appuyée par deux groupes d'artillerie de corps.

Général Dubois.

P. A. : *Le Chef d'état-major,*
        Nourrisson.

Mais, par suite de retards dans le transport de quelques bataillons, de rassemblements secondaires, et pour d'autres raisons inexpliquées, la 31ᵉ division ne fut pas à même de s'engager. Vainement, une liaison constante avait-elle été organisée entre elle et le corps d'armée pour faciliter son entrée en ligne dans ce terrain inconnu d'elle; vainement le commandant du 9° corps intervint-il avec insistance à plusieurs reprises. Ce n'est qu'à 16 h. 15 que la 62° brigade débouchait de Wieltje en deux colonnes, se dirigeant respectivement sur Saint-Julien et sur Fortuin. Les premières unités arrivaient seulement à 17 heures à Saint-Julien. A ce moment, le jour commençant à baisser, les trois régiments de la division bivouaquaient sur place sans s'être engagés.

Au centre, la 17° division, quoique diminuée dans ses moyens d'action, avait poursuivi son offensive avec de très grosses difficultés, car l'ennemi se renforçait de plus en plus devant elle et multipliait les contre-attaques. Le 268°, le 68°, enlevant plusieurs tranchées, avaient réalisé un gain de huit cents à mille mètres; le 90° et le 114°, un gain de trois cents mètres environ. On avait encore fait une centaine de prisonniers et pris plusieurs mitrailleuses. Mais les troupes, au combat nuit et jour depuis quatre jours consécutifs, commençaient à accuser une grande fatigue. De plus, la résistance adverse augmentait d'heure en heure et les comptes rendus mentionnaient des tranchées très fortement organisées, des maisons à plusieurs étages de créneaux et, en certains points, du fil de fer.

A droite, la 18° division, dont certaines unités s'étaient mêlées la veille à la gauche anglaise, avait voulu, pour éviter tout retard, reprendre son offensive en continuant son mouvement avec quatre bataillons à travers les lignes anglaises. Mais le commandant de la 7° division anglaise protesta, ce qui amena le commandant du 9° corps à intervenir par l'ordre suivant :

26 octobre, 9 h. 30.

Ordre particulier à la 18ª division d'infanterie.

Le compte rendu de la 6° division de cavalerie et les renseignements fournis par le corps anglais prouvent que la 18° division d'infanterie est sortie complètement de sa zone et a même gêné la progression des Anglais.

Le général commandant la 18ª division d'infanterie est invité à retirer ses unités qui sont au sud de la voie ferrée et à les employer à l'attaque.

Il lui est rappelé que le point d'attaque du 9ᵉ corps d'armée est pour le moment Passchendaele, la 18ᵉ division d'infanterie devant coopérer à cette attaque et marcher ensuite sur Roulers.

Dans la zone de Waterdamhoek, le terrain semble inoccupé par l'ennemi (renseignement donné par la 6ᵉ division de cavalerie et les Anglais).

....

Général Dubois.

P. A. : *Le Chef d'état-major,*

   Nourrisson.

De ce fait, il était résulté un fort retard et la progression totale de la 18ᵉ division n'avait été, dans la journée, que de trois cents à quatre cents mètres. Opérant dans un terrain difficile et couvert, elle avait rencontré une résistance extrêmement opiniâtre. Ce jour-là était tombé, en entraînant son régiment à l'attaque, le lieutenant-colonel Maury, commandant le 135ᵉ d'infanterie, dont l'intrépidité et la bravoure faisaient l'admiration du corps d'armée depuis le début de la campagne.

Sur le reste du front, aucun changement important, ni du côté de l'Yser, ni du côté anglais. Les attaques allemandes avaient partout été contenues, mais nulle part on n'avait progressé.

Journées des 27, 28, 29 octobre. (Croquis nº 19, en fin de vol.)

La lutte continue sans interruption, nuit et jour, les 27, 28 et 29 octobre. Elle a, le 27, le caractère d'une bataille de rencontre où les corps allemands et français, ayant de part et d'autre des missions offensives, se heurtent les uns aux autres en attaques qui finissent par se neutraliser, pour aboutir à un interminable combat de front. Nous y réalisons des progrès partiels, mais sans atteindre les objectifs assignés. Et pourtant, l'idée offensive est poursuivie avec la même énergie à tous les degrés du commandement et avec la même inlassable ténacité de la part de la troupe. Mais l'ennemi se renforce de plus en plus, son artillerie est de plus en plus nombreuse, son infanterie de plus en plus agressive.

Les ordres du détachement d'armée sont toujours aussi offensifs, ainsi qu'en témoigne l'ordre ci-dessous pour la journée du 27 :

26 octobre, 20 heures.

Ordre particulier au 9° corps.

Points d'attaque (ne pas permettre qu'on les perde de vue) :

17ᵉ division : Passchendaele, puis Roulers;

31° division : Westroosebeke, puis Staden;

Groupe Hély-d'Oissel : Poelcapelle, puis sud-nord (liaison avec le corps de Mitry).

Action vigoureuse, incessante, *à fond partout.* Citations à la première compagnie qui entrera à Poelcapelle et à la première compagnie qui entrera à Passchendaele et s'y maintiendra.

Me proposer pour croix et médaille militaire tous ceux qui se seront fait remarquer par leur vigueur.

V. d'Urbal.

Le commandant du 9° corps, en transmettant cet ordre, insiste sur la nécessité d'une offensive énergique, prescrit de reprendre les attaques sur tout le front dès 6 h. 30, c'est-à-dire au lever du jour, et précise à nouveau les objectifs de chaque division :

31° division : Spriet, Westroosebeke;

17° division : Passchendaele;

18° division : Droogenbroodhoek, moulin 54;

Groupe Hély-d'Oissel : Poelcapelle.

Le gain de la journée se borne à quelques maisons enlevées par le 114°, à quelques tranchées prises par le 77°, à une très légère avance du 66° et du 125° sur Poelcapelle et à une très faible progression de la 31° division vers Spriet.

Le combat a été très chaud. Les pertes sont assez sensibles.

Le 28, mêmes ordres, même mission, mêmes objectifs.

Toute la matinée est employée à une forte préparation d'artillerie; les attaques sont déclenchées à 12 heures. Mêmes avantages partiels que la veille, même insuccès des Allemands dans leurs contre-attaques. Nous dominons l'ennemi, mais sans pouvoir progresser sérieusement. « *Feux terribles, retranchements très sérieux, nombreuses mitrailleuses* », dit le journal de marche du 77°. La nuit, la 18° division tente une attaque sur les retranchements qui l'ont arrêtée le jour, mais elle échoue.

Les prescriptions pour la journée du 29 sont toujours aussi

offensives. Le commandant du 9ᵉ corps reçoit, à 22 heures, l'instruction suivante du commandant du détachement d'armée :

DÉTACHEMENT D'ARMÉE
DE BELGIQUE   Rousbrugge, 28 octobre, 21 h. 30.

L'offensive continue demain, 29 octobre, sur tout le front, dans les mêmes conditions que le 28.

La densité actuelle des effectifs de votre secteur permet d'espérer que nous pourrons faire un grand pas en avant.

V. D'URBAL.

De son côté, le commandant du 9ᵉ corps maintient ses ordres antérieurs en réitérant ses appels en vue de mener des attaques avec la plus grande vigueur.

Le combat reprend au jour. Une forte attaque allemande sur le 66ᵉ fait perdre quelques tranchées, mais on les reprend au milieu de la journée. A la 31ᵉ division, on occupe une ligne de tranchées que l'ennemi a dû évacuer sous notre bombardement, mais on ne peut en déboucher. A la 17ᵉ division, où les contre-attaques ennemies se sont ralenties, on fait sur tout le front des progrès assez réguliers, mais peu importants. A la 18ᵉ, le combat revêt un caractère confus et violent. Les attaques et les contre-attaques se succèdent, les chocs sont brusques et répétés, mais le résultat final se borne à quelques gains insignifiants.

Au milieu de la journée, en apprenant que l'ensemble du combat de front paraissait nous être favorable, le commandant du détachement d'armée avait adressé un nouvel appel, aussitôt transmis aux commandants de divisions, avec les recommandations les plus pressantes :

DÉTACHEMENT D'ARMÉE
DE BELGIQUE   Rousbrugge, 29 octobre, 14 heures.

Il semble que la chute de Poelcapelle pourrait être hâtée dès à présent par une offensive décidée de la 31ᵉ division, dont l'aile gauche déborderait Poelcapelle par l'est et le nord est.

Quant à la 17ᵉ division et à la 18ᵉ, elles doivent continuer à avancer vigoureusement sur leurs objectifs.

V. D'URBAL.

Rien n'y put faire. Tous les efforts furent vains. Les attaques se brisaient, impuissantes, contre un ennemi nombreux, bien retranché et dont l'artillerie lourde avait pris de jour en jour une importance sans cesse croissante.

L'action de cette artillerie s'étendait de plus en plus et s'était fait sentir jusqu'à Ypres, où le quartier général du corps d'armée avait été l'objet d'un bombardement malheureusement efficace.

Dans la nuit du 27 au 28, six obus de gros calibre venant de la direction de la forêt d'Houthulst, c'est-à-dire d'une distance de dix kilomètres environ, étaient tombés à l'est de la ville, autour de l'église Saint-Jean, faisant quelques victimes dans la population civile. On n'y avait pas attaché d'importance.

Le lendemain 29, par une pratique habituelle aux Allemands, au premier coup de minuit le bombardement reprenait et, cette fois, les projectiles, remarquablement groupés, tombaient tous dans la zone occupée autour de l'église Saint-Pierre par le quartier général du 9° corps. La maison habitée par le commandant du corps d'armée et son chef d'état-major était atteinte, ainsi que celle qui abritait le général commandant l'artillerie, ainsi que le cloître Saint-Martin où étaient logés les secrétaires et les automobilistes. Plusieurs hommes étaient tués, une dizaine blessés, quelques automobiles détruites.

Il n'y avait, à ce moment, dans la ville, aucune troupe, mais seulement les états-majors du 1ᵉʳ corps anglais et du 9ᵉ corps français. L'extrême précision du tir atteignant uniquement la zone très restreinte occupée par le quartier général du 9ᵉ corps frappa les esprits. Certains voulurent y voir une preuve de l'espionnage qui sévissait à Ypres. Les Allemands, disaient-ils, avaient été avertis de l'emplacement exact du quartier général, fort imprudemment indiqué, d'ailleurs, par de grandes pancartes; ils avaient confondu l'église Saint-Jean avec l'église Saint-Pierre dans le réglage qu'ils avaient fait le 28; puis, rectifiant leur tir le 29 sur des indications d'espions, ils avaient ce jour-là frappé juste. De ceci, la preuve ne fut pas faite. Ne fût-ce pas simplement l'effet d'un hasard heureux?

Quoi qu'il en soit, c'était un indice de plus de l'augmentation de l'artillerie lourde allemande, augmentation que l'on n'avait cessé de constater dans les combats des jours précédents. C'était aussi le bombardement d'Ypres qui commençait, la destruction sauvage de cette ravissante ville et l'anéantissement de ses admirables monuments.

Pendant que ces événements se déroulaient au 9ª corps, le reste du front allié était également en butte à de très fortes attaques allemandes.

A gauche, l'inondation montait tous les jours et, dès le 29. elle avait presque atteint son maximum, formant de Dixmude à Nieuport un immense lac de vingt-cinq kilomètres de longueur sur une largeur moyenne de cinq à six kilomètres, avec une profondeur de deux à trois mètres. Seules, les chaussées émergeaient. Les Allemands n'en avaient pas moins tenté de continuer leur offensive sur la partie de la rive ouest de l'Yser où ils avaient précédemment pris pied. Ils avaient notamment enlevé Pervyse aux Belges le 29, mais le village avait été brillamment repris le jour même par la 42ᵉ division. De ce côté, les attaques avaient donc été maîtrisées.

Le front anglais avait aussi été l'objet de violents assauts. Le 1ᵉʳ corps anglais avait perdu Kruiseecke et les positions avancées à l'est de Gheluvelt, mais une brillante contre-attaque lui avait permis de se maintenir dans Gheluvelt.

En somme, l'effort allemand s'était accru sur tout le front des alliés, de nouvelles troupes n'avaient cessé d'y affluer; l'artillerie, et particulièrement les batteries lourdes, y augmentait d'heure en heure.

Néanmoins, l'ensemble de la situation nous était favorable.

Journée du 30 octobre.

L'activité continua comme dans les nuits précédentes pendant la nuit du 29 au 30. Une action commune du 114ᵉ et du 90ᵉ permit de gagner deux cents mètres en s'emparant d'un petit bois au nord de Gravenstafel.

L'ordre pour la journée du 30 était de continuer l'offensive en dirigeant une attaque en force sur Poelcapelle, pour faire tomber ce village en le débordant par l'est et le nord-est.

A cet effet, le général commandant le 9e corps constituait, sous les ordres du général Vidal, commandant la 31e division, un groupement comprenant les trois régiments de la 31e division (81e, 122e, 142e) et le détachement Hély-d'Oissel (125e, 66e, 7e division de cavalerie). Le général Vidal disposait, en outre, pour préparer son attaque, des trois groupes d'artillerie de la 31e division, d'un groupe d'artillerie de la 18e division, de trois groupes d'artillerie de corps et d'un groupe à cheval, le tout appuyé par l'artillerie lourde : soit un ensemble de vingt-huit batteries.

L'axe du mouvement était la route de Saint-Julien à Poel-capelle.

La 17e et la 18e division devaient, de leur côté, continuer à pousser vigoureusement sur leurs objectifs antérieurs pour aider à l'attaque principale exécutée par le groupement Vidal.

La journée débutait par une attaque allemande lancée au petit jour sur le 135e, attaque repoussée après un violent combat qui durait jusqu'à 9 heures. La 18e division prononçait à son tour, dans le milieu de la journée, une offensive sur Keiberg, mais sans pouvoir progresser sensiblement. L'ennemi ripostait par une contre-attaque extrêmement vigoureuse sur la droite du 77e où se produisait un léger fléchissement, vite réparé.

La 17e division était, elle aussi, en butte à des attaques violentes et répétées et à une canonnade extrêmement intense. Elle contenait partout l'ennemi, mais sans pouvoir avancer.

Quant au groupe Vidal, ses attaques étaient déclenchées après une forte préparation d'artillerie, mais ses régiments ne gagnaient que cent à cent cinquante mètres, sauf le 125e qui faisait un bond de cinq cents mètres et arrivait à cinquante mètres des tranchées allemandes. Mais là, un barrage de feu d'infanterie et de mitrailleuses le clouait au sol.

Telle était la situation au milieu de la matinée du 30. A ce moment, le 9e corps pouvait se croire sur le point de recueillir les fruits de la lutte ininterrompue menée par lui depuis huit jours. On annonçait, en effet, que le reste du 16e corps, enfin débarqué (32e division et deux groupes A. C.), allait venir agir à la gauche du 9e corps et produire l'effet décisif sur Poelcapelle. (Instruction personnelle et secrète au général commandant le 16ᵉ corps, en date du 30 octobre 1914, communiquée au général commandant le 9ᵉ corps). Cette instruction prescrivait au 16ᵉ corps, renforcé de la 87ᵉ division territoriale, « *de se couvrir à gauche au moyen d'une attaque exécutée avec un minimum de forces contre le front Bultehoek - Poelcapelle station, et d'attaquer sur Poelcapelle, puis ultérieurement sur Vestroosebeke* ».

On pouvait espérer que cet effort, effectué sur un ennemi qui commençait à accuser un peu de fatigue, serait couronné de succès.

Malheureusement, de graves complications survenaient brusquement dans la situation générale et toutes ces belles espérances devaient s'évanouir. Les conditions du combat allaient, au contraire, devenir de plus en plus difficiles.

D'une part, le corps de cavalerie de Mitry était si vivement pressé qu'il fallait renoncer à l'attaque envisagée sur Poelcapelle par la 32ᵉ division. Celle-ci était acheminée dans la région de Pilkem où, comme on le verra plus loin, elle ne fit qu'apparaître et où elle laissa simplement deux bataillons (un bataillon du 53ᵉ et un bataillon du 80ᵉ) à la disposition du corps de cavalerie.

D'autre part, à 11 heures, le 1ᵉʳ corps anglais avait fait savoir qu'il y avait « de légères poussées allemandes » sur son front et avait demandé qu'on se tînt éventuellement prêt à l'appuyer. Sans attendre, une brigade de la 6ᵉ division de cavalerie (brigade de cuirassiers de Maison-Rouge) avait été immédiatement mise à sa disposition et envoyée dans la direction de Hooge.

A 15 heures, parvenait une demande de secours très pressante et qui révélait une situation véritablement inquiétante.

On apprenait que Zandwoorde et Hollebeke étaient perdus. Les deux divisions anglaises qui occupaient ce secteur n'avaient pu tenir devant les attaques de troupes du IIᵉ corps bavarois et du XVᵉ corps allemand. « L'accumulation immense du feu de l'artillerie sur les tranchées de la cavalerie anglaise les rendit intenables. Une partie des troupes fut enterrée vivante et bientôt toute la division fut contrainte de se retirer jusqu'à la hauteur de Klein-Zillebeke (1). » La 7ᵉ division

---

(1) John Buchan : *Nelson's History of the War*.

d'infanterie s'était repliée de Zandwoorde sur Klein-Zillebeke, la 2ᵉ division de cavalerie d'Hollebeke sur Saint-Eloi.

Ypres était directement menacé. Si les Allemands parvenaient à l'aborder par le sud, nos communications et celles du 1ᵉʳ corps anglais se trouvaient compromises. La situation était extrêmement critique.

En présence de cette grave menace, le commandant du 9ᵉ corps constituait immédiatement un détachement comprenant toute sa réserve et le dirigeait sur Zillebeke, à la disposition du 1ᵉʳ corps anglais :

9ᵉ CORPS D'ARMÉE

ÉTAT - MAJOR

3ᵉ *Bureau*

Poste de commandement Ypres, 30 octobre, 13 h. 30.

Les deux bataillons du 68ᵉ et le bataillon du 268ᵉ formant réserve à la disposition du commandant du corps d'armée, sous le commandement du lieutenant-colonel Payerne, se porteront, au reçu du présent ordre, par Saint-Jean et Potijze, sur Zillebeke où ils se mettront à la disposition du général commandant le 1ᵉʳ corps anglais.

Général Dubois.

P. A. : *Le Chef d'état-major,*

Nourrisson.

En même temps, pour donner au détachement Payerne le temps d'arriver, le commandant du 9ᵉ corps mettait encore à la disposition du général Douglas Haig une nouvelle brigade de la 6ᵉ division de cavalerie (brigade de dragons Laperrine) restée disponible. Elle se portait à toute allure dans la région menacée.

C'était tout ce qu'il était possible de faire pour le moment. Toutes les réserves du 9ᵉ corps se trouvaient ainsi dépensées. Cela ne devait pas être cependant suffisant et un nouvel effort allait lui être demandé pour le lendemain.

En exécution de l'ordre ci-dessus, le détachement Payerne gagne rapidement Zillebeke où il passe la nuit, couvert par l'infanterie anglaise dont la droite s'appuie sur Klein-Zillebeke, d'où elle est prolongée jusqu'au coude du canal par une brigade de cavalerie.

Le front anglais se trouvait ainsi étayé; toute inquiétude

était écartée pour la nuit. « *Les troupes françaises étaient arrivées au secours des Anglais au bon moment, de même que soixante ans auparavant, l'armée française, dans la même saison, était venue à leur aide à Inkermann (1).* »

Malgré l'affaiblissement causé par le départ de ce détachement, la lutte s'était poursuivie avec la plus grande énergie sur le reste du front du 9ᵉ corps. La seconde partie de la journée avait été extrêmement chaude et avait exigé des troupes un effort considérable. Elle avait été marquée par un bond important fait par le 290ᵉ qui s'était rendu maître, par un brillant combat, des tranchées qui couvraient Vallemolen. Ce village était défendu par deux lignes de tranchées profondes, ses murs étaient crénelés et une grande ferme était organisée défensivement avec des mitrailleuses étagées qui balayaient un glacis de quatre cents mètres de profondeur s'étendant devant tout le front allemand. Après une forte préparation, qui démolit les murs crénelés et incendia la ferme, le 290ᵉ partit à l'assaut à 17 heures, enleva la première ligne de tranchées et les premières maisons du village, puis aborda et occupa une deuxième ligne de tranchées dans laquelle s'engagea, dans la nuit, un véritable corps à corps. Nous finîmes par évacuer la deuxième ligne de tranchées, mais en conservant la première ainsi que les maisons avancées du village.

Les autres régiments avaient maintenu leurs gains de la matinée, mais sans les augmenter sensiblement en raison de l'afflux de nouvelles forces allemandes.

Tout à fait à gauche de la ligne alliée, les Allemands avaient tenté une violente attaque sur Ramscapelle, sans doute pour masquer le départ des troupes qu'ils commençaient à retirer de la région de Nieuport, complètement inondée, pour les reporter dans celle de Poelcapelle et de Passchendaele. Ils avaient emporté Ramscapelle, mais une contre-attaque menée par un de nos régiments de zouaves avec un régiment belge nous l'avait rendu. A dater de ce moment, une accalmie allait régner sur cette partie du champ de bataille.

------

(1) John BUCHAN : *Nelson's History of the War.*

Journée du 31 octobre.

La journée du 31 octobre marque le commencement de la période la plus critique de la bataille d'Ypres.

Depuis la veille au soir, de nouvelles unités appartenant au XV° corps allemand, ainsi qu'une partie du II° corps bavarois et du XIII° corps, sont entrées en action dans la zone anglaise.

D'autre part, les Allemands, chassés du nord de l'Yser par l'inondation, commencent à reporter sur le secteur nord d'Ypres les troupes du III° corps de réserve et celles du XXII° corps. Ypres va être assailli à la fois par le nord et par le sud. La bataille va s'y concentrer.

La disproportion numérique devient considérable; elle est d'autant plus sensible que notre 16° corps, attendu le 30, a un retard dans ses débarquements. Il en résulte que le 9° corps, tout en faisant face aux attaques qui le visent personnellement, va encore avoir à prélever sur ses propres forces de nouveaux bataillons pour aller à l'aide des Anglais.

L'effort allemand va être poussé à fond; il sera d'une violence exceptionnelle. Le duc de Wurtemberg, le prince Ruprecht de Bavière, le général von Deimling, commandant le XV° corps, adressent des exhortations suprêmes à leurs armées, exhortations auxquelles se mêle un appel à la haine pour surexciter les troupes :

Dieser Durchbruch wird von Kriegs entscheidender Bedeutung sein. Deshalb wollen und mussen wir fingen.

La percée sur Ypres sera d'une importance décisive.

Percer sur Ypres. Trancher le sort de la bataille engagée depuis des siècles. Ne plus laisser traîner le combat. Frapper le coup décisif contre notre ennemi le plus détesté.

En finir avec les Anglais, les Hindous, les Canadiens, les Marocains et autres racailles de cette sorte, adversaires mous qui se rendent en grande quantité quand ils sont attaqués avec vigueur.

Tels sont les appels faits aux troupes allemandes.

L'empereur allemand vient assister à la bataille. Il veut stimuler par sa présence l'ardeur de ses armées (1).

-----

(1) Rapport du maréchal French : « Un ordre, trouvé sur un prisonnier et paraissant émaner du général von Deimling, disait que le XV° corps allemand, avec le II° bavarois et le XIII° corps, étaient chargés de briser la ligne à Ypres et que l'empereur lui-même considérait le succès de cette attaque comme ayant une importance vitale pour l'issue heureuse de la guerre. »

A ces objurgations haineuses, le général d'Urbal se contente de répondre par un simple appel au devoir militaire :

« *La bataille décisive*, dit-il, *est engagée sur tout le front. Il importe de la mener à bien en agissant partout avec la même vigueur.* »

Même note dans les ordres du général commandant le 9° corps d'armée.

Mis au courant de cette situation, qui s'était révélée dans l'après-midi du 30, le haut commandement français avait approuvé les dispositions prises par le commandant du 9° corps pour prêter immédiatement aide au 1er corps anglais. Prévenu, en outre, par les avions, que de grosses colonnes ennemies étaient en marche de Commines et d'Houthem vers le nord-ouest, il avait jugé nécessaire de renforcer encore la ligne anglaise.

A cet effet, à défaut de troupes disponibles, il avait ordonné de nouveaux prélèvements sur le front du 9° corps. C'est ainsi que le détachement Payerne, primitivement fort de trois bataillons, devint le détachement Moussy (cinq bataillons, deux groupes d'artillerie). Cette organisation fut l'objet de l'ordre suivant :

9ᵉ CORPS D'ARMÉE

ÉTAT - MAJOR   Ypres, 30 octobre, 22 h. 30.

Ordre particulier aux généraux commandant les 17ᵉ et 31ᵉ divisions d'infanterie.

Par ordre du commandant de l'armée, il sera formé demain, 31 octobre, sous les ordres du général Moussy, un détachement comprenant cinq bataillons, trois batteries, six escadrons, pour être mis à la disposition du 1er corps anglais. Ce détachement sera constitué ainsi qu'il suit :

1° Détachement Payerne (deux bataillons du 68ᵉ, un bataillon du 268ᵉ), déjà à la disposition du 1er corps anglais;

2° Un bataillon du 68ᵉ et un bataillon du 268ᵉ (1), à relever cette nuit par la 31ᵉ division;

____

(1) En réalité, pour des raisons de relève intérieure, ce furent deux bataillons du 90ᵉ qui firent partie du détachement Moussy. De ce fait, trois régiments se trouvaient disloqués.

3º Une brigade de la 6ᵉ division de cavalerie, déjà à la disposition du 1ᵉʳ corps anglais;

4º Un groupe d'artillerie de corps pris parmi ceux de la 31ᵉ division.

Le général Moussy viendra de suite à Ypres (hôtel de ville) prendre les instructions du général commandant le 1ᵉʳ corps anglais.

La relève des bataillons du 68ᵉ et du 268ᵉ sera faite par deux bataillons de la 31ᵉ division, après entente entre les deux généraux de division.

Ces différents éléments seront mis en route de manière à se trouver à Zillebeke à 6 heures. Itinéraire : Saint-Jean, Potijze, halte de Zillebeke.

Général DUBOIS.

Le général commandant le 9ᵉ corps donnait, en outre, l'ordre à la 6ᵉ division de cavalerie :

1º De se mettre en liaison avec la gauche du 1ᵉʳ corps anglais et de lui prêter l'appui de son artillerie dans la direction de Gheluvelt;

2º D'aviser le général commandant la 18ᵉ division d'infanterie, au fur et à mesure des événements, de la situation de la gauche anglaise.

L'appauvrissement de la 17ᵉ division qui avait à fournir le détachement Moussy, la relève à faire par la 31ᵉ division achevaient d'enrayer l'offensive, déjà si pénible... Ce nouveau prélèvement absorbait, en outre, les quelques disponibilités qui restaient dans l'intérieur des divisions. Il allait falloir constituer de nouvelles réserves en retirant du front, en plein combat, quelques-unes des unités engagées. Pour faciliter cette opération et la faire progressivement sans désorganiser la ligne de combat, le commandant du 9ᵉ corps recourait tout d'abord à sa cavalerie et constituait avec elle des réserves à pied, à la disposition des généraux de division, dans le secteur de Poelcapelle avec la 7ᵉ division et dans celui de Zonnebeke avec la brigade de dragons Laperrine. En outre, le 7ᵉ hussards à Saint-Jean et la brigade Morel à Potijze restaient réserves à cheval à la disposition du commandant de corps d'armée, prêtes à se porter rapidement en tout point du front français ou anglais où un danger viendrait à surgir.

Cette question de la reconstitution des réserves était, d'ailleurs, soulevée dans la nuit même par l'ordre suivant du général d'Urbal :

DÉTACHEMENT D'ARMÉE
   DE BELGIQUE   Rousbrugge, 30 octobre, 23 h. 30.
    ÉTAT - MAJOR

Ordre particulier.

En présence des efforts que tente l'ennemi sur notre front, il y a lieu d'étayer l'offensive par une forte organisation défensive préalable du terrain conquis et de profiter de la nuit pour reconstituer des réserves dans toutes les unités.

. . . .

Bien qu'ayant fourni des unités de renfort au 1er corps anglais, le 9e corps devra également se reconstituer des réserves.

Les réserves seront employées dès la première heure à créer ou améliorer des centres de résistance. Celles du groupement du général Dubois perfectionneront les ouvrages établis précédemment :

1° Sur la ligne Langemarck - Zonnebeke;

2° Vers Saint-Jean.

                         V. D'URBAL.

Reconstituer des réserves allait être, dans toutes les journées suivantes, la grosse préoccupation du commandement. Problème sans cesse renaissant, car à peine les réserves étaient-elles formées qu'elles étaient jetées dans la tourmente. Problème que rendit particulièrement ardu la fatigue de troupes qui restèrent sans interruption vingt-trois jours au combat. Problème que devait compliquer l'effroyable usure de cette bataille meurtrière. Problème qui ne put être résolu que grâce à l'admirable ténacité des troupes et à leur magnifique endurance.

La nuit du 30 au 31 octobre, pendant laquelle s'effectua le remaniement du front qui vient d'être exposé, fut marquée par une canonnade et une fusillade presque ininterrompues. Le combat reprit au point du jour, mais les moyens manquaient pour donner une véritable impulsion à l'offensive. Aussi le gain de la journée fut-il minime sur le front du corps d'armée. Sauf quelques maisons prises par le 290e à Vallemolen et une tranchée enlevée par le 125e à Poelcapelle, on se retrouva le soir sur les mêmes emplacements que la veille.

Tout l'intérêt de la journée se concentra sur le front anglais et sur le détachement Moussy.

Du côté anglais, la situation fut tout à fait inquiétante.

Dans la matinée, la 1re division anglaise avait été violemment attaquée à Gheluvelt. Malgré une très belle résistance, elle ne put tenir. La ligne anglaise fut brisée et dut reculer au milieu de la journée jusqu'au bois situé entre Hooge et Veldhoek. Les pertes furent énormes. Le 1er régiment des Colstreams, notamment, disparut complètement en tant qu'unité combattante; le bataillon des Royal Scott's Fusiliers fut presque entièrement détruit, il n'en resta que 70 hommes et un officier. Les généraux commandant les 1re et 2e divisions anglaises furent blessés (1). Le château de Hooge, poste de commandement du général Douglas Haig, fut violemment bombardé; plusieurs officiers de son état-major, dont un général, furent tués ou blessés. L'ennemi poursuivant son avance, la situation devint tout à fait grave. « *Je me trouvais, dit le maréchal French, avec sir Douglas Haig, à Hooge, quand la 1re division se retira entre 2 et 3 heures. J'estime que ce fut l'instant le plus critique de la bataille* (2). »

Le haut commandement anglais donna alors l'ordre de se replier sur une position plus en arrière.

A ce moment se place un des incidents les plus importants de la bataille.

A 14 h. 30, le chef d'escadron d'artillerie Jamet, officier de liaison auprès du 1er corps anglais, vient en toute hâte prévenir le commandant du 9e corps de la décision du commandement anglais, décision en cours d'exécution, dit-il. Il a notamment constaté le mouvement en arrière de plusieurs batteries. De l'entretien qu'il a avec le commandant du 9e corps il résulte que, si un appui était donné aux Anglais, la retraite pourrait être évitée, ou tout au moins très limitée.

Le commandant du 9e corps décide de mettre immédiatement à la disposition du 1er corps anglais sa réserve, c'est-à-dire la brigade légère Morel avec une partie du groupe à pied de la 6e division, sous le commandement du lieutenant de Galard.

Puis, accompagné du commandant Jamet, il se rend à Vla-

---

(1) John Buchan : *Nelson's History of the War*.
(2) Rapport du maréchal French.

merlinghe, au poste de commandement du général d'Urbal, pour le mettre au courant de la gravité de la situation. Par une heureuse coïncidence, il y trouve le général Foch et lui expose les faits.

Pendant cet entretien, le commandant Jamet, demeuré devant le poste de commandement, voit passer l'automobile du maréchal French qui rentrait à son quartier général. Faisant à nouveau preuve d'initiative, il l'arrête, lui fait connaître que le général Foch se trouve là et lui expose qu'étant donnée la situation, celui-ci serait sans doute très désireux de s'entretenir avec lui. Les commandants des forces françaises et anglaises se trouvent ainsi réunis.

Concours de circonstances providentiel qui met en présence sur le terrain d'action, à un instant critique où il fallait une décision immédiate, les deux chefs dont les quartiers généraux étaient éloignés de 40 kilomètres! Ainsi put être tranchée en quelques minutes une question qui, autrement, n'eût pu être solutionnée en temps utile.

Le général Foch annonce au maréchal que le 9ᵉ corps vient d'envoyer à sir Douglas Haig sa réserve qui va arriver sur le théâtre de l'action. Des forces importantes, ajoute-t-il, sont en cours de débarquement, qui viendront appuyer l'armée anglaise dès le lendemain au point du jour. Il obtient du maréchal French que celui-ci retire l'ordre de retraite donné aux troupes anglaises.

De cet incident ressort, avec une clarté particulière, le rôle parfois méconnu et cependant si important des officiers de liaison. Il en ressort surtout la nécessité de ne confier ces délicates missions qu'à des officiers de choix, ayant du coup d'œil, du jugement, de la décision, de l'initiative.

Le repli anglais qui commençait à s'esquisser est immédiatement arrêté. Le combat se poursuit sur place à l'avantage du 1ᵉʳ corps anglais qui se maintient sur le front bois du Polygone - Veldhoek - Herenthage.

Entre temps, la brigade Morel s'était portée rapidement à Hooge avec le groupe à pied Galard et s'était mise aux ordres du général Douglas Haig. « *Une brigade de cavalerie française vint au carrefour, juste à l'est de Hooge, et de suite en-*

voya un détachement à pied comme soutien à la 7ᵉ brigade de cavalerie anglaise (1). » Sur la demande du général anglais, le général Morel répartit le 11ᵉ hussards sur le front corne sud-ouest du bois du Polygone - Veldhoek, le 13ᵉ chasseurs et le groupe à pied dans les bois au sud de la route d'Ypres à Menin. A ce moment, la poussée allemande fut arrêtée et la brigade n'eut pas à s'engager.

La pression allemande s'était étendue sur le front anglais jusqu'au delà de Wytschaete. La brigade de cuirassiers Maison-Rouge avait été à nouveau mise par le commandant du 9ᵉ corps à la disposition du commandement anglais pour soutenir en ce point le corps de cavalerie anglais. Elle s'était portée à 7 heures dans la région Saint-Eloi - Wytschaete. Elle y avait trouvé la 32ᵉ division appelée en hâte de Pilkem dans le même but par le commandant de l'armée et en train d'entrer en ligne. Pendant que le gros de la brigade de cuirassiers s'employait dans la région nord et est de Wytschaete, deux escadrons du 7ᵉ cuirassiers (commandant Cazenave) étaient poussés, à 12 h. 30, à l'est de Saint-Eloi, à l'appui de la cavalerie anglaise qui avait marqué un léger fléchissement. Ces deux escadrons, par une contre-attaque heureuse, aidaient à reprendre le terrain abandonné et parvenaient à occuper les maisons qui bordaient l'entrée de l'avenue du château d'Hollebeke.

Ils étaient relevés dans la soirée par la 9ᵉ division de cavalerie, amenée du front de Champagne, qui y subit une attaque de nuit, et par la brigade de Woillemont, du 16ᵉ corps (deux bataillons du 33ᵉ et deux bataillons du 80ᵉ).

Plus au sud, le détachement Moussy était entré en ligne. Il avait reçu comme mission de reprendre le château d'Hollebeke (2). Sans attendre l'arrivée des deux bataillons du 90ᵉ relevés pendant la nuit, le lieutenant-colonel Payerne se porte à l'attaque du château avec les deux bataillons du 68ᵉ en première ligne, la droite appuyée à la voie ferrée. Le bataillon du 268ᵉ est en soutien.

---

(1) Rapport du maréchal French.
(2) Il existait deux châteaux à Hollebeke. Il s'agit ici de celui qui était situé à l'est du canal.

A peine a-t-on gagné deux cents à trois cents mètres qu'on se heurte à une offensive allemande très supérieure en nombre, appuyée par un feu d'artillerie très nourri. L'attaque ennemie est enrayée par la nôtre, mais toute progression devient impossible. Tout ce que le détachement peut faire est de se maintenir, sous un bombardement violent, sur la petite zone de terrain qu'il a gagnée. C'est au prix de pertes sensibles, surtout en officiers.

A défaut de l'offensive envisagée, cet engagement a du moins pour résultat de consolider le front anglais, si ébranlé la veille dans cette région. Cela va permettre de s'y organiser et d'y amener des renforts.

En somme, après de fortes émotions, malgré un recul assez sensible dans la région de Gheluvelt, la fin du jour trouvait le front anglais presque entièrement rétabli. La nuit allait donner à nos alliés la possibilité de se fortifier et d'opposer une barrière aux attaques toujours grossissantes des Allemands.

Journée du 1er novembre. (Croquis n° 23, page 62.)

Des troupes françaises nouvellement débarquées (32e division du 16e corps, 38e division du 32e corps), ainsi que quelques bataillons prélevés sur la 42e division, vont permettre de faire un gros effort en contre-attaquant pour dégager le front anglais. De nouvelles unités vont être retirées du front par le 9e corps pour constituer un nouveau détachement chargé d'aller au secours du 1er corps anglais.

Tel est le but des instructions que le commandant du 9e corps reçoit le 31 octobre au soir et qui précisent les conditions dans lesquelles une action offensive sera engagée sur tout le front :

DÉTACHEMENT L'ARMÉE
    DE BELGIQUE
      —
    ÉTAT - MAJOR   Rousbrugge, 31 octobre, 15 h. 15.

M. le général Dubois profitera de la nuit du 31 octobre au 1er novembre pour se reconstituer des disponibilités en infanterie dans la mesure qu'entraînera la situation dans son secteur.

Les éléments rendus disponibles devront, autant que possible, comprendre un ou plusieurs régiments de la 31e division.

M. le général Dubois rendra compte et fera connaître en même temps les unités d'artillerie de campagne et d'artillerie lourde dont il pourrait se dessaisir.

. . . .

V. D'URBAL.

Cette instruction du commandant de l'armée était suivie d'un ordre du général Foch ainsi conçu :

GROUPE DES ARMÉES
    DU NORD
    —
  ÉTAT - MAJOR   Cassel, 31 octobre 1914.

Le général Foch, adjoint au commandant en chef,
au général commandant le 9ᵉ corps d'armée.

(Copie d'une note remise au général Wilson, chef d'état-major de l'armée britannique.)

Que le 1ᵉʳ corps anglais et la division Rawlinson tiennent et organisent solidement la position depuis la droite du 9ᵉ corps français (croisée de chemins à 1 kilomètre est de la route Passchendaele - Becelaere et du chemin Zonnebeke - Moorslade) jusqu'à Klein-Zillebeke.

A sa gauche, le 9ᵉ corps français attaquera en prenant sa direction sur Becelaere et à l'est.

Les troupes françaises du général d'Urbal (six bataillons et huit batteries) attaqueront en partant du front Saint-Eloi - Wytschaete sur Hollebeke.

Des troupes françaises nouvelles (quatre bataillons de chasseurs et plusieurs autres bataillons et batteries) arriveront dans la matinée en renfort.

Les bataillons du 9ᵉ corps déjà mis à la disposition du général Douglas Haig devront être lancés à l'attaque ou bien remis à la disposition du général d'Urbal.

J. FOCH.

A signaler le dernier paragraphe de cette instruction, qui indique nettement que les bataillons du 9ᵉ corps mis à la disposition du 1ᵉʳ corps anglais ne peuvent être employés à des relèves, mais doivent être utilisés pour des attaques. Le haut commandement français a de si faibles disponibilités qu'il ne peut les laisser immobiliser.

Ces directives offensives du haut commandement sont traduites par le général d'Urbal :

1° En un ordre particulier qui fixe les détails de l'entrée en ligne du 16ᵉ corps;

2° En un ordre général d'opérations qui ordonne les attaques des différentes unités sous ses ordres :

DÉTACHEMENT D'ARMÉE
DE BELGIQUE
—
ÉTAT - MAJOR

Au quartier général, le 31 octobre 1914.

*Le général d'Urbal, commandant le détachement d'armée,
à M. le général commandant le 16ᵉ corps.*

Tous les éléments débarqués de la 32ᵉ division et les éléments non endivisionnés du 16ᵉ corps devront être poussés sur le front Saint-Eloi - Wytschaete. Ils en partiront à l'attaque dans la direction générale d'Houthem le 1ᵉʳ novembre, dès que l'artillerie sera en mesure d'appuyer l'attaque. L'organisation du front susvisé devra être réalisée immédiatement, en sorte que l'offensive parte d'une base solide qui puisse être gardée par quelques faibles éléments.

V. D'URBAL.

DÉTACHEMENT D'ARMÉE
DE BELGIQUE
—
ÉTAT - MAJOR

Au quartier général, le 31 octobre 1914.

Ordre général n° 8.

I. — Sur tout le front du détachement d'armée, le terrain conquis dans la journée a été facilement maintenu. Les éléments des 9ᵉ et 16ᵉ corps d'armée qui ont agi avec la gauche de l'armée anglaise ont repoussé les attaques allemandes.

II. — Demain, 1ᵉʳ novembre, le 1ᵉʳ corps d'armée et la 7ᵉ division de l'armée britannique agiront sur la ligne générale Zonnebeke - Gheluvelt - Saint-Eloi, tandis qu'à leur droite et à leur gauche les 9ᵉ et 16ᵉ corps d'armée effectueront deux attaques pour déborder et envelopper les troupes allemandes qui attaquent de front, comme il est dit ci-après :

III. — a) Le groupement du général Dubois agira offensivement sur tout son front, particulièrement par sa droite. Une forte attaque partant de la région de Zonnebeke sera dirigée dans la direction générale de Becelaere;

b) Le général Taverna, disposant de la 32ᵉ division, des éléments non endivisionnés du 16ᵉ corps d'armée et de la 9ᵉ division de cavalerie, attaquera à fond dans la direction générale d'Houthem en partant du front Saint-Eloi - Wytschaete. Il se reliera avec les forces anglaises opérant à sa droite et à sa gauche;

c) Le corps du général de Mitry conserve la même mission;

d) Le général Humbert (1), maintenant l'occupation du front Dix-

---

(1) Depuis le 30, la 38ᵉ division était venue rejoindre la 42ᵉ division. Le 32ᵉ corps d'armée se trouvait ainsi reformé.

mude - Nieuport, continuera son attaque sur Clercken - Zarren et fera déboucher une nouvelle attaque au sud de Dixmude, dans la direction générale Woumen - Clercken - Zarren;

c) Le général Besse, commandant l'artillerie de l'armée, fera coopérer dans la mesure possible l'artillerie lourde de la région d'Ypres aux attaques menées par les généraux Dubois et Taverna (visées par les alinéas *a* et *b* ci-dessus).

IV. — Toutes les positions atteintes aujourd'hui devront être solidement organisées.

V. — Quartiers généraux et postes d'armée sans modifications.

V. d'Urbal.

Cet ordre prescrit au 9ᵉ corps une « forte attaque » sur Becelaere.

Malheureusement, pour l'exécution de cette « forte attaque », le commandant du 9ᵉ corps ne pourra disposer que d'un effectif limité. Sur son front déjà affaibli par le retrait des cinq bataillons et des deux groupes d'artillerie qui ont constitué le détachement Moussy, il ne pourra prélever à nouveau que quatre bataillons. Il y ajoutera, pour compenser cette proportion relativement faible d'infanterie, toute son artillerie lourde, le groupe à cheval de la 6ᵉ division, trois groupes d'artillerie de corps avec lesquels coopérera, en outre, le groupe de gauche de la 18ᵉ division d'infanterie; mais ce n'en sera pas moins une force bien minime qui ne pourra atteindre le résultat visé par le commandement que si le 1ᵉʳ corps anglais prend part, de son côté, à l'attaque envisagée, ainsi que cela est concerté.

L'ordre ci-dessous détermine les conditions de l'engagement du corps d'armée :

9ᵉ CORPS D'ARMÉE
—
ÉTAT - MAJOR   Ypres, 31 octobre.

Ordre général n° 113 pour la journée du 1ᵉʳ novembre.

I. — (Reproduction des renseignements généraux donnés par l'armée.)

II. — *a)* La 7ᵉ division de cavalerie, les 31ᵉ, 17ᵉ, 18ᵉ divisions d'infanterie, maintiendront leur attitude offensive tout en assurant l'inviolabilité du front;

b) Une attaque sera montée sous les ordres du général Bernard, qui disposera du 142e d'un bataillon du 32e, de deux groupes d'artillerie de corps.

En outre, l'attaque sera appuyée par un groupe de la 18e division d'infanterie, l'artillerie de la 6e division de cavalerie et l'artillerie lourde.

III. — L'objectif de l'attaque sera le front Becelaere - Molenhoek. Les troupes chargées de l'attaque, rassemblées à 5 heures à l'ouest de Zonnebeke, se porteront immédiatement après face à leur objectif, vers Molenaarelsthoek et au sud-ouest.

L'attaque sera préparée par l'artillerie sur l'objectif et ses abords. Une batterie de 105 prendra pour objectif l'artillerie ennemie, le 155 le village de Becelaere.

Les troupes d'attaque traverseront les lignes anglaises sans s'y arrêter et les dépasseront franchement au pas de course.

IV. — Le général commandant l'attaque se mettra en liaison aussitôt que possible avec le commandant des troupes britanniques dans ce secteur et, pendant l'action, avec le général commandant la 18e division d'infanterie à Frezenberg, qui assurera la transmission des renseignements.

· ·

Général Dubois.

L'action reprend au point du jour sur tout le front et se poursuit toute la journée avec la plus grande violence.

Le groupe Hély-d'Oissel et la 17e division d'infanterie luttent sans autre résultat qu'une légère avance du 125e sur Poelcapelle.

La 31e division d'infanterie maintient son front sans pouvoir progresser.

La 18e division d'infanterie subit à sa droite une très violente attaque qui porte surtout sur les cyclistes et le groupe à pied de la 6e division de cavalerie. Le capitaine de Benoist, commandant ce groupe, est tué. Il en résulte un moment de trouble et un léger fléchissement des cavaliers qui ont fait des pertes sérieuses et qui sont à court de munitions. Mais ils se reprennent à l'appel du colonel Lestoquoi, accouru en hâte avec le commandant de Becdelièvre et le capitaine de Lescazes, de l'état-major de la 18e division. Ceux-ci les ravitaillent en cartouches et les ramènent en avant, en même temps qu'une intervention d'une fraction de soutien du 135e permet de rétablir la situation et de réoccuper les tranchées momentanément perdues.

Plus au sud, l'attaque du détachement Bernard n'aboutit pas. Par suite d'un retard fâcheux, le 142e n'arrive au point de rassemblement qu'à 8 heures. Le général Bernard dispose deux bataillons en première ligne, les deux autres en réserve. Mais, à ce moment, le terrain qui le séparait des tranchées anglaises était l'objet d'une violente fusillade et d'un bombar-

(Croquis n° 23.)   Situation le 1er novembre.

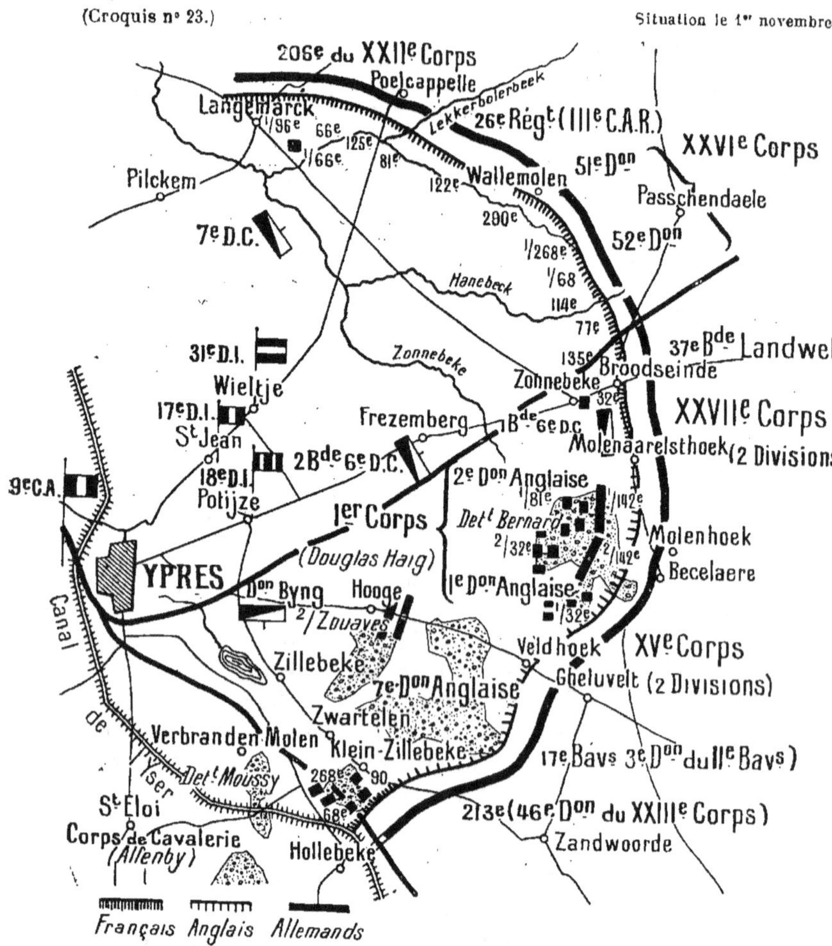

dement intense, sans que notre artillerie parvînt à prendre la supériorité. C'est seulement à 15 heures que, par une infiltration lente, deux compagnies arrivent à atteindre les tranchées anglaises, et ce n'est qu'à 17 h. 30 qu'elles y sont rejointes

par le reste des deux bataillons du 142° qui doivent former la
ligne d'attaque. Ils avaient mis neuf heures à parcourir un
kilomètre dans ce terrain battu. Vainement le commandant
du 9° corps actionne-t-il le commandant du détachement, les
bataillons d'attaque ne sortent pas des tranchées. Ils y sont
immobilisés tant par les tirs de barrage ennemis que par
l'obstacle passif que constituent la profondeur des tranchées
et le réseau des fils de fer que les Anglais ont commencé à
poser la nuit précédente. Le soir arrive sans que l'attaque se
soit produite. (Croquis n° 23.)

A l'ouest de Klein-Zillebeke, le détachement Moussy, qui
a dû, pendant la nuit, employer un de ses bataillons à relever
un bataillon anglais, ne peut qu'esquisser l'offensive ordonnée par le général Foch. Il est immobilisé par les attaques
allemandes. Il arrive tout juste à gagner péniblement une
centaine de mètres, les sections progressant l'outil à la main.
Noyé dans les lignes anglaises, solidement accroché au terrain, il fait l'office d'une bouée à laquelle viennent s'appuyer
les éléments voisins plus ou moins stables. Vers 15 heures,
un fléchissement se produit même à Klein-Zillebeke, à la
droite anglaise, ce qui oblige le général Moussy à stopper et
à se flanc-garder à l'est. Ce fléchissement est heureusement
réparé grâce à l'intervention de la division de cavalerie Byng,
accourue à l'aide de son infanterie. Mais la nuit est venue.
Les bataillons du détachement Moussy restent au contact à
une distance moyenne de cent cinquante mètres de l'ennemi,
distance qui, pour le 268°, descend même jusqu'à cinquante
mètres.

A ce moment, un nouvel appui est apporté au 1°r corps anglais. Le général Douglas Haig avait fait savoir qu'il n'avait
plus aucune réserve et avait demandé qu'on en mît une à sa
disposition. Deux bataillons de zouaves, prélevés sur la 42° division d'infanterie, sont envoyés au 9° corps et poussés par
celui-ci le soir même à Hooge, où se trouve le poste de commandement anglais.

Ce jour-là, dans la matinée, un renseignement avait fait
connaître l'arrivée du kaiser à Gheluwe pour 15 heures. Cette
localité se trouvait à l'extrême limite de portée de nos 105.
Néanmoins, comme il faut à la guerre courir toutes les chan-

ces et que l'on peut toujours escompter un coup heureux, le
commandant du 9e corps fit avancer une batterie de 105 à
proximité immédiate de la ligne de combat et déclencha brusquement, à 15 h. 15, un bombardement court et rapide.

Le coup heureux ne se produisit pas, mais le bombardement, allant frapper, à 13 kilomètres en arrière de la ligne de
bataille, une localité qui était habituellement utilisée par les
réserves ennemies, ne fut pas sans produire un effet tout au
moins moral.

Au cours de cette journée, les autres unités de l'armée
n'avaient pas progressé beaucoup plus que le 9e corps.

Au nord, le 32e corps avait vu son offensive sur Merckem
enrayée presque au début et le groupement de Mitry avait été
violemment contre-attaqué à Bixschoote, où il s'était énergiquement maintenu, mais d'où il n'avait pu déboucher.

Au sud, le 16e corps (général Taverna) avait été plus heureux. Ses efforts avaient été impuissants dans la région de
Saint-Eloi, mais il avait réussi à reprendre dans celle de
Wytschaete quelques-unes des positions perdues la veille par
les Anglais.

En somme, malgré ces résultats en apparence limités, la
journée avait été bonne. On peut même dire qu'un résultat
considérable avait été obtenu. Si l'offensive n'avait donné que
des gains peu importants, la situation générale était, par contre, redevenue satisfaisante.

Un simple retour sur les événements de la veille, où le front
anglais avait été si profondément ébranlé qu'un ordre de retraite avait paru nécessaire, suffit à faire ressortir l'incontestable bénéfice de la journée. Les lignes anglaises sont partout solidement étayées. Mieux encore, la rapide progression
allemande des deux journées précédentes est arrêtée net.
L'ennemi n'a pu réaliser le moindre progrès. Il a même, sur
quelques points, marqué un léger recul. Son offensive, à laquelle l'empereur Guillaume II est venu présider avec l'espoir d'entrer dans Ypres, est visiblement enrayée.

Journée du 2 novembre.

Après une canonnade et une fusillade qui durèrent toute la nuit, le combat se ralluma, le 2 novembre, au lever du jour.

L'offensive devait être reprise, de concert avec l'armée anglaise.

Le général d'Urbal avait, à cet effet, ordonné les dispositions suivantes :

La 39e division d'infanterie, du 20e corps (général Dantant), et le 1er corps de cavalerie (général Conneau), nouvellement arrivés, avaient relevé le corps de cavalerie anglais qui était descendu plus au sud, face à Warneton.

Le général Conneau, avec l'appui d'un régiment d'infanterie, avait reçu l'ordre de s'emparer du terrain entre Messines et la Douve.

Le général Dantant, en liaison avec le corps de cavalerie, devait attaquer en direction de Messines.

La 32e division du 16e corps continuait à avoir Houthem comme objectif, appuyée à gauche par le détachement de Woillemont qui, renforcé par deux bataillons de chasseurs de la 43e division, était passé sous le commandement du général Olleris.

Le détachement Moussy devait attaquer le château à l'ouest d'Hollebeke, en commun avec le groupement Olleris.

Le 9e corps avait l'ordre, tout en conservant une attitude agressive, d'augmenter ses organisations défensives de manière à se créer de nouvelles disponibilités. Avec ces disponibilités, il renforcerait encore le détachement Bernard, dont le chef cédait la place au général Vidal.

Le 32e corps, avec le corps de cavalerie de Mitry, devait se porter de Bixschoote, de Knocke et de Steenstraat sur Merckem et Clercken comme objectifs.

La 42e division d'infanterie, que l'inondation de la plaine de l'Yser avait rendue disponible, descendue de Nieuport sur Dixmude, devait déboucher de ce point avec le front Woumen - Clercken comme objectif.

Enfin, le général d'Urbal mettait à la disposition du général commandant le 9e corps deux bataillons de la 42e division. Il le chargeait d'en régler l'emploi, soit pour aider les Anglais si cela devenait nécessaire, soit pour renforcer l'attaque Vidal, soit pour étayer le 16ᵉ corps vers Saint-Eloi.

En exécution de ces ordres, le général commandant le 9ᵉ corps renforce le détachement Vidal d'un bataillon du 122ᵉ et d'un groupe d'artillerie de corps, péniblement retirés de son front déjà si appauvri par les prélèvements antérieurs. Il y joint un bataillon du 32ᵉ, précédemment mis à la disposition du général de Mitry et rentré le 1ᵉʳ au soir, se dépouillant ainsi de sa seule réserve d'infanterie.

Il donne au général Vidal Gheluvelt comme objectif. L'attaque sur Becelaere, précédemment ordonnée par le général Foch, n'a plus, en effet, aucune chance d'aboutir. Elle est éventée; l'ennemi y a paré. D'autre part, la ligne anglaise à l'ouest de Gheluvelt est vivement pressée; mais comme elle offre l'avantage de présenter un rentrant, on peut espérer dégager nos alliés en combinant une attaque de flanc avec l'attaque de front.

Pour ne pas voir se renouveler les lenteurs et les atermoiements de la veille, le commandant du 9ᵉ corps donne l'ordre impératif de commencer la préparation dès le point du jour et d'attaquer à 10 heures, à la fois sur Veldhoek et dans l'axe ferme Verbeek - Gheluvelt, pour prendre l'ennemi entre deux feux. Afin de libérer le général Vidal de toute préoccupation, il l'informe de la présence à Hooge des deux bataillons de zouaves qui, le cas échéant, lui serviront de soutien.

Les ordres du commandement français étaient, on le voit, nettement offensifs. Mais l'action ne pouvait être nourrie de notre côté que par de maigres renforts, consistant, en dehors de la division Dantant, en quelques bataillons rapidement débarqués ou prélevés sur des troupes qui étaient au combat depuis dix jours. Du côté allemand, au contraire, les renforts ne cessaient d'affluer. Ils étaient d'heure en heure plus nombreux. C'étaient les troupes de défense de Lille, puis les XXVᵉ et XXVIᵉ divisions hessoises, puis la VIᵉ division de réserve bavaroise, le Vᵉ corps, une division de la Garde et le IIᵉ corps bavarois, dont les unités venaient successivement s'engager sur le front Langemarck - Messines.

Aussi, malgré nos intentions offensives, nous sommes devancés, le 2 au matin, avant que notre préparation d'artillerie soit terminée, par des attaques allemandes menées avec des forces supérieures.

En trois points surtout, les attaques revêtent un caractère de violence extrême. La journée est fertile en émotions, car en ces trois points l'ennemi réussit à entamer momentanément notre front.

A droite, au 16ᵉ corps, le groupement Olleris est, dès le lever du jour, très fortement assailli. Il cède sous le choc et perd du terrain jusqu'à La Kappellerie. A 11 h. 30 arrive au poste de commandement du 9ᵉ corps la nouvelle qu'il a été refoulé au delà de Saint-Eloi. Nouvelle particulièrement inquiétante, car la perte de Saint-Eloi eût mis sous le canon allemand la route de Poperinghe, seule voie de ravitaillement et même, en cas d'échec, seule route de retraite du 9ᵉ corps français et du 1ᵉʳ corps anglais.

Pour parer à un pareil danger, le commandant du 9ᵉ corps met immédiatement les deux bataillons que le général d'Urbal vient de lui envoyer à la disposition du général Moussy, auquel il donne l'ordre suivant :

9ᵉ CORPS D'ARMÉE
—
ÉTAT - MAJOR   Ypres, 2 novembre, 6 heures.

Ordre particulier au général Moussy.

Le 16ᵉ corps est violemment attaqué.

J'envoie d'Ypres, pour prendre l'offensive, deux bataillons (un de zouaves, un de coloniaux) qui débarquent en automobiles.

Ces bataillons passent sous vos ordres (1).

Attaquez à fond avec toutes vos troupes sur le front Saint-Eloi - Hollebeke pour dégager le 16ᵉ corps en tombant dans le flanc de l'ennemi.

Je pousse dès maintenant le 7ᵉ hussards dans la direction de Saint-Eloi pour préparer l'action des deux bataillons dont il s'agit en s'opposant à la marche de l'ennemi.

Je vous envoie un peloton à Zillebeke pour vos liaisons.

Général DUBOIS.

De son côté, le général Douglas Haig envoie au général

---

(1) Dans la réalité, les deux bataillons, ayant dû s'engager en entier dans la région de Saint-Eloi, passèrent dès leur entrée en ligne sous les ordres du colonel de Woillemont, qui commandait ce secteur, et y restèrent.

Moussy un des bataillons de zouaves mis à sa disposition, ainsi qu'un groupe d'artillerie de corps du détachement Vidal qui n'a pas pu trouver la place nécessaire pour s'intercaler dans les nombreuses batteries anglaises.

Le 7e hussards, qui a reçu comme mission de ralentir le plus possible la marche de l'ennemi et de lui interdire, coûte que coûte, le passage du canal, se porte rapidement par les Trois-Rois sur Saint-Eloi. En arrivant au pont du canal, où il ne trouve plus que quelques chasseurs à pied, le colonel Simon constate qu'un trou existe entre le canal et Saint-Eloi; il y jette trois escadrons à pied, dont un pour la défense du pont. Puis il pousse jusqu'à Saint-Eloi avec son dernier escadron. Il n'y rencontre que des fractions de chasseurs restées avec leur commandant blessé. Il y installe son dernier escadron.

Grâce à cette rapide intervention du 7e hussards, qui contient les éléments avancés de l'ennemi, un barrage se trouve établi qui masque le vide existant au sud d'Ypres et permet d'y amener le bataillon de zouaves et le bataillon colonial, envoyés par le commandant du 9e corps.

Le détachement Olleris, ainsi étayé, en profite pour reprendre le terrain perdu.

Comme on le voit, le danger, tout en étant très réel, était cependant beaucoup moins grand qu'on ne l'avait annoncé. Ainsi qu'il arrive souvent dans le tumulte de la bataille, le recul du détachement Olleris avait été considérablement exagéré : Saint-Eloi n'avait jamais cessé de nous appartenir. Néanmoins, la situation resta critique jusqu'à 17 heures, où notre artillerie réussit enfin à disperser les forces allemandes. De ce côté, la situation était donc sauvegardée.

Dans le même temps, le détachement Moussy avait essayé de déboucher vers le sud, mais les tirs de barrage allemands étaient tellement nourris qu'il n'avait pu développer son attaque.

Au détachement Vidal, malgré un bombardement ennemi intense, la préparation d'artillerie sur Gheluvelt avait pu être menée à bien. L'attaque allait être déclenchée quand les Anglais, qu'une forte pression allemande a empêchés de prendre l'offensive prévue, font savoir que leur ligne a cédé à l'est et au sud de Veldhoek et que la direction d'Ypres est menacée.

Le général Vidal barre immédiatement la route d'Ypres en poussant en avant le bataillon de zouaves qui se trouve à Hooge et contre-attaque avec toutes ses troupes sur Veldhoek, une partie de son artillerie en batterie près de la ferme d'Eckernest prenant de flanc les colonnes ennemies. La contre-attaque est très énergiquement menée par le général Xardel. Le combat est très chaud. Il se termine par un assaut à la baïonnette où un bataillon du 32e, brillamment entraîné par le commandant Potier, prend pied et s'installe dans la partie ouest de Veldhoek, le reste du village demeurant aux mains de l'ennemi.

Cette belle contre-attaque a brisé l'offensive allemande et rétabli la ligne anglaise. Mais toutes les unités du détachement Vidal ont été engagées; les pertes sont élevées : un bataillon du 142e ne compte plus que deux officiers; une compagnie n'a plus que trente hommes. Il faut renoncer à la double attaque combinée sur Gheluvelt.

Plus au nord, dans la région de Zonnebeke, l'action a été également extrêmement vive. On a pu y craindre un instant une rupture du front. Les prélèvements des jours précédents ont, en effet, tellement aminci la ligne que la 18e division ne dispose plus que de deux régiments, la 17e division de cinq bataillons, la 31e également de cinq bataillons. Encore ces unités, au combat depuis douze jours, sont-elles réduites de 30 p. 100 par les pertes subies. Une seule troupe reste disponible dans le secteur du 9e corps : la brigade de cuirassiers Maison-Rouge.

Dans la nuit du 1er au 2 novembre, la brigade de dragons Laperrine avait relevé, au nord de la route de Zonnebeke à Moorslede, le groupe à pied de la 6e division de cavalerie, fort éprouvé la veille. Elle avait été répartie de la façon suivante : six escadrons en première ligne, dont un demi-régiment du 14e dragons (capitaine de la Maisonneuve) au centre, les deux demi-régiments du 2e dragons l'encadrant à gauche et à droite, le tout sous le commandement du colonel Schultz, du 2e dragons. Le deuxième demi-régiment du 14e dragons formait réserve, sous les ordres du colonel de Tarragon, dans un fossé utilisé comme tranchée à huit cents mètres en arrière, où il avait pris place entre une compagnie du 135e à sa gauche, et une compagnie anglaise à sa droite (1).

Ces escadrons avaient reçu un complément de cent cartouches par homme à leur passage à Zonnebeke. De plus, le colonel Schultz, commandant les six escadrons de première ligne, avait installé son poste de commandement au même point que le colonel Mariani, commandant le 135e d'infanterie, disposant ainsi de l'organisation téléphonique (encore bien sommaire à cette époque) et des ressources diverses de ce régiment.

Dès 6 heures du matin, le bombardement ennemi, déjà si violent la veille sur cette partie du front, reprend avec intensité. Il est accompagné d'une fusillade ininterrompue. Le feu de notre artillerie et de nos escadrons paralyse jusqu'à 10 h. 30 tous les efforts allemands. A ce moment, l'ennemi déclenche une attaque, mais il ne réussit qu'à venir occuper une tranchée abandonnée, à mi-distance des deux fronts.

Une accalmie se produit jusqu'à midi, où le bombardement reprend avec un redoublement de violence.

Les liaisons téléphoniques sont détruites. Le ravitaillement en munitions est rendu impossible. Vers 13 h. 30, l'ennemi, s'apercevant que notre fusillade diminue d'intensité, lance une double attaque sur nos ailes. Les deux demi-régiments du 2e dragons, à court de munitions, armés de carabines sans baïonnettes, sont obligés de se replier. Le demi-régiment du 14e dragons, au centre, menacé d'enveloppement et, lui aussi, très dépourvu de munitions, se retire à travers bois, laissant ses dernières cartouches à un peloton qui se sacrifie pour couvrir la retraite. Sous une pluie de fer qui les décime, les dragons arrivent à rejoindre une compagnie du 135e qui tient une tranchée en arrière. Ils s'y arrêtent, soutenus par les escadrons de la réserve du colonel de Tarragon et par deux compagnies du 135e et un bataillon du 77e, dont l'entrée en ligne enraye définitivement l'avance allemande.

---

(1) Les documents qui ont servi à reconstituer les détails de ce combat sont : le journal de marche du 14e dragons; les récits du colonel Schultz, commandant le 2e dragons, et du colonel de Tarragon, commandant le 14e dragons; les comptes rendus du colonel Mariani, commandant le 135e, du colonel Lestoquoi, commandant le secteur de Zonnebeke, et du général Lefèvre, commandant l'ensemble des troupes.

Dans le même temps, sur la demande du général Laperrine, le 13ᵉ chasseurs, les 7ᵉ et 10ᵉ cuirassiers étaient accourus occuper des tranchées de soutien à l'est de Zonnebeke, mais ils n'avaient pas eu à s'engager.

Journée du 2 novembre 1914.

(Croquis n° 23 *bis*.)

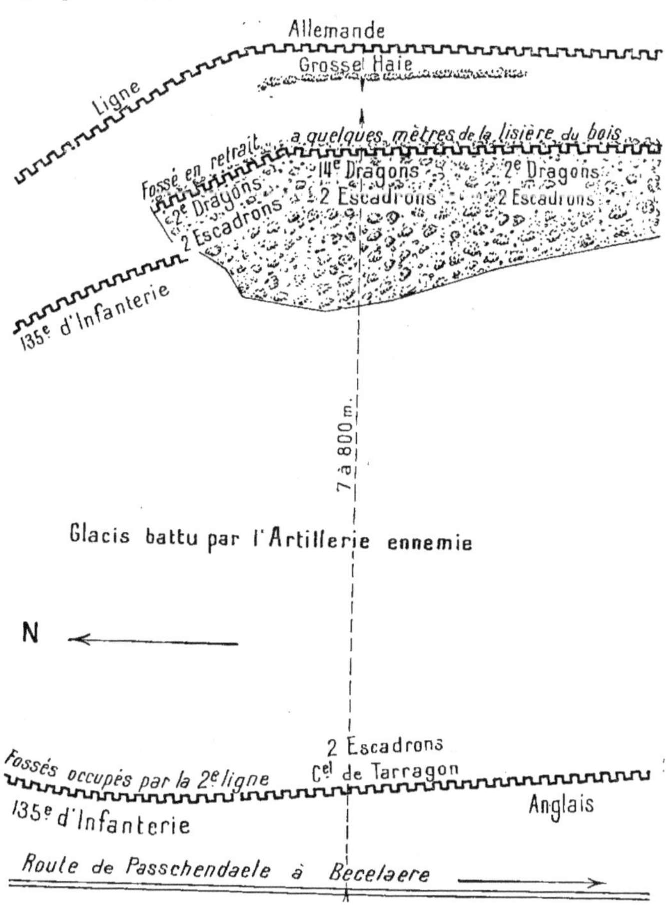

Grâce à l'énergie et au sang-froid du général Laperrine et des officiers de sa brigade, grâce à la belle attitude des combattants qui luttèrent jusqu'à leurs dernières cartouches, grâce aussi à l'intervention du colonel Lestoquoi, commandant la 36e brigade, et du colonel Mariani, commandant le 135e, le danger avait été conjuré, mais c'était au prix de pertes sensibles. La brigade de dragons avait eu trois cents de ses combattants à pied mis hors de combat, dont vingt et un officiers. Dix de ces derniers avaient été tués : le chef d'escadrons des Michels; les capitaines commandants Tramcy, Boiron-Ebeling, Sainte-Marie-Perrin; les lieutenants d'Humières, Frossard, Bertrand, de Courville, de Prunelé, de Ferré-Lagrange. Le péloton laissé dans le bois pour couvrir le repli avait été presque entièrement détruit; les quelques survivants, ayant brûlé toutes leurs cartouches, avaient été faits prisonniers. Les soldats allemands, en plein combat, les avaient dépouillés de leurs porte-monnaie et de leurs portefeuilles (1).

La brigade de dragons était à un tel point désorganisée par ses pertes qu'il fallut la retirer du front et l'envoyer à Aire-sur-Lys pour la reconstituer.

En somme, cet incident avait été sans conséquences tactiques. Comme l'attaque ennemie s'était presque exclusivement portée sur la brigade de dragons, comme les Anglais placés à la droite et le 135e placé à la gauche, sauf une compagnie qui fut englobée dans l'attaque, avaient solidement maintenu leur front, l'avance ennemie était restée très limitée. On crut sur le moment que cette attaque locale avait été déclenchée parce que les Allemands s'étaient aperçus qu'ils n'avaient devant eux que des cavaliers à pied sans baïonnette. Il semble plutôt qu'elle fît partie de la série d'assauts que l'ennemi ne cessa de diriger, au cours de la bataille, sur le saillant de Zonnebeke, et même que ce fut la continuation de l'attaque entamée la veille contre le groupe à pied de Benoist, qui était cependant armé et équipé comme l'infanterie.

Quoi qu'il en soit, la 6e brigade de dragons montra ce jour-là que nos cavaliers apporteraient au combat à pied le même magnifique esprit de sacrifice qu'ils avaient, au cours des siècles, montré dans leurs charges. Promesse superbe dont toutes les prévisions devaient encore être dépassées lors de la ruée allemande de 1918.

---

(1) Rapports des maréchaux des logis Faivre et Fontaine, du 14e dragons, évadés d'Allemagne le 23 novembre 1916.

Aussi, dans l'ordre d'adieu qu'il adressa le 16 novembre à la 6ᵉ division de cavalerie au moment où elle quitta le secteur d'Ypres, le commandant du 9ᵉ corps, resté sous l'impression de cette belle défense, tint-il à ajouter un remerciement particulier pour la 6ᵉ brigade de dragons.

Sur le reste du front, la bataille s'était poursuivie avec violence, mais sans modifications sensibles dans les positions respectives.

Au sud, le 1ᵉʳ corps de cavalerie avait gagné du terrain au sud-est de Messines, mais la 39ᵉ division avait été arrêtée à l'ouest de cette localité par des organisations défensives très fortes et la 32ᵉ division n'avait pu que contenir les colonnes ennemies qui débouchaient au nord de Wytschaete.

Au nord d'Ypres, le groupement Humbert avait sensiblement progressé, la 42ᵉ division jusqu'aux abords du château de Woumen, la 38ᵉ dans la direction générale de Merckem.

En somme, dans l'ensemble, les résultats de la veille se trouvaient consolidés. Une fois de plus, les attaques ennemies avaient été brisées. Malgré notre infériorité numérique et notre pauvreté en artillerie lourde, l'échec de l'offensive allemande s'accusait de plus en plus. Mais la fatigue des troupes, particulièrement de celles qui, comme le 9ᵉ corps, étaient engagées de nuit et de jour, sans aucun répit, depuis onze jours, était extrême et l'impossibilité de les relever, faute de réserves disponibles, constituait pour le commandement une nouvelle et grave préoccupation.

Journée du 3 novembre. (Croquis nᵒ 24.)

La nuit du 2 au 3 fut relativement calme, l'action se bornant à une canonnade et une fusillade intermittentes, sauf sur le front du 290ᵉ qui perdit une tranchée dans la région de Vallemolen, mais qui la reprit au jour.

Le commandant de l'armée, estimant qu'à la suite de l'échec de son offensive l'ennemi témoignait d'une certaine lassitude, prescrivit d'en profiter et d'attaquer dès le point du jour. Il confirma à chacun des corps d'armée ou groupement ses objectifs de la veille, gardant en réserve d'armée, au sud de Dickebusch, les éléments non encore engagés de la 43ᵉ division (général Lanquetot) qui venaient de débarquer.

Afin d'assurer l'unité de commandement dans le secteur Klein-Zillebeke - Saint-Eloi et de maintenir une liaison intime entre les détachements Olleris et Moussy, un ordre particulier en date du 3 novembre fit passer ce dernier détachement

(Croquis n° 24.)   Situation le 4 novem

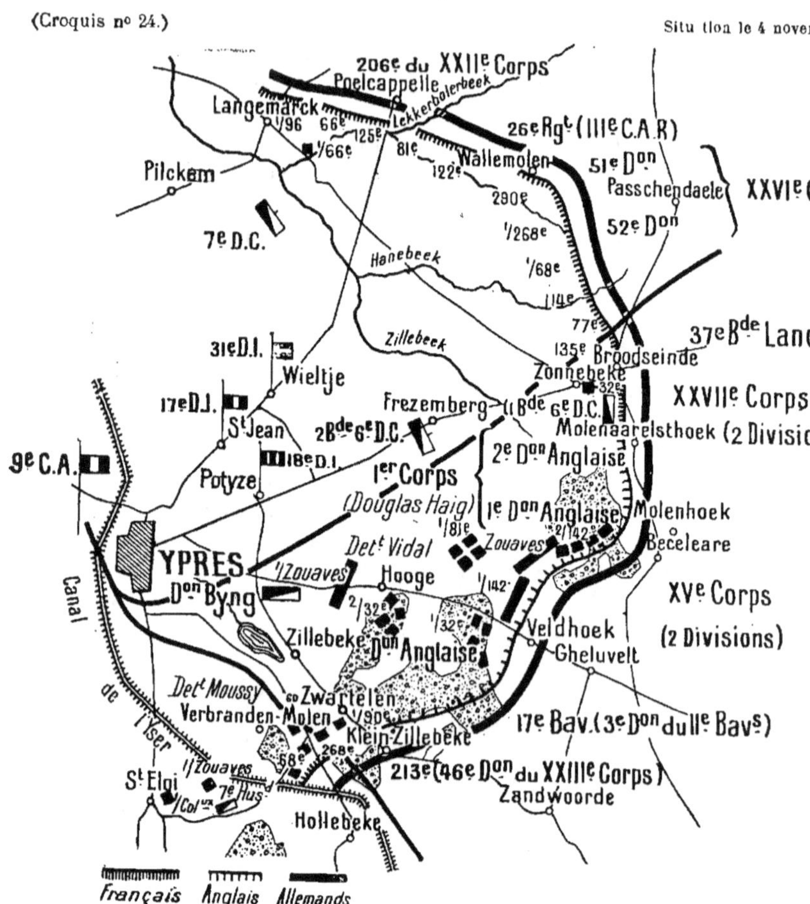

sous les ordres du général commandant le 16e corps. Le général Moussy reçut, en même temps, un bataillon du 143e en remplacement du bataillon de zouaves que lui avait envoyé le général Haig et qui retourna à Hooge à la disposition de ce dernier.

En conséquence de ces instructions, le commandant du 9ᵉ corps prescrivit au général Vidal de poursuivre avec la dernière énergie l'attaque commencée la veille sur Gheluvelt. Il ordonna, en même temps, au détachement Hély-d'Oissel et aux 17ᵉ, 18ᵉ et 31ᵉ divisions d'infanterie de prendre l'offensive avec tous leurs éléments disponibles.

La journée se passa en attaques et contre-attaques. Sauf au groupement Hély-d'Oissel, qui réalisa une très légère progression, les attaques, faute d'effectifs suffisants, ne donnèrent aucun résultat. Elles provoquèrent de violentes ripostes.

A 7 heures, une forte contre-attaque allemande fut déclenchée sur le front de la 31ᵉ division d'infanterie, contre le 81ᵉ et le 112ᵉ.

A 10 heures, ce fut, à la 17ᵉ division d'infanterie, le tour du 90ᵉ.

A 16 heures, ce fut sur la 18ᵉ division, devant le front du 77ᵉ et du 135ᵉ, qu'un violent effort ennemi se produisit.

Mais toutes ces tentatives échouèrent sous les feux de notre infanterie et les barrages de notre artillerie.

Au détachement Vidal, après une canonnade et une fusillade incessantes pendant toute la nuit, la préparation d'artillerie fut reprise dès le lever du jour et l'attaque déclenchée à 10 heures.

Profitant de l'occupation d'une partie de Veldhoek, qui constitue un point d'appui à son centre, le général Vidal s'efforce de progresser par ses ailes en débordant le village. Les troupes doivent avancer sous des feux de mousqueterie, de mitrailleuses et d'artillerie extrêmement violents que nos batteries n'arrivent pas à éteindre. La gauche est prise d'enfilade et à revers par les mitrailleuses ennemies et subit des pertes sérieuses. La droite gagne péniblement, entre 10 heures et midi, cent cinquante à deux cents mètres; elle est à ce moment en butte à une forte contre-attaque qu'elle réussit à briser, mais qui l'immobilise assez longtemps. Le mouvement en avant est repris dans l'après-midi, mais vers 18 heures une nouvelle contre-attaque, également repoussée, vient encore enrayer l'offensive, exigeant l'entrée en ligne de toutes les compagnies de soutien.

En somme, combat très dur et très mouvementé, mais combat sur place, avec progression restreinte. L'impossibilité où leurs pertes antérieures ont mis les Anglais d'y coopérer limite forcément les résultats.

Le détachement Moussy avait été à nouveau chargé par le 16e corps d'attaquer par le nord le château d'Hollebeke, pendant que le groupement Olleris l'aborderait par l'ouest.

Cette double attaque se heurte à des forces allemandes très importantes. Une section du 90e parvient seule à pénétrer dans le parc du château avec une fraction de chasseurs à pied appartenant au détachement Olleris. Cette petite troupe arrive même jusqu'au perron, mais elle ne peut être appuyée et doit bientôt abandonner le terrain si vaillamment gagné.

De ce côté, on a, comme les jours précédents, contenu le très gros effort ennemi, mais sans pouvoir faire davantage.

De même, sur les autres parties du front de l'armée, sauf au 2e corps de cavalerie où un très léger fléchissement s'est produit au sud de Bixschoote, on a partout maintenu les progrès réalisés la veille, mais sans réussir à y ajouter de nouveaux gains, tant est grande la supériorité numérique des Allemands, tant est continu le renforcement de leurs lignes.

Et, de nouveau, la nuit n'interrompt pas la lutte : les 122e et 125e ont à repousser des attaques sérieuses. Le détachement Vidal est, lui aussi, violemment assailli à Veldhoek. Mais toutes ces tentatives échouent devant la solidité des troupes.

Journée du 4 novembre. (Croquis n° 24, page 74.)

Le combat se poursuit dans la journée du 4. Chez nous, comme chez les Anglais, en dehors des pertes qui sont lourdes, la fatigue est extrême. On en est au treizième jour d'une lutte sans répit, ininterrompue de jour et de nuit. Les commandants de divisions et les commandants de régiments rendent compte que les troupes sont exténuées. Le commandant du 9e corps leur répond qu'il n'y a pas de relève possible, qu'il faut conserver à tout prix l'ascendant que l'on a visiblement sur l'ennemi, que la victoire restera au plus tenace.

L'excellent moral de tous supplée à l'épuisement physique.

Les ordres pour la journée du 4 consistent en cette seule et courte phrase : « *Demain, continuation de l'offensive avec les mêmes objectifs.* »

L'action se réduit à un combat de front, sans aucune manœuvre possible. Une fois de plus, la troupe affirme sa belle tenue en progressant légèrement en plusieurs points de la ligne. Le 114ᵉ, notamment, profite du brouillard pour enlever un point d'appui où il fait 250 prisonniers à l'ennemi.

Mais l'énergique commandant de l'armée ne veut pas s'en tenir à cette forme stérile et épuisante de la lutte qu'est le combat d'usure, il ne veut pas renoncer aux actions offensives. De plus, il a dû jeter dans la fournaise les derniers éléments de la division Lanquetot. Il n'a plus en réserve que la 9ᵉ division de cavalerie pour parer à l'imprévu sur l'immense front qui s'étend de la Lys à la mer. Il se décide à reprendre le détachement Vidal, qui a définitivement consolidé le front anglais à l'ouest de Gheluvelt. La situation le permet d'ailleurs : quatorze bataillons du 2ᵉ corps anglais et deux régiments de yeomanry viennent d'arriver pour relever la 7ᵉ division (Rawlinson). Les débris de cette superbe division allaient quitter le front le 5 novembre, après s'y être dépensée presque jusqu'au dernier homme. « Quand la 7ᵉ division fut retirée de la ligne de feu, dit l'ordre du jour du général Rawlinson, sur les 400 officiers qui étaient partis d'Angleterre, il n'en restait que 44, et sur les 12.000 hommes qui la composaient au début, 2.336 seulement répondirent à l'appel (1). »

Donc, profitant du renforcement du front anglais, le général d'Urbal envoie, à 11 heures, au commandant du 9ᵉ corps, l'ordre suivant :

DÉTACHEMENT D'ARMÉE
   DE BELGIQUE
      —   Au quartier général, 4 novembre 1914.
  ÉTAT - MAJOR
     —
CONFIDENTIEL

Note pour le général commandant le 9ᵉ corps d'armée.

Il semble que le détachement Vidal ait rétabli les affaires des Anglais et qu'en conséquence son action ne soit plus nécessaire de ce côté.

Voyez, après entente avec les Anglais, si vous ne pourriez pas reprendre, en tout ou en partie, ces troupes pour les utiliser à votre profit.

------

(1) John BUCHAN : *Nelson's Edition.*

Les bataillons de Hooge restent en tout état de cause à la disposition des Anglais.

....

D'URBAL.

Avis est immédiatement donné au général Vidal de se tenir prêt à rompre le combat, soit dans la journée si la situation s'y prête, soit au plus tard dans la nuit du 4 au 5. Il devait renvoyer les bataillons du 32ᵉ et du 81ᵉ à leurs divisions, tandis que le 142ᵉ viendrait en réserve de corps d'armée à Fortuin. Le commandant du 9ᵉ corps profitait de cette occasion unique pour se reconstituer une réserve d'infanterie.

Mais les Anglais n'estimèrent pas que les circonstances permissent l'exécution intégrale de cet ordre. Une attaque, qui survint à ce moment au sud de la route de Menin et qu'ils repoussèrent avec l'appui du 142ᵉ, fut un argument pour obtenir que la relève ne fût que partielle. Le commandant du 9ᵉ corps laissa à leur disposition les deux bataillons du 32ᵉ engagés à Veldhoek et deux compagnies du 142ᵉ. Les autres unités du détachement Vidal quittèrent le front anglais pendant la nuit du 4, y ayant brillamment et vaillamment rempli leur mission.

C'est seulement dans la nuit du 5 au 6, sur de nouvelles instances du commandant du 9ᵉ corps, que les bataillons du 32ᵉ furent, eux aussi, relevés par les troupes anglaises et par un des bataillons de zouaves de Hooge. Un des deux bataillons du 32ᵉ fut toutefois maintenu à Hooge dans la matinée du 6, jusqu'à ce que l'on fut sûr qu'aucun incident ne s'était produit du fait de la relève.

Le 32ᵉ, ainsi laissé seul en première ligne, abandonné en quelque sorte à lui-même, avait contenu l'ennemi pendant toute la journée du 5. Défiant toutes les contre-attaques, il était resté accroché à Veldhoek, combattant à bout portant sans abandonner un pouce du terrain conquis. Il avait eu une attitude superbe dans ces dures journées. On lui devait en grande partie l'arrêt de l'offensive allemande et la consolidation définitive du front anglais devant Veldhoek. Mais à quel prix! Il avait perdu 60 p. 100 de son effectif. Deux compagnies avaient été particulièrement éprouvées : l'une n'avait plus qu'un officier et dix-huit hommes, l'autre ne comptait plus que dix hommes.

Magnifique régiment! Admirables soldats!

Le 32ᵉ d'infanterie, formé avec les éléments de la fameuse 32ᵉ demi-brigade, si célèbre dans les guerres de la Révolution, était le dépositaire de ses traditions glorieuses et de son passé illustre. Il venait de montrer, comme il le fit à maintes reprises au cours de la campagne, qu'il était digne de ce superbe héritage et que les soldats de 1914 valaient leurs grands aînés.

Journée du 5 novembre.

La nuit du 4 au 5 voit une nouvelle attaque sur le front du 125ᵉ. Elle est repoussée.

Le combat se poursuit dans la journée du 5, sans modification appréciable sur l'ensemble du front du 9ᵉ corps français, du 1ᵉʳ corps anglais et du 16ᵉ corps.

Le bombardement est extrêmement violent, mais les engagements sont peu nombreux et de peu d'importance, sauf au 32ᵉ corps sur lequel une très forte attaque est déclenchée. Ce corps d'armée, et particulièrement le 2ᵉ corps de cavalerie qui lui était rattaché, avaient déjà été très vivement assaillis par l'ennemi dans les journées du 3 et du 4 et n'avaient que difficilement maintenu leurs positions, malgré une attaque par surprise à la baïonnette lancée par le général Humbert.

Le 2ᵉ corps de cavalerie avait perdu Bixschoote et ses abords. Il avait été en butte à des attaques répétées qui avaient revêtu les formes les plus diverses. On avait même vu, le 4, à la tombée de la nuit, deux escadrons allemands charger nos tranchées pour masquer une attaque de leur infanterie. Ils avaient été refoulés avec de lourdes pertes. Mais la pression ennemie ne cessait de croître et la situation était très tendue.

Dans la matinée du 5, l'ennemi réattaque Langemarck avec des forces importantes. Le 96ᵉ, qui combat sur le front du 2ᵉ corps de cavalerie, cède et perd Widendreft; un de ses bataillons disparaît presque entièrement. L'offensive allemande s'étend à l'ouest jusqu'au cabaret Kortekeer, et à l'est jusqu'aux tranchées du 66ᵉ, entre Langemarck et Poelcapelle. La situation est difficile. On a peine à contenir l'ennemi.

Une fois de plus, il est fait appel au commandant du 9ᵉ corps. La réserve que devait lui constituer le 142ᵉ disparaît avant même d'avoir pu être complètement groupée. Dès 14 heures, le 1ᵉʳ bataillon du 142ᵉ est mis à la disposition du général de Mitry; puis, à 18 heures, le 2ᵉ, et enfin, dans la nuit, le 3ᵉ bataillon. Chacune de ces unités est dirigée sur Pilckem au fur et à mesure de son arrivée dans la zone du 9ᵉ corps. Ainsi s'évanouit, pour le commandant du 9ᵉ corps, l'espoir de disposer d'une réserve d'infanterie.

L'intervention de ces renforts permet du moins au 2ᵉ corps de cavalerie de rétablir ses affaires.

Journée du 6 novembre. (Croquis nᵒ 25, page 83.)

La journée du 6 novembre marque une recrudescence violente de la bataille.

Si l'on fait un retour sur les journées du 4 et du 5, on voit qu'elles ont été relativement calmes. La lutte a surtout consisté en un violent duel d'artillerie.

Du côté français, on en a profité pour se fortifier, pour s'organiser contre le bombardement, pour reconstituer les cadres décimés, pour remettre de l'ordre dans les groupements où le mélange des unités rend le commandement difficile.

Du côté allemand, même travail de réorganisation en même temps que l'on regroupe les troupes en vue d'un nouveau plan d'attaque.

Depuis le début de la bataille, l'ennemi a eu pour objectif d'enfoncer nos lignes par des attaques simultanées menées sur tout le front de Dixmude à Messines. Il escomptait que la réussite de quelques-unes de ses attaques entraînerait l'effondrement de toute la ligne. Mais il lui faut se rendre à l'évidence : il a trouvé un mur d'acier. Il ne le brisera pas. Il n'a pu faire aboutir la manœuvre enveloppante qui devait nous rejeter sur la Somme et lui ouvrir la route de Calais. Son échec stratégique est absolu.

Le commandement allemand se voit donc obligé de restreindre ses ambitions; il modifie ses plans en conséquence. Il va limiter son action sur l'ensemble du front à un bombardement furieux, accompagné d'attaques locales, mais secondaires, et il portera son effort principal sur les deux points

de soudure de la demi-circonférence que constitue le saillant
d'Ypres. Il y appliquera toutes ses forces disponibles. Il s'agit
d'étrangler la hernie que forme le front anglo-français à l'est
de la ville. S'il y réussit, c'en est fait du 9e corps français et
du 1er corps anglais. C'est pour eux la destruction ou la capitulation. C'est une dernière chance de provoquer le repli des
forces alliées ou, à défaut, c'est, pour le commandement allemand, clore la bataille sur un gros succès tactique.

Cette modification dans le dispositif d'attaque allemand
constitue ce que l'on a appelé la deuxième phase de la bataille d'Ypres.

Le bombardement d'Ypres, qui avait atteint dans les journées du 4 et du 5 une extrême intensité, n'était autre chose
que la préparation de cette nouvelle offensive. Tous les calibres étaient entrés en action (1), le 77, le 88, le 105, le 130,
le 150, le 210, le 305, le 380, et même, à notre grande surprise, nos 155 français. C'étaient les canons de Maubeuge,
non détruits au moment de la capitulation, que l'on retour-
nait contre nous. Il y eut un instant d'illusion : cet emploi de
nos 155 provenait-il de ce que les Allemands, se trouvant à
court de munitions pour leurs propres calibres, se voyaient
obligés de recourir à notre matériel? On s'aperçut vite qu'il
n'en était rien, mais qu'il s'agissait simplement d'une nouvelle augmentation de l'artillerie lourde déjà si considérable
que nous avions en face de nous. Nous avions la tristesse de
nous voir canonnés par des canons français, avec des obus
français! Leurs effets étaient même bien autrement puissants
que ceux des 150 allemands, mais, fort heureusement, l'ennemi, soit pour une raison technique telle qu'une modification de la poudre ou de la charge, soit pour un autre motif,
s'en servait médiocrement et les non éclatements étaient fréquents.

Dès le 4, Ypres était devenu intenable. Les ravitaillements
et les mouvements de troupes ne pouvaient plus s'y faire que

---

(1) Depuis les derniers jours d'octobre, les batteries lourdes allemandes,
déjà si nombreuses, s'étaient encore augmentées de l'artillerie de siège précédemment employée contre Anvers et qui comportait les plus gros calibres.

de nuit. Les liaisons du front avec les quartiers généraux anglais et français, qui se trouvaient au centre de la ville, étaient devenues aléatoires et coûteuses. Aussi, le 4, le quartier général anglais se transportait-il en dehors de la ville. Il était suivi, vingt-quatre heures plus tard, par le 9ᵉ corps qui s'installait dans une petite villa de la banlieue. Décisions particulièrement opportunes car, dès le lendemain, la maison qui servait de quartier général au général Douglas Haig était incendiée par un obus, et celle qu'occupait le commandant du 9ᵉ corps et son état-major était à nouveau atteinte par plusieurs projectiles.

Les ordres du général d'Urbal pour la journée du 6 sont toujours offensifs. Il ne peut songer à pousser en avant son centre déjà trop en flèche. La quantité de troupes dont il dispose l'oblige, d'autre part, à se limiter. Aussi vise-t-il seulement à se donner de l'air par les deux flancs.

Tandis qu'il prescrit au 9ᵉ corps de s'organiser défensivement tout en restant très agressif, le 32ᵉ corps, le 16ᵉ corps et le 2ᵉ corps de cavalerie reçoivent des missions offensives.

Le 32ᵉ corps doit faire son effort principal sur la région sud-ouest de la forêt d'Houthulst pour dégager le 2ᵉ corps de cavalerie dont la situation reste difficile. Celui-ci, pour sa part, reçoit comme objectif la reprise de Bischoote.

Le 16ᵉ corps, d'autre part, a l'ordre de reprendre l'offensive sur tout son front, le détachement Moussy ayant à maintenir l'ennemi dans le parc du château d'Hollebeke pour favoriser la progression du détachement Olleris.

Du côté allemand, ainsi qu'il a été exposé plus haut, l'effort va se porter à la fois au sud et au nord d'Ypres.

Au nord, profitant de la supériorité que lui donne la masse d'artillerie qu'il a accumulée dans la région de la forêt d'Houthulst, l'ennemi va s'efforcer de nous rejeter à l'ouest du canal pour pouvoir progresser sur cette ville.

Au sud, utilisant les bois et les quelques défilements qu'offre le terrain, il va prendre comme objectif les ondulations qui commandent à courte distance Ypres, dont il n'est éloigné que de quatre kilomètres.

Ainsi, une fois de plus, les objectifs donnés par les deux adversaires sont identiques. Il va en résulter des combats de rencontre, mais dans lesquels l'ennemi engagera des effectifs sensiblement plus élevés et des troupes beaucoup moins fatiguées que les nôtres.

Du côté du 32ᵉ corps, les attaques se heurtent à des tranchées extrêmement garnies. Vainement les colonnes commandées par les généraux de Cornulier, Xardel et par le colonel Robillot tentent-elles à plusieurs reprises de déboucher;

(Croquis nº 25.)

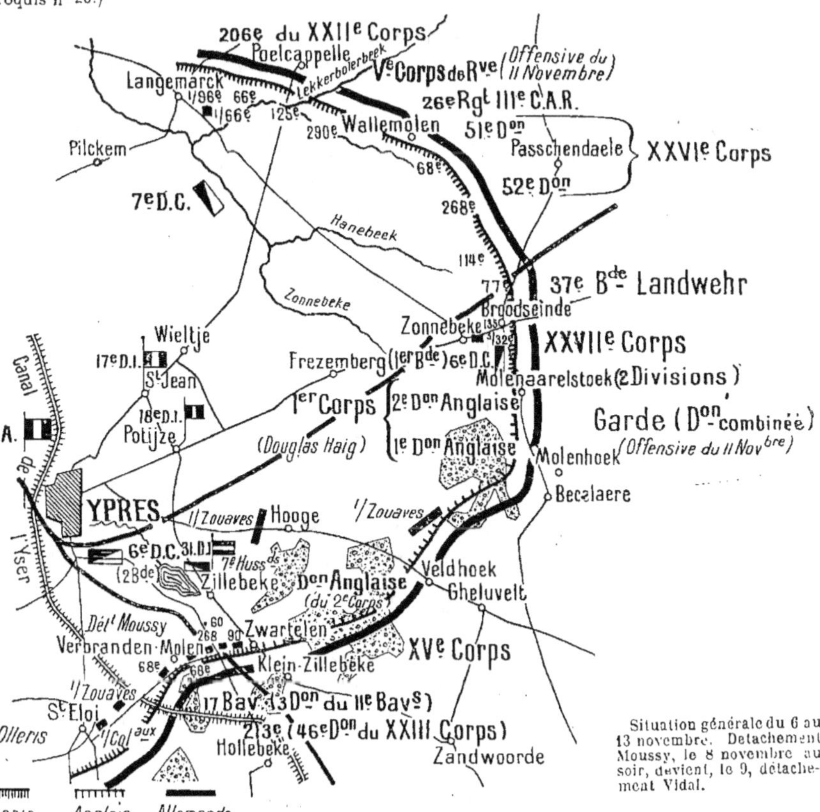

Situation générale du 6 au 13 novembre. Détachement Moussy, le 8 novembre au soir, devient, le 9, détachement Vidal.

elles sont toujours arrêtées avant d'atteindre la ligne ennemie. On n'arrive pas à progresser, mais on maintient du moins tout le front et le fléchissement qui s'était produit la veille est enrayé.

Au 16ᵉ corps, la situation fut tout à fait critique. Nous fûmes devancés dans nos attaques par les Allemands qui firent une poussée violente sur les deux rives du canal. Le détachement Olleris est refoulé et perd le pont-tunnel au nord d'Hollebeke. En même temps, à l'est de Saint-Eloi, deux bataillons de chasseurs de la 43ᵉ division sont pris d'une panique inexpliquée et abandonnent 1.500 mètres de terrain. Il faut l'intervention du général Olleris pour les ramener et reconquérir le terrain abandonné.

A l'est du canal, au détachement Moussy, la situation fut plus grave encore. La matinée avait mal débuté. Vers 10 heures, deux compagnies du 90ᵉ, surprises dans le brouillard au moment où elles relevaient deux compagnies de première ligne complètement épuisées, avaient été à peu près anéanties. Cette attaque avait coïncidé avec un très violent bombardement qui dura jusqu'à 14 heures.

A ce moment, quatre colonnes, composées du 5ᵉ bavarois et du 171ᵉ prussien, s'élancent sur nos lignes qui sont crevées avant que les tirs de barrage puissent être déclenchés. L'ennemi, sans qu'on s'en aperçût, avait, pendant la nuit, entouré nos saillants au moyen de sapes d'où il débouchait brusquement. Il trouait notre ligne en trois points. Les troupes, surprises, font des pertes énormes et refluent jusqu'aux abords de Zillebeke.

Le mouvement se répercute sur la droite anglaise qui en subit le contre-coup vers Klein-Zillebeke.

Le général Moussy demande l'aide de l'artillerie anglaise et donne les ordres suivants :

Au lieutenant-colonel Payerne : organiser une contre-attaque avec les deux compagnies de réserve du 90ᵉ qui sont dans les tranchées de la cote 60 (pont du chemin de fer);

Au commandant de la Bastide, du 90ᵉ : envoyer tout ce qu'il pourra ramasser.

A quatre pelotons de hussards et de dragons qui sont au nord de Zillebeke : venir au galop pour combattre à pied, afin de renforcer la ligne fortement attaquée.

A 15 h. 15, le lieutenant-colonel Payerne réussit à joindre les deux compagnies du 90ᵉ qui ont, elles aussi, reflué par la voie ferrée; il les place dans une tranchée au sud de Zillebeke. C'est sur cette ligne que s'arrêtent les fuyards aux injonctions des sous-officiers d'artillerie et de cavalerie envoyés pour les reprendre.

A 15 h. 30 arrive une brigade de cavalerie anglaise, les Life-Guards du général Kavanagh, qui se déploie à pied entre la route et le chemin de fer.

Peu après viennent également se grouper auprès du général Moussy :

1° Les quatre pelotons de cavalerie qu'il avait à la briqueterie de Zillebeke pour ses liaisons et qui comprenaient deux pelotons du 20° dragons (lieutenant Argueyrolles et lieutenant Cros-Mayrevielle), détachés par le 2° corps de cavalerie, et deux pelotons du 7° hussards (lieutenant de Kérautem et lieutenant Saillard) envoyés par le 9° corps, l'ensemble réuni sous le commandement du capitaine Moineville, du 7° hussards;

2° Quatre-vingts isolés de toutes armes et services, ramassés dans Zillebeke, qui viennent se joindre aux deux compagnies du 90°.

C'est avec ces éléments que le général Moussy entame une contre-attaque à 16 h. 15.

Il met l'épée à la main et se porte à hauteur de la première ligne, accompagné du capitaine de Boisanger et du lieutenant Fabre, ses officiers d'état-major. Aidé des officiers de cavalerie, il entraîne en avant dragons, hussards, fantassins. Les cavaliers anglais s'élancent en même temps. Tous remontent la pente, regagnent la cote 60, réoccupent Zwartelen et rejettent l'ennemi dans les bois au sud.

Les pertes sont sensibles. Les lieutenants Saillard et de Kérautem, du 7° hussards, sont, l'un tué, l'autre grièvement blessé. D'autre part, les unités sont mélangées. Les Allemands, renforcés, reviennent à l'attaque. On ne saurait prolonger l'effort offensif. On s'organise sur le terrain reconquis. Mais, en raison des pertes éprouvées par le 68°, dont le chef, le lieutenant-colonel Payerne, a été blessé, et dont les deux bataillons sont réduits à 6 officiers et 360 hommes, les Anglais, qui viennent de recevoir un renfort de trois bataillons, étendent leur occupation jusqu'aux abords de la cote 60 et aux maisons nord de Zwartelen.

Tout le terrain abandonné n'a pu être repris. On a notamment perdu les bois au sud de Klein-Zillebeke et le pont du canal sur la route d'Hollebeke; mais on tient les deux points d'appui essentiels, c'est-à-dire Zwartelen et la cote 60, et comme, d'autre part, la compagnie de Vaugelas, du 90°, a gardé résolument le pont de la voie ferrée, la continuité du front se trouve rétablie.

Parmi les causes qui ont pu déterminer les fléchissements survenus en différents points de cette partie du front, il faut mettre en première ligne l'usure physique des troupes qui étaient véritablement harassées.

En somme, on avait limité autant que possible l'avance allemande. On le devait tout d'abord à la belle bravoure du général Moussy (1), puis à l'aide vigoureuse que nous avait apportée la cavalerie anglaise et à l'élan de nos hussards et de nos dragons qui, en se portant en avant de l'infanterie, avaient entraîné les éléments désorganisés du 68° et du 90°.

« C'est, déclara le général Moussy, *grâce au courage et à l'entrain des officiers de cavalerie et de leurs hommes que je suis parvenu, non seulement à faire sortir l'infanterie de ses tranchées, mais à progresser et à reprendre en fin de journée presque tout le terrain cédé, en particulier à reprendre Zwartelen. Les cavaliers ont constamment été en avant de l'infanterie, admirablement entraînés par leurs officiers* (2). »

En somme, la nouvelle orientation donnée à l'effort allemand ne nous avait pas surpris et, si la journée avait été rude, elle n'avait du moins entraîné aucune modification appréciable sur l'ensemble du front de l'armée.

Le commandement français en avait été si peu impressionné que, le soir même du 6, le général d'Urbal réunissait à Poperinghe les généraux Taverna, Conneau, Lanquetot et Dan-

---

(1) Pour ce beau fait d'armes, le général Moussy était cité à l'ordre de l'armée dans les termes suivants :

« A donné le plus bel exemple en se portant bravement, à un moment critique, avec ses officiers d'état-major, en avant de sa ligne d'infanterie qui commençait à fléchir sous le nombre et l'a, sous un feu violent d'infanterie et d'artillerie, ramenée à l'offensive, refoulant l'ennemi et regagnant à sa tête des tranchées momentanément abandonnées. »

Ce vaillant officier général devait être tué, quelques mois plus tard, à son poste de commandement.

(2) Rapport du capitaine Moineville, commandant le 4ᵉ escadron du 7ᵉ hussards.

tant et leur prescrivait de reprendre les attaques dès le lendemain matin, à 9 heures, sur le front Saint-Eloi - Messines.

En même temps, il adressait aux troupes l'appel suivant :

Soldats,

La lutte qui se poursuit, opiniâtre, depuis quinze jours, a brisé l'offensive d'un ennemi qui se vantait d'avoir raison de votre vaillance. Il sait maintenant ce qu'il en coûte de se mesurer avec vous et ne lutte plus que pour masquer l'échec définitif de ses plans.

Je connais vos fatigues. Vous avez, au cours de ces rudes journées, fourni des efforts considérables. Je vous en demanderai d'autres pour achever ce que nous avons entrepris. Ils ne seront pas au-dessus de votre courage et de votre amour du pays.

D'URBAL.

Journées des 7, 8, 9 et 10 novembre. (Croquis n° 24.)

La bataille se poursuit dans les journées des 7, 8, 9 et 10 novembre. Les attaques allemandes se succèdent au nord et au sud d'Ypres, tandis que, faute de moyens, l'offensive française s'éteint petit à petit pour tourner à la défensive.

Le commandant de l'armée a épuisé sa dernière réserve, la 11ᵉ division, débarquée le 4 novembre dans la soirée. Le grand quartier général lui a fait savoir, dès le 5 novembre, que, l'offensive allemande sur Calais paraissant enrayée, les envois de troupes sur l'Yser allaient cesser et même que des prélèvements seraient effectués, dès que la situation le permettrait, sur le détachement d'armée de Belgique pour faire face à des mouvements de troupes signalés sur d'autres points du front.

On va donc se trouver rapidement dans l'impossibilité de continuer à alimenter une offensive de durée.

Au surplus, il faut bien reconnaître que, dans les dernières journées, l'offensive est passée en quelque sorte à l'état théorique. Le mot « *offensive* » figure inlassablement dans les ordres. Les intentions du commandement ne sont pas douteuses. Elles sont offensives et les troupes restent très agressives; mais en fait, faute d'effectifs suffisants, la bataille est devenue purement défensive.

L'ordre d'opérations pour la journée du 7 prescrira encore de continuer l'offensive; mais, dès le 8, les ordres, tout en ordonnant des offensives tactiques locales, laisseront percer certaines restrictions. On y lira notamment que « *l'offensive est momentanément arrêtée sur Roulers* » et, fait plus caractéristique encore, la phrase « *continuation de l'offensive* », qui, jusque-là, a figuré invariablement en tête des ordres, fera placé à la formule « *continuation des opérations* ».

Du côté allemand, où les effectifs ne manquent pas, on continuera à les user en attaques violentes qui se briseront sur un front inébranlable, resteront stériles et n'auront d'autre résultat pour l'ennemi qu'une effroyable consommation de vies humaines.

Les journées des 7, 8, 9 et 10 se présentent sous un aspect uniforme. Les attaques que nous essayons de déclencher se heurtent à des offensives allemandes ou sont devancées par elles.

C'est le cas de la 43ᵉ division qui réattaque Spanborg.

C'est le cas du 16ᵉ corps qui, en s'engageant sur le front Saint-Eloi - Wytschaète, se trouve aux prises avec les colonnes d'attaques allemandes, mais qui n'en réalise pas moins quelques gains de détail.

C'est aussi le cas du détachement Moussy qui reprend un peu du terrain perdu à sa droite, mais dont l'action est limitée par une violente contre-attaque allemande qui entraîne un certain fléchissement de la droite anglaise. Le général Moussy en subit le contre-coup et, tout en contenant l'effort allemand sur l'ensemble de son front, il est obligé de replier légèrement sa gauche pour maintenir la liaison avec nos alliés.

Le général Douglas Haig s'en préoccupe et, bien que le détachement Moussy relève du 16ᵉ corps, il demande pour lui l'appui du 9ᵉ corps, auquel on ne fait jamais appel en vain. La brigade de cuirassiers Maison-Rouge et la brigade légère Morel sont immédiatement envoyées à Zillebeke et y restent en réserve les 7, 8 et 9 novembre.

Le détachement Moussy est à bout de forces. Le combat du 6 lui a coûté la moitié de son effectif. Il en est de même du détachement Olleris. Aussi le commandant de l'armée décide-t-il, le 8 novembre, de constituer dans la région de Zillebeke un nouveau groupement qui comprend les éléments les moins usés de ces deux détachements, auxquels viennent s'ajouter des régiments du 20ᵉ corps, ainsi que l'artillerie et les bataillons de la 31ᵉ division qui se trouvaient encore dans le secteur de Saint-Julien. Le 9ᵉ corps récupère en échange les débris du 68ᵉ et du 268ᵉ. Deux bataillons territoriaux sont, en outre, envoyés à Zillebeke, à la fois pour y servir de réserve et pour organiser une position de deuxième ligne sur le front Hooge - Zillebeke - Voormezeele. L'ensemble était placé sous les ordres du général Vidal, à la disposition duquel le général Moussy était mis.

Cela constituait finalement une relève des éléments usés de la brigade Moussy et une restitution au 16ᵉ corps de celles de ses unités qui étaient restées dans la zone du 9ᵉ, le tout aboutissant à un sérieux renforcement du secteur Zillebeke - Saint-Eloi.

Le général Grossetti était appelé, le soir de ce même jour, au commandement du 16ᵉ corps.

L'entrée en ligne de ces nouveaux éléments est marquée, le 9, par un léger progrès entre le canal et Saint-Eloi, progrès facilité par une petite avance presque générale sur le front du 16ᵉ corps, progrès dû aussi en grande partie au 160ᵉ d'infanterie (régiment du 20ᵉ corps).

Mais, dès le 10, toute progression est arrêtée de ce côté, où le commandant de l'armée est obligé de faire des prélèvements pour aller au secours du groupement Humbert qui, assailli par des forces sans cesse renouvelées, se trouve en situation difficile.

Le 32ᵉ corps, en effet, après avoir, dans les journées des 7 et 8, préparé une grosse attaque de corps d'armée, n'avait pu la déclencher; il s'était trouvé forcé de faire face aux assauts répétés de l'ennemi. Ce n'est que le 9 que son attaque put se produire, mais elle ne donna que des succès partiels et de peu d'importance. Elle fut, par contre, suivie, le 10, d'une violente contre-attaque allemande dans laquelle l'ennemi s'empara de Dixmude et rejeta la 38ᵉ division à l'ouest du canal, où il fit même passer quelques compagnies au pont de Drie-Grachten et à la maison du Passeur. Le recul s'étendit également plus au sud, où les Allemands occupèrent le cabaret Kortekeer ainsi que les tranchées à l'ouest de Langemarck et refoulèrent la 42ᵉ division et le 2ᵉ corps de cavalerie jusqu'au canal, obligeant à reporter dans la région de Woesten et de Boesinghe les deux groupes de 120 que l'on avait antérieurement poussés au sud de Pilckem.

Les troupes du général Hély-d'Oissel, le 66e et le 125e d'infanterie, se trouvèrent dans le rayon d'action de ces attaques qui s'étendirent jusqu'à l'ouest de Poelcapelle. Ces deux régiments maintinrent énergiquement leurs positions, brisant tous les assauts ennemis. La journée du 10 fut particulièrement dure et nécessita la mise à la disposition du général Hély-d'Oissel des deux brigades de la 6e division de cavalerie, qui étaient depuis le 7 dans le secteur de Zillebeke et que la constitution du groupement Vidal rendait disponibles.

Cette journée vit surgir un incident qui montre quel a été l'acharnement du combat dans la bataille des Flandres. Dans une des dernières attaques de la soirée du 10, dans la région de Poelcapelle, un bataillon du 235e allemand, pris sous nos tirs de barrage, fut presque entièrement détruit. Trois cents hommes seulement réussirent à atteindre nos tranchées. Ils les franchirent, fusillés en tous sens par les compagnies du 125e et allèrent se jeter dans une tranchée de soutien inoccupée. On eut alors le spectacle singulier d'une troupe ennemie enfermée au milieu de nos lignes et qui, aidée par le feu des tranchées allemandes voisines, soutint un siège en règle, espérant toujours qu'une attaque des siens la dégagerait. Notre 125e, pris ainsi lui-même entre deux feux, tint bon, bien qu'attaqué de face et fusillé dans le dos. Il contint toutes les attaques extérieures pendant que les cyclistes de la 7e division de cavalerie enserraient de plus en plus le groupe allemand. Comme à ce moment on n'avait pas encore de grenades, l'opération fut longue, et même assez coûteuse. Cette sorte de siège dura près de quatre jours et ce n'est que le 13 au soir que les Allemands, ayant épuisé leurs vivres et leurs munitions, mirent bas les armes. Les deux tiers d'entre eux avaient été tués; le groupe ne comptait plus qu'un officier et cent vingt-neuf hommes.

On ne voyait pas à cette époque les Allemands faire « Kamerad », levant les bras par centaines, comme ce fut si fréquent deux ans plus tard. On saisit là sur le vif la qualité des troupes que nous eûmes devant nous dans cette longue et dure bataille et, en présence d'une pareille ténacité, on peut affirmer que, si les nôtres eurent finalement la victoire, c'est qu'ils avaient le cœur encore mieux attaché que leurs adversaires, quelque énergiques que fussent ceux-ci.

Nous avons vu tout à l'heure que notre front avait plié au nord-ouest de Langemarck et que le 32ᵉ corps et les troupes qui en dépendaient avaient dû reculer jusqu'au canal. Il fallait empêcher à tout prix l'ennemi d'y prendre pied et de progresser sur Ypres.

Dans ce but, le commandement de l'armée prélève dans le secteur du 16ᵉ corps toutes les troupes qu'il est possible d'en retirer et les met à la disposition du général Humbert. Mais cela ne suffit pas. Il fait, une fois de plus, appel au 9ᵉ corps et lui prend ses troupes de soutien : les deux bataillons du 32ᵉ si fortement touchés au combat de Veldhock, et les bataillons des 68ᵉ et 268ᵉ, plus durement éprouvés encore à Klein-Zillebeke. C'était, hélas! les seules unités disponibles; elles avaient été placées en soutien de leurs divisions en vue de leur réorganisation.

Un chef se sépare toujours avec émotion des troupes qu'il prête au voisin. Il sait que, si le voisin les réclame, c'est qu'il a épuisé ses propres ressources, c'est que sa situation est plus ou moins critique. Il sait qu'elles vont être, de par la force des choses, jetées dans le combat, brusquement, sur un terrain inconnu d'elles, où on leur demandera un suprême effort. Il sait ce que coûtent de semblables engagements. Ce jour-là, ce fut avec plus que de l'émotion, ce fut avec un vrai serrement de cœur que le commandant du 9ᵉ corps vit partir pour Pilckem ces cinq bataillons, aux cadres décimés, aux effectifs squelettiques. Combien en reviendrait-il? Seraient-ils capables de ce nouvel effort?

Or, ce dernier effort, ils le donnèrent généreusement, comme toujours. Ces braves gens, sous le commandement du vaillant colonel Chaulet (1), firent une fois de plus honneur à leurs drapeaux et à leur corps d'armée.

____

(1) Le colonel Chaulet venait d'arriver pour prendre le commandement de la 35ᵉ brigade. Il devait être tué quelques semaines plus tard, à son poste de commandement de Hooge.

Journée du 11 novembre. (Croquis n° 25, page 83.)

La journée du 11 novembre allait voir l'entrée en ligne de nouvelles forces avec lesquelles le commandement allemand tentait un dernier et suprême effort avant d'abandonner la lutte.

L'ennemi, malgré la répétition de ces attaques, malgré les sacrifices consentis par lui dans les journées précédentes, n'a pu réussir à encercler le saillant d'Ypres. Il a bien gagné un peu de terrain à l'est du canal, entre Dixmude et Het-Sas, mais il sent que ses attaques sur Pilckem et Klein-Zillebeke rencontrent une résistance trop tenace pour qu'il puisse espérer en venir à bout, en se contentant de continuer l'offensive sur les deux extrémités de cette tenaille.

Comme il ne lui a pas échappé que, pour y faire face, nous avons dû dégarnir notre front, il va tenter sur le centre de la ligne franco-anglaise, tout en redoublant ses efforts aux ailes, des attaques par surprise qui, si elles réussissent, faciliteront grandement sa progression au nord et au sud d'Ypres.

A cet effet, une division de la Garde est amenée par étapes d'Arras dans la région de Becelaere. Elle est formée de régiments empruntés aux Ire et IVe brigades et comprend les 1er et 3e régiments de la Garde à pied, les 2e régiment de grenadiers Kaiser Franz et 4e régiment de grenadiers Koenigin Augusta.

Ces régiments étaient de vieilles connaissances pour le 9e corps, dont ils avaient senti le dur contact une première fois aux marais de Saint-Gond, une seconde fois dans les combats sous Reims. Ils allaient éprouver une fois de plus la sévérité de son accueil.

L'attaque se produisit, suivant l'habitude allemande, au point de jonction de la ligne anglaise avec la ligne française, les Anglais ayant à supporter le gros de l'effort ennemi dont la droite seulement déborda sur la 18e division. La division de la Garde déboucha par surprise, dans le brouillard, au lever du jour. Elle réussit d'abord à pénétrer dans quelques tranchées avancées de la 1re division anglaise; mais celle-ci, faisant intervenir ses réserves, rejetait l'ennemi par une vigoureuse contre-attaque et reprenait le terrain perdu, sauf quelques avancées du bois du Polygone.

A la 18e division, les barrages d'artillerie et de mitrailleuses avaient suffi pour arrêter l'élan de la droite allemande. Notre artillerie avait même pu ultérieurement transporter le tir d'une partie de ses batteries en avant du front anglais pour aider la contre-attaque de nos alliés.

En même temps, la brigade de cavalerie Morel, rappelée en hâte de la région de Poelcapelle, était venue se mettre en réserve à Frezenberg, jetant des fractions à pied dans la partie nord du bois du Polygone.

L'ennemi avait manqué son effet de surprise. Il avait échoué devant la solidité des régiments anglais et français. La division de la Garde, très fortement éprouvée dans ce dur combat, n'essaya pas de renouveler son attaque.

Pendant que cette chaude action se déroulait au centre de la ligne, les attaques allemandes avaient redoublé au nord et au sud d'Ypres.

Au nord, le 2ᵉ corps de cavalerie et le 32ᵉ corps avaient eu à nouveau une dure et pénible journée.

Le 2ᵉ corps de cavalerie avait monté une série de contre-attaques pour reprendre le terrain perdu la veille.

Les bataillons squelettes du 68ᵉ et du 268ᵉ, débouchant de Pilckem, avaient reçu comme objectif le cabaret Kortekeer, mais un fléchissement de la 67ᵉ division territoriale, à leur droite, avait ralenti leur offensive. Les deux bataillons du 32ᵉ avaient été jetés immédiatement dans le vide produit par le reflux des territoriaux et y avaient arrêté la progression de l'ennemi. C'est ainsi que, grâce aux cinq bataillons du 9ᵉ corps, le front avait été maintenu.

Plus au nord, la 38ᵉ division s'était trouvée en situation difficile dans la région de Noordschote, mais elle avait été tirée d'affaire par l'envoi des renforts pris par le commandant de l'armée dans la région au sud d'Ypres. L'ennemi avait été mis dans l'impossibilité de poursuivre ses progrès de la veille à l'ouest du canal.

En somme, si, devant la supériorité numérique de l'ennemi, le groupement Humbert n'avait pu reprendre le terrain cédé précédemment, il avait du moins continué à interdire avec succès à l'ennemi l'accès d'Ypres, ce qui était le point capital.

Au sud, le détachement Vidal avait eu à nouveau quelques heures émotionnantes.

Le groupe du général Moussy avait été violemment attaqué sur le front qui s'étend de Zwartelen au coude du canal. Vers 14 heures, de nombreux isolés avaient reflué jusqu'au poste de commandement du général, placé au passage à niveau de la voie ferrée, à 1 kilomètre ouest de Zillebeke. Ils y avaient annoncé que la ligne avait plié, que l'ennemi avait enlevé la cote 60 et qu'il allait atteindre Verbranden-Molen. Le général Vidal, sur le rendu-compte du général Moussy, en informait à la fois le 9ᵉ corps et le 16ᵉ corps, demandant du secours.

Le général commandant le 9ᵉ corps n'avait plus, à ce moment, comme troupes disponibles, que le 7ᵉ hussards en réserve à Saint-Jean. Il lui prescrivait de se porter immédiatement par Potijze sur Zillebeke.

Le colonel Simon s'y rendait rapidement avec ses quatre escadrons, abritait ses chevaux derrière la lisière nord de Zillebeke et allait au poste de commandement se mettre à la disposition du général Moussy qui lui donnait l'ordre suivant (1) :

> Portez-vous avec votre régiment dans la direction du moulin à vent de Verbranden-Molen que vous voyez à la crête, puis obliquez légèrement à gauche. Entraînez l'infanterie au passage et reprenez coûte que coûte le passage en dessus du chemin de fer et la cote 60, que les Allemands viennent d'enlever.

Le colonel Simon déploie immédiatement ses 1ᵉʳ et 2ᵉ escadrons (commandant Desassis) en tirailleurs au sud de Zillebeke, pousse le 3ᵉ escadron en soutien en arrière de sa gauche et laisse le 4ᵉ escadron en repli dans les tranchées à la sortie sud-est du village. Puis il part à l'attaque de la cote 60 en prenant la route de Zwartelen comme axe de son mouvement.

Entraînés par leurs officiers, les hussards franchissent les barrages d'artillerie que l'ennemi déclenche entre Verbranden-Molen et Zillebeke, où de nombreux incendies se déclarent. Ils traversent Verbranden-Molen. L'infanterie qui l'occupe se joint à eux sur l'interpellation d'un sergent qui s'écrie : « *Nous n'allons pourtant pas laisser les hussards y aller tout*

---

(1) Le récit de cet engagement est extrait du rapport du colonel Simon et du journal des opérations du 7ᵉ hussards.

seuls! » Fantassins et hussards mélangés refoulent les fractions ennemies qui commençaient à encercler le village, mais ils ne peuvent dépasser le carrefour situé à 1.200 mètres au nord du canal. Ils s'organisent alors dans les fossés de la route et arrêtent toutes les tentatives d'avance allemande.

Là, on constate que la situation est moins critique que ne le pensait le général Moussy. La cote 60 est toujours entre nos mains, elle est tenue par un bataillon d'infanterie; mais le colonel commandant le secteur a eu toutes ses liaisons rompues avec le commandant de la brigade (général Moussy) et avec celles de ses unités qui sont à l'ouest de la voie ferrée. De là le bruit qui avait couru de la perte de la cote 60.

L'attaque du 7e hussards avait déblayé le terrain des fractions ennemies qui s'y étaient infiltrées et rétabli l'unité du front. Mais le faible effectif des escadrons, encore affaiblis par des pertes sensibles et la mise hors de combat de la plupart de leurs officiers, notamment la mort du capitaine Thomassin et du lieutenant Boyer, tombés en atteignant la route, avaient obligé à limiter là la contre-attaque. Cela permit à l'ennemi de conserver les petits bois situés entre la voie ferrée et le coude du canal.

Notre front ainsi rétabli s'étendait de Zwartelen au deuxième pont du canal, en suivant la route qui va de Verbranden-Molen à ce pont.

Il était 18 h. 30. La nuit tombante mit fin à la lutte.

Ce brillant fait d'armes valut au 7e hussards la citation suivante :

Est cité à l'ordre de l'armée :

Le 7e *hussards* : « Au combat de Verbranden-Molen, le 11 novembre, à un moment critique, les quatre escadrons du régiment, sous les ordres du colonel Simon, bien que non encore pourvus de baïonnettes, mettant pied à terre, se sont portés brillamment à l'attaque de la ligne allemande, entraînant avec eux des fractions d'infanterie qui cédaient sous le nombre, et, progressant sous un feu des plus violents, ont été arrêté et refoulé les forces ennemies. »

Somme toute, si l'on jette un coup d'œil d'ensemble sur la journée du 11, on voit que la nouvelle attaque allemande avait, sur tous les points du front, abouti à un échec. Tout au plus l'ennemi avait-il enlevé, de-ci de-là, quelques tranchées et quelques boqueteaux; encore était-ce au prix des plus lourdes pertes. Résultat nul eu égard au but visé et à l'énormité des forces mises en jeu. Les troupes anglo-françaises restaient maîtresses de la situation.

Journées des 12, 13, 14 et 15 novembre.

Malgré le peu de succès de leur attaque du 11, les Allemands, s'illusionnant et attribuant à l'épuisement de nos troupes les quelques avantages locaux qu'ils avaient obtenus, renouvelaient leurs assauts dans la journée du 12.

Cette fois, l'attaque par surprise est dirigée sur la 18ᵉ division.

Vers 6 h. 30, dans la demi-clarté du jour naissant, on s'aperçoit que des fractions allemandes ont pu se glisser de nuit en arrière de la tranchée de première ligne du 135ᵉ, où elles occupent une maison. En même temps, une forte attaque se produit sur le front de ce régiment. Plusieurs compagnies se trouvent immédiatement mises hors de cause. L'ennemi atteint presque sans résistance le carrefour de Broodseinde. Il arrive jusqu'à six cents mètres de la batterie de Saint-Paul, du 33ᵉ d'artillerie, qui, ayant épuisé toutes ses munitions et ne pouvant ravitailler sous la mousqueterie, sauve ses canons en les défendant à coups de carabine jusqu'à l'intervention de notre infanterie.

L'énergique attitude des cyclistes de la 6ᵉ division de cavalerie qui étaient à la droite du 135ᵉ et du 77ᵉ qui était à sa gauche, et qui forment tous deux des crochets défensifs, la remarquable précision des barrages de l'artillerie de la 18ᵉ division et de l'artillerie de corps qui, de la région de Frezenberg, tirent à toute volée, permettent d'arrêter momentanément l'avance allemande. Des renforts sont poussés au point d'attaque. Ce sont deux compagnies du 114ᵉ et la 6ᵉ division de cavalerie. Celle-ci s'établit à l'est de Frezenberg et jette la brigade Morel dans Zonnebeke et dans les tranchées établies entre ce village et le bois du Polygone.

A 15 heures, une contre-attaque est faite par les deux compagnies du 114ᵉ et quelques unités du 77ᵉ. Ces compagnies refoulent l'ennemi, mais ne parviennent à reprendre que le carrefour de Broodseinde. Elles doivent toutefois l'évacuer la nuit et se reporter à quatre-vingts mètres plus à l'ouest, à contre-pente, pour échapper à l'artillerie ennemie qui rend la crête intenable.

Dans le même temps, une autre attaque avait été dirigée dans le secteur de Vallemolen sur la 17ᵉ division. Elle s'était effondrée sous nos feux d'artillerie et d'infanterie.

Le coup de surprise n'avait donc pas mieux réussi que la veille.

Il en avait été de même au détachement Vidal et au groupement Humbert, où l'offensive ennemie avait été maîtrisée. Dans ce dernier groupement, un gain d'un kilomètre de terrain, au nord et à l'est de l'écluse d'Het-Sas, avait même été réalisé. Le colonel Chaulet avait également un peu progressé vers Kortekeer, mais un fléchissement momentané du malheureux 68ᵉ, complètement épuisé, avait limité notre avance.

Répétition des mêmes attaques dans la journée du 13.

L'ennemi est contenu au sud d'Ypres. Il est mis en échec au nord, où les troupes du groupement Humbert gagnent un peu de terrain et où le détachement Chaulet (32ᵉ et 68ᵉ) progresse légèrement aux abords de Kortekeer. De ce côté, la ligne arrive à s'appuyer au canal à 1 kilomètre nord d'Het-Sas et passe à 100 mètres au sud de Kortekeer pour aller rejoindre Langemarck en suivant la route.

Ce jour-là, c'est dans le secteur de la 18ᵉ division, en direction de Zonnebeke, que l'action est la plus violente.

L'ennemi, pensant tirer parti du léger fléchissement de la veille, lance, à 8 heures, sur le front du 77ᵉ et du 135ᵉ, une très violente attaque menée par une division du XXVIIᵉ corps et appuyée par une artillerie formidable.

La situation est un instant critique. Toutes les réserves de secteur sont engagées et la ligne commence à plier. Fort heureusement, le commandant de l'armée avait prescrit au 92ᵉ de venir se placer *en réserve d'armée* à Saint-Jean pour 10 heures. Devant l'imminence du danger, le commandant du 9ᵉ corps prend sur lui d'acheminer sur Zonnebeke les bataillons de ce régiment au fur et à mesure de leur arrivée. Le général Lefèvre prononce, avec eux, à 14 h. 30, une contre-attaque qui, si elle n'arrive pas à dépasser la crête de Broodseinde, donnée comme premier objectif, refoule toutefois au delà de cette crête l'ennemi qui avait progressé vers Zonnebeke.

L'inviolabilité du front était maintenue, mais ce n'était pas sans des pertes regrettables : plusieurs centaines d'hommes hors de combat; le colonel Knoll, du 92ᵉ, tué; deux de ses chefs de bataillon gravement blessés.

Le 13, le détachement Vidal était dissous; le général Moussy, les batteries d'artillerie et les bataillons du 90ᵉ qui étaient restés avec lui rejoignaient le 9ᵉ corps.

Les journées du 14 et du 15 voient le combat diminuer peu à peu d'intensité, comme s'éteint un incendie qui n'a plus de quoi s'alimenter.

Le bombardement est toujours aussi violent, mais les attaques d'infanterie sont locales et de peu d'importance.

Ce n'est guère que dans le secteur d'Het-Sas à Langemarck que la lutte garde une certaine activité. Les Allemands y obtiennent quelques petits avantages le 14, mais ils les reperdent dans la journée du 15, date à partir de laquelle, rejetés de la rive gauche de l'Yser, ils voient leur effort offensif définitivement enrayé.

Ainsi finit la bataille d'Ypres.

Il y aura bien encore quelques combats locaux tels qu'une attaque allemande, le 16, dans la région de Poelcapelle; une autre, le 17, dans celle de Broodseinde. Mais ces attaques n'ont aucun lien avec la bataille elle-même, elles n'en sont même pas les derniers soubresauts, elles ne répondent à aucune idée stratégique. Ce sont de simples opérations tactiques, purement locales, ayant pour objet de donner de la sécurité au front défensif allemand en enlevant soit un observatoire d'artillerie, soit tout autre point important du terrain.

Le renoncement allemand apparaît si pleinement que le commandement français procède à la relève des unités les plus fatiguées. Il met, le 15, à la disposition du 9ᵉ corps, deux bataillons de chasseurs que celui-ci emploie à la relève du 66ᵉ où se manifeste un degré d'épuisement physique plus accentué encore que dans les autres corps. Ce vaillant régiment vient en réserve à Vlamertinghe.

Les autres unités ne pourront être mises au repos que les unes après les autres, les régiments se succédant dans les cantonnements de Vlamertinghe de quatre jours en quatre jours.

Bien court répit après un semblable effort, mais les effectifs dont on dispose ne permettent pas de faire davantage.

C'est qu'il faut en même temps relever le 1ᵉʳ corps anglais, très éprouvé lui aussi. A cet effet, la 26ᵉ division (général Hallouin) est adjointe au 9ᵉ corps, qui étend son secteur jusqu'à la lisière sud-est du bois du Polygone, où il se substitue au corps d'armée du général Douglas Haig.

Ainsi se trouvaient interrompues les relations des deux corps alliés, entre lesquels s'était établie, au cours du long effort fourni en commun du premier au dernier jour de la bataille, une inébranlable camaraderie de combat.

Le général Douglas Haig, en quittant la région d'Ypres, adressait au commandant du 9ᵉ corps la lettre suivante qui témoigne de l'esprit de cordialité et de dévouement réciproques avec lequel Anglais et Français avaient combattu côte à côte :

20 Nov 14

Dear General Dubois

On leaving the neighbourhood of Ypres I write to express my very grateful thanks to you and all ranks of the IXth Corps for the true comradeship which they have at all times displayed towards the 1st Corps and the troops under my command.

I beg to enclose a copy of a letter which I have sent to Field Marshal Sir John French to bring to his notice the help which I have received from the French troops near Ypres.

With kind regards,

Believe me, yours very truly

Douglas Haig, Genl.

Comd. 1st Army Corps. [1]

____

(1)   Cher général Dubois,

Au moment de quitter les environs d'Ypres, je tiens à vous écrire pour vous exprimer, à vous et à toutes les troupes du 9ᵉ corps, mes sentiments pleins de reconnaissance pour la vraie camaraderie dont elles ont fait preuve en toutes circonstances envers le 1ᵉʳ corps et les troupes sous mon commandement.

Permettez-moi de vous adresser ci-inclus copie de la lettre que j'ai envoyée au feld-maréchal sir John French pour attirer son attention sur l'aide que j'ai reçue des troupes françaises près d'Ypres.

Avec mes meilleurs sentiments, croyez-moi votre très sincère,

DOUGLAS HAIG, *général commandant le 1ᵉʳ corps d'armée.*

Rapport adressé au Maréchal FRENCH.

Quartier général, 1ᵉʳ corps d'armée, novembre 1914.

Au Secrétaire militaire, quartier général.

Monsieur,

Au sujet de l'appui apporté à mon corps d'armée dans ses positions à l'est d'Ypres, je désire bien mettre en évidence la façon prompte et efficace par laquelle tous les rangs de l'armée française qui ont été associés au 1ᵉʳ corps ont coopéré avec les troupes anglaises à la défaite de l'ennemi commun.

Le 31 octobre, quand, à cause de l'approche de l'ennemi vers Zillebeke, nos communications paraissaient en danger d'être coupées, le général Dubois, commandant le 9ᵉ corps, a immédiatement placé un détachement de toutes armes à ma disposition. L'infanterie était sous le commandement du général Moussy. Le lieutenant-colonel Payerne, du 68ᵉ régiment d'infanterie, qui fut blessé, rendit d'appréciables services en cette occasion. Le même éloge peut être fait de la brigade de cavalerie, sous le commandement du colonel de Maison-Rouge. Ultérieurement, dans le but de soulager la pression exercée sur mon front, une efficace contre-attaque fut faite par une force commandée par le général Vidal dans la direction de Gheluvelt et, à ce moment, le commandant Potier, qui commandait le 32ᵉ régiment d'infanterie, dirigea ses hommes avec une remarquable habileté. Au même moment, deux bataillons du 4ᵉ régiment de zouaves, sous les ordres du lieutenant-colonel Eychène, furent envoyés pour me rejoindre. Tout d'abord, je gardai le premier en réserve, mais la situation devint critique et je fus obligé d'employer les deux bataillons en première ligne. Les zouaves, sous leur habile commandant, répondirent avec la meilleure volonté à tous mes appels et se battirent avec la plus grande bravoure et détermination, épaule contre épaule avec mes propres troupes.

Une situation également critique s'est présentée plus d'une fois sur ma droite, près de Zillebeke, et, là aussi, Français et Anglais réunis, se sont battus côte à côte, sous les ordres du plus ancien officier présent, et même les unités furent complètement mélangées.

Je désire mentionner tout spécialement le commandant Bonnery et le commandant Lagarde, qui commandaient les deux bataillons de zouaves, et aussi le capitaine Legros et le lieutenant Bonnefoy, qui furent tous les deux grièvement blessés.

Je tiens instamment à exprimer mes remerciements personnels et ceux de toutes les troupes qui ont servi sous mes ordres pour l'appui généreux que nous avons si promptement reçu de l'armée française au cours des récentes opérations devant Ypres, et croyez que le maréchal commandant les forces anglaises de la campagne peut apprécier les hauts services rendus à la Grande-Bretagne par les officiers que j'ai désignés plus haut à l'attention des autorités françaises.

Je suis, Monsieur, votre obéissant serviteur,

DOUGLAS HAIG,
Général commandant le 1ᵉʳ corps d'armée.

Cette entente parfaite, scellée par la victoire, devait encore s'accuser dans les semaines qui suivirent.

Les circonstances nous avaient donné l'occasion d'aller à plusieurs reprises, au cours de la bataille, à l'aide de nos camarades anglais; nous devions, à notre tour, trouver auprès d'eux un concours d'autant plus précieux qu'il fut spontané.

C'est ainsi qu'au moment de la relève par le 9ᵉ corps de la dernière division anglaise dans le secteur de Zandwoorde, les Anglais, apprenant que nous n'avions pas d'artillerie lourde pour remplacer leurs nombreuses batteries, nous les laissaient gracieusement pendant huit jours, jusqu'à notre complète installation sur ce nouveau front. Ils y ajoutaient l'ordre de tirer suivant les besoins, sans limitation de projectiles. Et le commandant de leur artillerie faisait largement honneur à cet ordre. Prodigalité que, hélas! nous n'avions jamais pu pratiquer jusque-là et qui nous permit d'effectuer la relève complètement à l'insu de l'ennemi, sans pertes.

C'est ainsi également que, quelques semaines plus tard, le commandement français n'ayant pas de disponibilités pour faire reposer les régiments très fatigués de la 18ᵉ division, les Anglais mirent à notre disposition les divisions du corps de cavalerie Allenby. Ces trois divisions se succédèrent, de dix jours en dix jours, dans nos tranchées au sud-est d'Ypres. Bien qu'elles fussent, à leur droite, en contact immédiat avec le corps d'armée du général Plummer, elles mirent une insistance particulière, une sorte de coquetterie, devant laquelle le commandant du 9ᵉ corps dut s'incliner, à être sous le commandement personnel de celui-ci. Suprême courtoisie qui témoigne de la confiance mutuelle régnant entre alliés et qui valut au commandant du 9ᵉ corps le très grand honneur d'avoir sous ses ordres les superbes divisions des généraux Byng, de Lisle et Gough, que venait d'illustrer leur belle résistance dans la région de Zandwoorde - Messines.

Dans cette rude et interminable bataille, le 9ᵉ corps, engagé du 23 octobre au 11 novembre, *était resté 552 heures au combat!*

Entré en ligne avec 27.000 fusils, il avait laissé dans la lutte 16.000 tués, blessés ou disparus!

C'est à lui qu'était échu le rôle capital.

Il avait, pour son compte personnel, contenu et brisé l'effort de quatre corps d'armée allemands (IIIe, XXIIe, XXVIe et XXVIIe corps).

Ajoutant aux efforts d'une lutte ininterrompue de jour et

(Croquis n° 26.) **Situation en fin de bataille.**

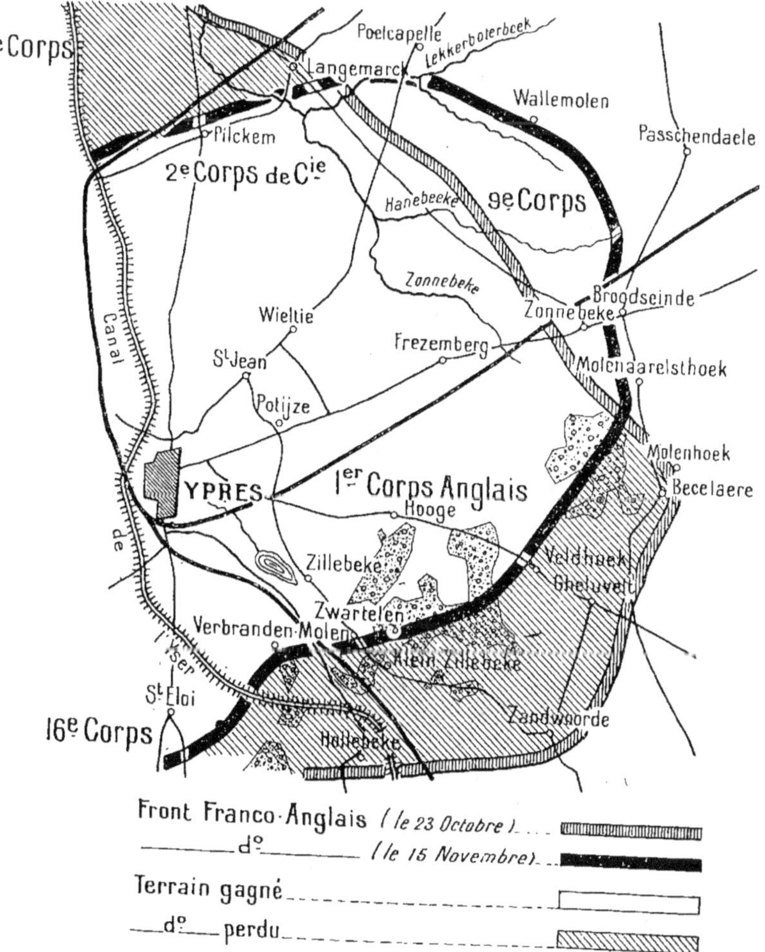

de nuit les fatigues de marches rapides pour voler au secours, tantôt du 1er corps anglais, tantôt du 16e corps ou du groupement Humbert, ses régiments n'avaient pas seulement déployé une ténacité et une endurance sans égales, mais ils avaient, on peut le dire, atteint la limite de la résistance humaine. Jamais, dans la guerre de mouvement, troupe ne fut mise à plus dure épreuve. Car c'était bien la guerre de mouvement que cette bataille d'Ypres, où l'on combattait sans abris, dans des tranchées de campagne sommaires, les bataillons étant à tout instant portés en des points différents de la ligne de bataille.

Cet effort magnifique, le 9e corps l'avait fourni en conservant inébranlablement tous ses gains, sans jamais rien en restituer à l'ennemi. En fin de bataille, c'est sur le terrain qu'il avait conquis (voir le croquis n° 26, page 103), qu'il organisait définitivement ses tranchées, tranchées qu'il devait maintenir inviolées jusqu'au moment où, huit mois plus tard, il les remettait aux Anglais.

Cette vaillance eut, d'ailleurs, sa récompense. Et cette récompense fut la plus belle qu'une troupe puisse ambitionner : le 13 novembre 1914, le 9e corps était cité à l'ordre de l'Armée dans les termes suivants :

Est cité à l'ordre de la 8e Armée :

Le 9e corps d'armée, commandé par le général Dubois : « Pour l'énergie et la ténacité dont il a fait preuve au cours des derniers combats qui se sont déroulés sans interruption, du 21 octobre au 13 novembre. »

Les pertes allemandes à la bataille d'Ypres furent extrêmement élevées. Il est impossible, tant que les documents officiels allemands n'auront pas paru, de les évaluer avec certitude. Les connaîtra-t-on même jamais exactement?

On peut toutefois s'en faire une idée, tout au moins pour certains régiments, au moyen des listes officielles allemandes, des interrogatoires de prisonniers, des lettres ou carnets trouvés sur les prisonniers et les morts.

Voici, à titre de simple indication, les chiffres relevés par le 2e bureau de l'état-major du 9e corps pour quelques-uns des régiments allemands contre lesquels le corps d'armée eut à combattre :

Pertes subies par les corps d'armée allemands qui, à Ypres, se sont trouvés aux prises avec le 9e corps.

GARDE.

La Garde a été engagée contre le 9e corps dans la région de Fère-Champenoise, à la bataille de la Marne. De nombreux prisonniers ont été faits, notamment des hommes de la IVe brigade (régiments K. Franz et Koenigin Augusta).

La Garde a ensuite subi un échec sous Reims, dans une attaque dirigée contre la droite du 32e corps et la gauche du 9e.

En novembre, une division combinée de la Garde a pris l'offensive dans la région de Gheluvelt - Becelaere.

3e régiment à pied. — Entre le 7 et le 22 septembre, on relève les effectifs suivants : 6e compagnie : 70 hommes commandés par un feldwebel; 1re compagnie : 60 hommes; 8e compagnie : 80 hommes.

Au 2e bataillon, il ne reste que 2 officiers. Le 2 novembre, une compagnie ne comprend plus que 26 hommes. (Carnets et interrogatoires de prisonniers.)

1er régiment à pied. — Entre le 16 et le 24 décembre, 750 hommes hors de combat.

1er grenadiers. — Le 9 septembre, la 1re compagnie n'a plus que 25 fusils en ligne.

XVe CORPS.

En contact avec le 9e corps dans la région d'Ypres, au sud de la chaussée de Menin.

171e d'infanterie. — Le 30 novembre, le régiment avait perdu, depuis le début de la campagne, 60 officiers et 2.560 hommes. Le 27 décembre, le régiment n'avait plus que trois compagnies de 200 hommes par bataillon. (Lettre du colonel du 171e et interrogatoires de prisonniers.)

99e d'infanterie. — Pertes équivalentes.

105e d'infanterie. — Le 20 novembre, le régiment avait perdu plus de 3.000 hommes. (Lettre du colonel du 171e.)

Le 19 décembre, il a un effectif moyen de 60 hommes par compagnie. (Interrogatoires.)

132e d'infanterie. — Du 30 octobre au 16 novembre, pertes : 1.390 hommes. (Listes officielles.)

Le 19 décembre, l'effectif moyen par compagnie est de 80 hommes. (Interrogatoires.)

Ce régiment, du 5 août 1914 au 4 février 1915, a perdu 104 officiers et 3.195 hommes. (Bulletin de renseignements du 5 mars 1915.)

136e d'infanterie. — Le 20 décembre, la 9e compagnie compte 70 hommes.

Le 28 décembre, effectif moyen par compagnie : 100 hommes. (Interrogatoires.)

Ce régiment, du 1er septembre au 30 novembre 1914, a perdu 104 officiers et 3.679 hommes. (Bulletin de renseignements du 5 mars 1915.)

143ᵉ d'infanterie. — Du 31 octobre au 30 novembre, 1.274 hommes hors de combat.

172ᵉ d'infanterie. — Du 1ᵉʳ septembre au 30 novembre 1914, 107 officiers et 3.274 hommes. (Bulletin de renseignements du 3 mars.)

XXIIᵉ Corps.

Contact au début de novembre, vers la forêt d'Houthulst, avec des éléments du 9ᵉ corps.

205ᵉ d'infanterie. — Pertes du 19 octobre au 14 novembre : 2.414 hommes. (Listes officielles.)

207ᵉ d'infanterie. — Le 19 décembre, effectifs : 2ᵉ compagnie, 30 à 40 hommes; 8ᵉ compagnie, 100 hommes; autres compagnies : 50 à 60 hommes.

XXIIIᵉ Corps.

Contact en octobre et novembre, dans la région de Langemarck, d'une part, vers Hollebeke, d'autre part (détachement Moussy).

212ᵉ d'infanterie. — Pertes du 15 octobre au 11 novembre : 1.716 hommes. (Listes officielles.)

Le 22 novembre, l'effectif du régiment est tombé de 3.000 à 600 hommes. (Interrogatoires.)

213ᵉ d'infanterie. — Le 3 décembre n'a pu mettre en ligne que 420 fusils. (Interrogatoires.)

214ᵉ d'infanterie. — Le 11 novembre la 11ᵉ compagnie ne compte plus que 90 hommes. Le colonel est le seul officier indemne du régiment. (Lettre d'un prisonnier.)

Le 18 décembre, la 7ᵉ compagnie compte 60 hommes; effectif moyen par compagnie : 80 hommes. (Interrogatoires.)

216ᵉ d'infanterie. — Pertes du 22 octobre au 4 novembre : 1.326 hommes. (Listes officielles.)

Effectifs au 18 décembre : 1ʳᵉ compagnie, 58 hommes; 2ᵉ compagnie, 80 hommes; 4ᵉ compagnie, 40 hommes; 8ᵉ compagnie, 80 hommes; 10ᵉ compagnie, 65 hommes. (Interrogatoires.)

18ᵉ bataillon de chasseurs. — Effectif total le 23 décembre : 160 hommes.

XXVIᵉ Corps.

Contact ininterrompu jusqu'en janvier 1915. Le XXVIᵉ corps d'armée s'est trouvé en contact avec notre 20ᵉ corps lorsque le 9ᵉ a appuyé vers le sud.

235ᵉ d'infanterie. — Pertes du 21 octobre au 2 novembre : 1,821 hommes. (Listes officielles.)

239ᵉ d'infanterie. — Le 21 décembre, la 9ᵉ compagnie compte : 1 lieutenant, 5 sous-officiers, 85 hommes. (Interrogatoires.)

240ᵉ d'infanterie. — En onze jours, vers le 28 octobre, pertes de 28 officiers et 1.360 hommes. (Listes officielles.)

XXVIIe Corps.

Contact ininterrompu avec le 9³ corps depuis le commencement de la bataille de l'Yser.

241e d'infanterie. — Le 21 novembre, le 2³ bataillon est commandé par un lieutenant; 6e et 8e compagnies fondues en une seule; 5e et 7e *idem.* (Interrogatoires.)

242e d'infanterie. — Pertes en décembre : 1.038 hommes. (Listes officielles.)

244e d'infanterie. — Du 26 octobre au 14 novembre, pertes : 2.154 hommes. (Listes officielles.)

247e d'infanterie. — Pertes du 22 octobre au 4 novembre : 1.903 hommes. (Listes officielles.)

248e d'infanterie. — Pertes du 21 octobre au 20 novembre : 1.840 hommes. (Listes officielles.)

Ces chiffres montrent aux vaillants soldats du 9e corps que, si beaucoup des leurs sont restés couchés dans la plaine d'Ypres, si un plus grand nombre encore y ont été blessés, leurs pertes ont été très sensiblement inférieures à celles des Allemands. Elles furent pour le moins deux à trois fois plus faibles. Leurs morts n'ont pas seulement été vengés par la victoire, ils l'ont été aussi par les trouées sanglantes faites dans les rangs ennemis (1).

La bataille d'Ypres mérite d'être examinée au point de vue du commandement, de la tactique et des conséquences stratégiques. Elle comporte à ce triple point de vue des enseignements précieux.

Si, pour la troupe, elle fut, en raison de sa durée et par suite de la nature du sol, une bataille particulièrement dure et pénible, elle ne donna jamais naissance pour le commandement à des inquiétudes réelles. Il y eut bien quelques moments d'émotion. Le commencement de retraite des Anglais le 31 octobre, les fléchissements au nord et au sud d'Ypres les 1er, 6, 10 et 11 novembre provoquèrent bien de sérieuses préoccupations; mais pas une fois on ne passa par ces heu-

---

(1) Dans ses *Enseignements psychologiques de la guerre européenne*, le docteur Gustave Le Bon, qui paraît documenté à des sources sérieuses, estime que les pertes des Allemands sur l'Yser furent trois fois plus élevées que celles des armées française et anglaise.

res d'angoisse aiguë que l'on avait connues au début de la campagne, ou bien aux marais de Saint-Gond, le 9 septembre, quand, faute de réserves, tout semblait compromis.

La grande difficulté pour le commandement fut de durer. A l'attaque de onze corps d'armée allemands, renforcés de plusieurs corps de cavalerie, il dut faire face avec les débris de l'armée belge, trois divisions anglaises, quatre corps français (9e, 16e, 32e, 20e), deux divisions isolées (43e et 26e), deux brigades indépendantes (brigades Cros et Castaing), dix bataillons de chasseurs, et deux corps de cavalerie. Encore le débarquement de ces unités s'échelonna-t-il, péniblement, lentement, du 23 octobre au 6 novembre. D'où il résulta que le quart des forces ne fut en ligne qu'entre le 2 et le 8 novembre. Le problème constant, sans cesse renaissant, fut, pour le commandement de l'armée et pour les commandants de corps d'armée, de consolider les parties ébranlées du front par des prélèvements sur les points où le combat semblait faiblir. Opération délicate entre toutes, qui affaiblit par moments certains secteurs au point qu'ils étaient presque dégarnis. On peut dire que ce fut l'adaptation à la tactique du vieil adage de nos grand'mères : « Faire beaucoup avec peu de choses. »

Au point de vue tactique, Ypres se présente comme un exemple typique de l'emploi des trois armes dans la bataille moderne. Elles y eurent une part également importante et contribuèrent toutes trois au succès final.

L'infanterie fut admirable de bravoure et de ténacité. Quand on revoit ces officiers et ces soldats luttant vingt-trois jours et vingt-trois nuits, à découvert ou dans des tranchées remplies d'eau et qui ne les couvraient qu'à mi-corps, quand on compare la lutte qu'ils menèrent sans artillerie lourde, ne disposant que d'un nombre limité de mitrailleuses, avec les batailles ultérieures où l'on était abondamment pourvu des canons les plus puissants et des engins les plus perfectionnés, on se demande par quel prodige de volonté et d'énergie l'infanterie put tenir et remporter la victoire sur un ennemi considérablement supérieur en nombre et formidablement

armé. Et l'on se sent pris d'une admiration sans bornes pour
une pareille vaillance.

L'artillerie, de son côté, eut dans cette bataille un rôle particulièrement brillant.

Certes, l'artillerie lourde fit défaut, comme dans les combats précédents. Les quelques batteries mises à la disposition
de l'armée furent insuffisantes pour contrecarrer la très
nombreuse artillerie lourde allemande. Passant successivement d'un corps d'armée à un autre, suivant les besoins du
jour, assez pauvrement approvisionnées, elles ne purent
avoir que des utilisations particulières et locales.

Par contre, l'action de l'artillerie de 75 fut considérable et
souvent décisive. Le 9e corps ne se trouva pas réduit, comme
aux marais de Saint-Gond, à quatre-vingts canons pour un
front de vingt et un kilomètres. Il avait, à Ypres, ses cent
vingt pièces en ligne, augmentées des trente-six canons de la
31e division. Cette importante artillerie était répartie sur un
front de dix kilomètres, ce qui fit qu'en aucun point les barrages ne dépassèrent deux cent cinquante mètres par batte·
rie. La nature du terrain, d'autre part, permettait de les su-
perposer. Dans ces conditions, nos 75 donnèrent leur plein
rendement et firent merveille. Grâce à eux, il exista une véritable zone de mort en avant de notre front. Les attaques allemandes y étaient littéralement fauchées dès qu'elles étaient
en vue, sans que notre infanterie eût à intervenir autrement
que par ses feux pour compléter l'œuvre de destruction du
canon. C'est cette action de notre artillerie qui infligea aux
Allemands les lourdes pertes que l'on sait, en même temps
qu'elle permit de ménager notre infanterie en limitant ses
efforts et ses pertes et de la faire durer pendant les vingt-
trois jours de la bataille.

Ce résultat considérable fut atteint avec une dépense de
projectiles relativement faible. Ceux qui, plus tard, compareront la consommation d'obus de 75 de la bataille d'Ypres avec
celle des batailles de 1917 et 1918, demeureront remplis
d'étonnement. Dans aucune journée, les cent vingt pièces
du 9e corps ne dépensèrent plus de 10.000 projectiles. La consommation journalière resta même presque toujours au-dessous de ce chiffre. C'est que l'on était encore sous l'impression de la terrible circulaire de septembre : « *La situation des*

munitions est critique, elle peut devenir tragique! » Les commandants de groupes et de batteries, incertains du lendemain, limitèrent leurs tirs au strict nécessaire. Dédaignant le plus souvent de répondre aux tirs que les Allemands dirigeaient sur eux, ils réservaient toutes leurs munitions pour les attaques d'infanterie. Sous le commandement de chefs comme le général Pellarin, les colonels Le Breton, Lafond, Blanchon, ils firent preuve d'une véritable virtuosité dans l'emploi de leur arme. Grâce à leur maîtrise et à leur sang-froid, la consommation des munitions fut réduite au minimum, au point que le commandement n'eut jamais la moindre préoccupation au point de vue de l'approvisionnement des pièces.

Des résultats obtenus par le canon dans cette longue bataille il se dégagea, d'autre part, un principe qui devait régir l'emploi de l'artillerie dans tout le reste de la campagne. Il devint avéré et indiscutable que, quand le front à battre par chaque batterie ne dépasse pas cent cinquante à deux cents mètres et que les tirs de barrage sont déclenchés à temps, ceux-ci brisent toutes les attaques et sont d'une efficacité absolue dans la défensive. Enseignement précieux, qui devait être confirmé par les batailles ultérieures, notamment par celle de Verdun, où l'Allemand fut maîtrisé du jour où nous eûmes en ligne un nombre suffisant de batteries.

Si l'on passe à la cavalerie, on constate qu'il en fut fait, à la bataille d'Ypres, un emploi aussi large que varié et qu'elle y occupa, elle aussi, une place d'honneur.

Ainsi que nous l'avons exposé, c'est au ralentissement imposé aux corps d'armée allemands par le 2ᵉ corps de cavalerie français que l'on dût de pouvoir les devancer sur l'Yser. Sans lui, les principaux points de passage du canal de l'Yser seraient tombés aux mains de l'ennemi et les troupes belges et anglaises auraient été forcées de se replier pour pouvoir rester en liaison. C'est, d'autre part, la cavalerie anglaise qui traça la ligne de bataille future en s'établissant et en se maintenant sur le front Zandwoorde - Messines, où elle eut bientôt l'appui du 1ᵉʳ corps de cavalerie français.

Après avoir subi seule le premier choc ennemi, toute cette cavalerie combattit ensuite, avec succès, coude à coude avec l'infanterie, dans les actions offensives ou défensives qui se développèrent au cours de la bataille, émerveillant les troupes d'infanterie elles-mêmes.

Mais, où son intervention fut particulièrement précieuse
ce fut quand, les réserves d'infanterie étant épuisées, elle
resta la seule force disponible dans tous les moments critiques. Elle devint la véritable réserve du commandant du
9e corps : les services qu'elle rendit alors dépassèrent toutes
les espérances. Transportée de la droite à la gauche du front,
elle arriva toujours à temps pour consolider les secteurs
ébranlés, apportant aux unités fléchissantes, avec l'appui de
son artillerie et de ses carabines, l'appoint de son entrain, de
son moral, de son magnifique esprit offensif.

Quand on écrira, du côté anglais, le récit détaillé des actions du corps de cavalerie Allenby, et quand on fera, du
côté français, l'historique des 1er et 2e corps de cavalerie, on
se trouvera en présence d'un véritable traité de tactique de
la cavalerie dans la bataille moderne et l'on restera émerveillé de l'infinie variété de son action, basée sur la mobilité
et la vitesse, et de l'importance des résultats obtenus eu égard
au petit nombre des carabines, des munitions, des mitrailleuses et des canons mis en ligne.

Le jour où l'on disposera de tous les documents officiels,
il sera extrêmement intéressant d'étudier comparativement
les trois batailles d'Ypres : celle de 1914 (23 octobre - 15 novembre) où, sous la pression des événements, on voit jeter
au combat, brigade par brigade, régiment par régiment, des
corps d'armée complètement dénués d'artillerie lourde et
médiocrement approvisionnés en munitions de 75; celle de
1917 (31 juillet - 10 novembre), où les corps d'armée, amenés
en entier à pied-d'œuvre, s'engagent par grosses unités constituées, puissamment armées en matériel de toute nature avec
des munitions à profusion, et celle de 1918 (28 septembre -
4 octobre), où les Anglo-Franco-Belges enlèvent, presque sans
effort, des positions qui jusque-là paraissaient inexpugnables.

Ces trois batailles, livrées sur le même terrain, différencient bien les trois phases principales de la guerre.

Dans la première, on voit nos troupes, faute de matériel
nécessaire, réduites à faire de leurs poitrines un rempart au

Pays, et le sauver, malgré le désavantage du nombre et l'infériorité des moyens, à force de ténacité, de dévouement et d'abnégation. Mais à quel prix!

Dans la deuxième, nous avons une artillerie lourde considérable, des mitrailleuses, des avions, des munitions à volonté. On écrase l'ennemi sous un ouragan de fer, on reprend tout ce que les Anglais ont dû abandonner sous l'effet des attaques à obus toxiques et l'on s'empare de Passchendaele. On progresse par bonds, un peu lentement, mais, grâce à l'artillerie lourde, on progresse sûrement.

Dans la troisième, on a sur l'Allemand toutes les supériorités. On emploie enfin les gaz et les obus toxiques en grande quantité. A l'énorme matériel de l'année précédente on a encore ajouté les tanks, qui brisent les obstacles, déblaient le champ devant l'infanterie, annihilent les mitrailleuses et vont jusqu'à supprimer la préparation d'artillerie. On a même la supériorité du nombre. Aussi, tout est devenu facile. D'un seul élan, tout le terrain, évacué lors des offensives ennemies de l'été de 1918, est repris et considérablement dépassé. Des localités comme Zillebeke, Zonnebeke, Poelcapelle, Langemarck, Dixmude, que l'on s'était disputées pendant quatre ans, pour la possession desquelles des milliers d'hommes étaient tombés, sont emportées avec une extrême facilité. La fameuse forêt d'Houthulst, formidable centre de résistance allemand, est enlevée d'un bond, sans lutte.

Et, grâce à notre supériorité en matériel, cet immense résultat est atteint avec des pertes extrêmement minimes.

Les communiqués belges et anglais du 4 octobre sont, à ce sujet, plus éloquents que toutes les descriptions :

Communiqué belge.

4 octobre, soir.

L'attaque menée le 28 septembre par l'armée belge et par la deuxième armée britannique avec la coopération des forces françaises, sous les ordres de S. M. le roi des Belges, nous avait donné, en quarante-huit heures, toute la crête des Flandres. Elle a été suivie, depuis lors, par une série d'actions de détail qui ont eu pour but de dégager les abords de la crête des Flandres et de nous asseoir sur le terrain conquis.

Ces opérations ont permis de gagner quatorze kilomètres en profondeur sur un front de quarante kilomètres. Elles ont complètement dégagé Ypres et Dixmude et ont permis d'occuper le cours de la Lys d'Armentières à Wervicq.

Le butin décompté est le suivant : dix mille cinq cents prisonniers, dont plus de deux cents officiers, trois cent cinquante canons, deux cents mortiers de tranchées, six cents mitrailleuses. En ce qui concerne le matériel, les chiffres ci-dessus seront largement dépassés. La marine et l'aviation terrestre et navale britanniques ont puissamment contribué au succès des opérations.

Communiqué britannique.

4 octobre, soir.

Au cours des opérations entreprises par la deuxième armée britannique en Flandre, le 29 septembre et les jours suivants, les 9e, 29e et 35e divisions se sont particulièrement distinguées. Malgré les conditions atmosphériques très défavorables, elles ont réalisé une avance de plus de neuf milles à travers un terrain d'une extrême difficulté, chassant l'ennemi de toutes les hauteurs situées à l'est et au sud-est d'Ypres et prenant une part prépondérante dans la capture, par les troupes britanniques, de plus de quatre mille prisonniers et de cent canons.

Au cours de la première journée d'attaque, la 9e division prit Becelaere, à cinq milles à l'est de son point de départ, et, trois jours plus tard, elle avait atteint Ledeghem. De même, le premier jour, la 29e division dépassa Gheluvelt et s'empara de Kruiseecke, ayant avancé de plus de cinq milles le long de la route de Menin. A sa droite, la 35e division s'avança bien au delà de nos anciennes positions de 1917 et prit Zandvoorde.

Certes, l'offensive de 1918 fut grandement facilitée par le magnifique renversement stratégique dû au maréchal Foch. Elle trouva, d'autre part, un adversaire dont le moral s'était fortement affaissé à la suite de l'intervention américaine et des victoires remportées sur le reste du front. Elle eut en face d'elle des soldats et des cadres dont la qualité avait considérablement décru, des troupes qui n'avaient plus la forte cohésion de 1914. Mais elle ne se serait cependant pas effectuée avec une pareille rapidité et une pareille économie d'hommes si l'on n'avait pas eu la supériorité des moyens matériels.

Cette comparaison des résultats obtenus dans les trois batailles d'Ypres est d'autant plus frappante que ce furent, du côté allié, les mêmes troupes et, en partie, les mêmes chefs qui menèrent le combat. Mais quelle différence dans les moyens dont ceux-ci disposèrent!

Il sera particulièrement instructif de rechercher quelle

aura été, dans chacune de ces batailles livrées sur le même terrain, la part du matériel, la part des combattants, la part du commandement, de déterminer quels auront été les traits distinctifs de tactiques si différentes dans leurs moyens et de préciser quels auront été, dans le temps et dans l'espace, les résultats obtenus. Il y aura là une source inépuisable d'enseignements pour les tacticiens futurs.

Pour nous, les exécutants de 1914, l'impression qui se dégage de ce rapprochement est une impression de regret : que n'avons-nous disposé, ne fût-ce que de la moitié du formidable matériel employé, nous ne dirons pas en 1918, mais simplement en 1917? Combien notre effort, déjà si efficace, eût été plus fécond encore! Combien en même temps nos pertes eussent été moindres!

Il en ressort aussi l'incontestable supériorité du soldat et du commandement français qui, en 1914, malgré une déplorable pénurie en toutes choses, n'en imposèrent pas moins leur volonté à un ennemi supérieur en nombre et en ressources de toute nature. Cette supériorité, dont on avait pu douter après la bataille des frontières, apparaît nettement. Et, par un douloureux retour en arrière, on en vient à penser que, sans la grave erreur stratégique de notre plan d'opérations, nous eussions sans doute évité l'invasion, car il n'y a pas de raisons pour que nos corps d'armée, mieux répartis et mieux engagés, n'eussent arrêté l'ennemi dès le début comme ils l'arrêtèrent quinze jours plus tard sur la Marne, et six semaines plus tard sur l'Yser.

Si l'on envisage le côté stratégique, on peut dire que la bataille de l'Yser fut la continuation, le couronnement de la bataille de la Marne.

Elle eut des conséquences stratégiques considérables. Elle brisa définitivement l'offensive allemande. Elle acheva de fermer la barrière tendue devant l'envahisseur. Elle contraignit un adversaire, dont l'orgueil insensé allait jusqu'à nier notre succès de la Marne, à s'avouer vaincu par le seul fait qu'il s'immobilisait. Elle le mit jusqu'en 1918 dans l'impuissance d'effectuer aucune offensive de grande envergure. Il devait bien tenter encore, notamment à Verdun, quelques efforts violents; mais ce ne fut, quelle qu'en ait été l'importance, qu'avec des objectifs stratégiques limités, *sans qu'il pût en résulter aucune conséquence mortelle pour la France.* La bataille de l'Yser avait achevé l'œuvre de la Marne en rendant notre front inviolable et en permettant au pays de faire appel à toutes ses ressources pour compléter les lacunes initiales de son organisation.

Stratégiquement, elle eut encore une autre conséquence capitale : en préservant Dunkerque et Calais, elle sauvegarda notre ligne de communications la plus courte et la plus sûre avec l'Angleterre.

La manœuvre ennemie ne visait pas seulement à déborder notre gauche pour rouvrir aux armées allemandes une voie d'invasion vers le centre de la France, elle était en même temps une menace directe pour la Grande-Bretagne.

Laissons de côté l'hypothèse un peu ambitieuse d'un débarquement en Angleterre avant que ce pays n'eût eu le temps d'organiser ses armées. Supposons simplement qu'au lieu de rester bloquée dans la partie orientale de la mer du Nord, l'Allemagne ait pu occuper Dunkerque et Calais, qu'elle ait transformé ces ports en bases navales, on voit quelle eût été la situation de l'Angleterre avec le développement considérable que prit plus tard la guerre sous-marine. C'eût été ses communications avec le continent rejetées loin à l'ouest, c'est-à-dire moins rapides, plus aléatoires, plus vulnérables encore qu'elles ne le furent. Pis que cela : c'eût été les comtés méridionaux de la Grande-Bretagne exposés aux insultes journalières des avions ennemis; c'eût été, en certains points même, la côte anglaise placée sous le feu des canons allemands à longue portée.

Ce but, l'Allemagne ne le dissimulait même pas. Ses soldats le criaient à pleine voix à travers la Belgique dans leur « Chanson de John Bull » (*Soldatenlieder*), dont de nombreux prisonniers furent trouvés porteurs :

> Les Anglais, nos chers cousins,
> Vois-tu bien...,
> Se sont dit : Qu'est-ce que c'est qu'ça!
> Voilà qu'en Europe on se cogne,
> Et c'est dur de battre les fils de l'Allemagne,
> John Bull, mon p'tit, vois-tu bien,
> Tu vas prendre quéq'chose pour ton rhume!

> Les Cosaques voulaient entrer dans Berlin,
> Vois-tu bien...,
> Mais Hindenburg leur flanque la pile,
> Car il est bien difficile de progresser
> Quand les Allemands crient : Hourra!
> John Bull, mon p'tit, vois-tu bien,
>   Etc...
>
> Sur la côte française, il y a Calais,
> Vois-tu bien...,
> Et quand nous y serons, vieux John Bull,
> Tu seras simplement dans les choux;
> Car ce sera dur de passer sur la Manche
> Lorsque les Krupp se seront mis face à Douvres,
> John Bull, mon p'tit, vois-tu bien,
>   Etc...

Et c'étaient les soldats de cette même armée allemande qui, trois semaines plus tard, quand on les dirigeait de l'intérieur de la Belgique sur le front d'Ypres, déclaraient qu' « on les envoyait à la mort ».

Contraste éminemment instructif, car il est à la fois l'indication de l'effondrement des ambitions allemandes et l'affirmation de l'indiscutable supériorité des troupes anglo-françaises!

Au point de vue franco-anglais, la bataille d'Ypres eut encore un autre très heureux résultat. L'empressement avec lequel les généraux français mirent, dans tous les moments critiques, leurs troupes à la disposition du commandement anglais, l'esprit d'entière solidarité, de loyale et franche camaraderie qui anima nos officiers et nos troupes à l'égard de nos alliés, développèrent entre les deux armées un sentiment de confiance réciproque qui fut grandement profitable aux opérations ultérieures. C'est sur ce champ de bataille que se scella définitivement l'amitié anglo-française. Semence féconde pour la suite de la guerre!

La bataille de l'Yser eut aussi une conséquence politique qui n'est pas négligeable.

Suivant une parole belge : « Elle préserva de la souillure de l'ennemi le lambeau de territoire d'où devait renaître la Belgique nouvelle (1) ». Le drapeau belge, en continuant à

---

(1) Dumont-Wilden : *La Renaissance*, numéro du 14 octobre 1916.

flotter sur les villes d'Ypres, de Furnes et de Poperinghe, affirma aux yeux de l'univers le droit à l'indépendance de ce noble pays, si vaillamment défendu par son roi et son armée. Protestation suprême contre la violation des traités par une nation déloyale et sans foi.

L'ensemble de ces résultats montre combien furent considérables les conséquences de la bataille de l'Yser.

Sur le moment, on n'en comprit pas toute l'importance. Et même ce fut avec un peu d'étonnement que nous entendîmes notre commandant de groupes d'armées, le général Foch, venu nous complimenter, nous dire au cours de la conversation : « *La victoire que nous venons de remporter est peut-être plus importante que celle de la Marne.* »

Nous fûmes d'abord tentés de ne voir là qu'une appréciation du moment, appréciation d'un chef qui parlait en quelque sorte dans le feu de l'action, sous l'impression de la satisfaction immense que ressentaient nos amis anglais.

Mais, à la réflexion, nous comprîmes ce que ces paroles contenaient de profondément juste. La bataille de l'Yser, en effet, avait eu une conséquence que n'avait pas eue celle de la Marne : sur l'Yser, l'Allemand avait dû s'incliner devant la défaite.

L'orgueil allemand, habilement exploité par les communiqués de l'époque, n'avait pas voulu voir dans la bataille de la Marne un échec, mais un simple temps d'arrêt. Le soldat allemand ne s'était pas senti vaincu; il persistait à se croire invincible. La bataille de l'Yser détruisit cette illusion. L'Allemagne sentit passer le vent de la défaite; elle le sentit d'autant plus durement que les XXVIᵉ et XXVIIᵉ corps étaient composés de l'élite de sa jeunesse, des étudiants de ses nombreuses Universités. L'impression y fut même si profonde que, un an plus tard, elle n'était pas encore effacée, malgré les succès obtenus sur le front oriental.

Pierre Dauzet, dans sa *Bataille des Flandres*, reproduit les plaintes et les regrets dont la presse allemande accompagnait encore en 1915 l'anniversaire de la bataille de l'Yser.

Le *Lokal Anzeiger* écrivait :

Le jour de Langemarck! Jamais les plaines de Flandres n'ont été abreuvées de tant de sang; malheureusement du sang pur de notre jeunesse la plus fière et la plus belle. Aussi ne versera-t-on jamais en Allemagne autant de larmes que ce jour-là.

Et la *Gazette de Francfort :*

Ces régiments se sont jetés dans la mort. Des sacrifices immenses et irréparables ont été faits ce jour-là et les jours brumeux de l'automne réveillent, pour beaucoup d'entre nous, des souvenirs effrayants et des douleurs vives et inconsolables.

Il en ressort que si, à la Marne, l'Allemand subit une défaite stratégique, sur l'Yser il fut battu à la fois stratégiquement et moralement. Il y laissa son esprit offensif, sa foi dans la victoire, c'est-à-dire son moral.

A ce point de vue, on pourrait presque dire que c'est à Ypres que la guerre fut gagnée (1).

L'ennemi s'y sentit si complètement impuissant, si réellement vaincu, si durement décimé, qu'il renonça pour de longs mois à toute offensive sur notre front, bien qu'il eût été à même de constater notre infériorité en matériel. Il en fut réduit à chercher la victoire sur le front oriental, mais il ne réussit pas à y relever complètement son moral, à retrouver ce sentiment d'invincibilité avec lequel il était entré en campagne.

Est-ce à dire que l'Yser est une plus grande victoire que la Marne? Non pas : l'Yser complète la Marne et la complète de la façon la plus heureuse, mais la Marne reste la victoire capitale au point de vue de l'arrêt de l'invasion.

Sans la bataille de la Marne, que serait-il advenu de la France? Que l'on admette un instant que la retraite un mo-

---

(1) Le procès Cavallini, à Rome, a révélé que, dès décembre 1914, l'Allemagne avait entamé des démarches pour traiter de la paix.

A la même époque, le baron de Wangenheim, ambassadeur d'Allemagne à Constantinople, sollicitait les bons offices de M. Morgenthau, ambassadeur des Etats-Unis en Turquie, pour mettre fin à la guerre. Il lui exposait, dit celui-ci, que « le moment présent (janvier 1915) était excellent pour rétablir la paix ». Il demandait formellement « l'intervention du président Wilson en faveur de l'Allemagne ». (*Mémoires de l'ambassadeur Morgenthau*, pages 164 à 167.)

Ces faits montrent que, dès la bataille d'Ypres, l'Allemagne s'est reconnue vaincue et obligée de renoncer à une issue victorieuse de la guerre.

ment ordonnée derrière la Seine se fût effectuée. Ce n'eût pas été seulement Paris, l'antique capitale des Gaules, avec ses monuments et ses trésors artistiques, abandonné sans protection possible au tir des canons allemands de 305 et de 420. C'eût été du même coup le centre du pays livré, comme en 1870, à l'invasion allemande; c'eût été aussi la création du matériel qui nous manquait irrémédiablement compromise. Au surplus, l'instinct populaire ne s'y trompa pas : l'exode d'une partie de la population au moment où les patrouilles ennemies atteignaient Chantilly, Lusarches et Beaumont-sur-Oise, montre bien qu'en septembre 1914 Paris sentit passer le souffle de la mort.

Si, par comparaison, on envisage quelles eussent été les suites d'un échec sur l'Yser, on voit que la côte du Pas-de-Calais serait tombée aux mains des Allemands avec toutes les conséquences fâcheuses qui en seraient résultées pour l'Angleterre et pour nos relations avec elle. Mais la ligne des tranchées ne s'en serait pas moins prolongée jusqu'à la mer, et, eût-on dû la reculer jusqu'à la Canche ou l'Authie, ou même jusqu'à la Somme, la barrière tendue devant l'envahisseur n'en eût pas moins subsisté. Paris et le centre de la France seraient restés inaccessibles.

La Marne avait sauvé Paris et la France en rétablissant la situation quasi-désespérée où nous avaient mis une concentration malheureuse et les graves échecs qui s'ensuivirent.

Voilà pourquoi la victoire de la Marne restera l'événement décisif de la guerre 1914-1918.

Avec le recul du temps, elle prendra place dans l'histoire au rang des batailles qui ont sauvegardé la civilisation, au même rang que Marathon, où la victoire grecque a préservé la civilisation antique de la domination des Perses; au même rang que Châlons où, dans ces mêmes plaines de Champagne, furent arrêtées les hordes dévastatrices d'Attila et de ses Huns; au même rang que Poitiers où vinrent se briser les armées sarrazines.

Dans la suite des générations, c'est peut-être à Ypres qu'Anglais et Belges iront commémorer la victoire. C'est aux marais de Saint-Gond et sur l'Ourcq que nous, Français, nous ferons notre pèlerinage patriotique. C'est là que le monde entier viendra saluer le triomphe de la civilisation.

Un an avant que l'Amérique entrât dans la guerre, un Américain éminent, M. Roger Bacon, ancien ambassadeur des États-Unis, déclarait à Londres, dans un banquet officiel : « La bataille de la Marne restera une date mémorable pour nous, Américains, parce qu'elle restera une date mémorable dans l'histoire de la civilisation. Nos cœurs vont à la France, parce que la France lutte pour l'humanité, pour l'idéal qui est notre idéal à nous, Américains. »

Cette parole d'un neutre, parole profondément juste, n'a fait que devancer le jugement de l'histoire.

Mais, si la Marne — ce terme confondant en un même souvenir d'admiration et de reconnaissance la bataille de 1914 et sa magnifique réplique de 1918 — si la Marne est appelée à avoir la première place parmi les batailles de la guerre, l'Yser prendra rang immédiatement après elle, car aucune des batailles postérieures ne fut aussi féconde en résultats stratégiques, politiques et moraux. Et ces résultats eussent été bien plus considérables encore si, au lieu de s'effectuer dans la dernière moitié d'octobre, le transport des troupes sur le front Douai - Ypres avait pu se faire, au besoin par étapes, *ne fût-ce que dix jours plus tôt, ce qui nous eût donné l'initiative stratégique à un moment où l'accès du nord de la Belgique restait complètement ouvert.*

Si l'histoire prononce son jugement en toute justice, tout en mettant la Marne au premier plan, elle ne la séparera pas de la bataille d'Ypres qui en fut le complément indispensable.

Quoi qu'il en soit, pour nous, combattants du 9ᵉ corps, qui fûmes les exécutants, les marais de Saint-Gond et Ypres tiendront dans nos pensées une place égale. Dans ces deux grandes batailles, le 9ᵉ corps eut la place d'honneur. Ces deux noms glorieux s'inscriront un jour sur ses drapeaux comme deux des plus éclatantes victoires qu'ait enregistrées l'histoire.

II

DANS LES TRANCHÉES D'YPRES.

Avec la fin de la bataille d'Ypres commença pour le 9ᵉ corps la guerre de tranchées. Guerre où la tactique cesse de reposer sur la manœuvre, où l'art militaire voit sa part considérablement réduite, où le génie des chefs fait place à des calculs de consommation de munitions et de ravitaillement. Guerre où il ne s'agira plus de savoir si telle manœuvre bien conçue, si telle décision par son à-propos et son instantanéité produira l'événement qui donne la victoire, mais où le problème résidera presque uniquement dans la détermination du nombre de canons et de tonnes d'acier qui sera nécessaire et qu'il sera possible de mettre en ligne pour détruire l'obstacle créé par l'ennemi, que ce soit un village fortifié ou un réseau de tranchées. Guerre qui repose sur l'emploi presque exclusif du matériel, où la décision dépendra de la prévoyance du commandement suprême dans la création de ce matériel et dans la constitution des munitions. Guerre qui se résume en un immense combat de front, qui repose sur l'emploi illimité de la force, qui est le triomphe de la brutalité dans toute son horreur. Guerre où les efforts les plus généreux, les sacrifices les plus lourds ne devaient pas donner la centième partie des résultats obtenus par la manœuvre dans les batailles du début de la guerre.

Alors que, dans la guerre de mouvement, c'était le matériel-canon qui était au service de l'homme, on verra, dans la guerre de tranchées, l'homme au service de la machine régnant presque exclusivement en maîtresse sur le champ de bataille. Ce sera aussi l'asservissement du soldat aux plus dures besognes de terrassement, à un incessant déplacement de terre pour créer des obstacles et des abris souterrains. Une seule belle chose subsistera pour ennoblir cette forme de la guerre : le stoïcisme, le courage persévérant du combattant qui sait à l'avance que le sacrifice de sa vie ne donnera pas la victoire complète avec ses résultats décisifs, mais qu'il n'en résultera que des gains partiels, successifs, que les survivants devront poursuivre et compléter par un effort sans cesse renouvelé. Magnifique sacrifice, froidement, résolument consenti, en dehors des excitations de la bataille, par le soldat à la patrie. Ceux qui n'ont pas vécu cette existence si noble, mais si épuisante, si monotone, si périlleuse, n'en soupçonneront jamais la grandeur tragique.

La vie de tranchées devait être particulièrement dure et pénible dans la plaine d'Ypres, où la nature marécageuse du sol rendait impossible, non seulement la recherche du confortable le plus sommaire, mais même toute organisation pratique et hygiénique. Elle devait, en outre, y être extrêmement périlleuse et coûteuse, faute de pouvoir creuser des abris à l'épreuve des gros projectiles et faute d'une artillerie lourde susceptible de répondre aux gros canons allemands qui nous bombardaient à loisir.

Quand la bataille prit fin, le 15 novembre, on disposait de deux positions de défense créées au cours de la lutte par les troupes de soutien, mais ces positions n'étaient guère qu'amorcées en certains points. De plus, l'humidité du sous-sol n'avait pas permis l'approfondissement des tranchées et il allait falloir y suppléer par un entassement de milliers de gabions et de sacs à terre pour augmenter la hauteur et l'épaisseur de l'obstacle.

On se mit immédiatement à l'œuvre : artilleurs, cavaliers, fantassins au repos, fabriquèrent des fascines, des gabions, des chevaux de frise, pendant que les troupes de première ligne achevaient de creuser les tranchées là où cela était possible et les reliaient les unes aux autres. Puis, à mesure qu'arrivèrent, lentement d'ailleurs, les fils de fer, les ronces artificielles, les tôles ondulées, on perfectionna l'organisation défensive. Quelle que fût cette amélioration, les abris, faute de profondeur, protégeaient à peine contre les intempéries, mais nullement contre les obus. Ils consistaient la plupart du temps en plaques de tôle ondulée appuyées au parapet et recouvertes de quelques centimètres de terre.

Il fallut en même temps lutter contre l'eau, l'eau du ciel qui s'accumulait dans le fond de la tranchée les jours de

pluie, l'eau souterraine qui suintait incessamment du sol de
ce polder. On voyait, aussi bien du côté allemand que du
côté français, les pompes constamment en action et les hommes s'acharner vainement à rejeter au dehors l'eau qui les
envahissait. Travail inverse de celui des Danaïdes, mais non
moins décourageant.

Organisation défensive de la région d'Ypres.

(Croquis n° 27.)

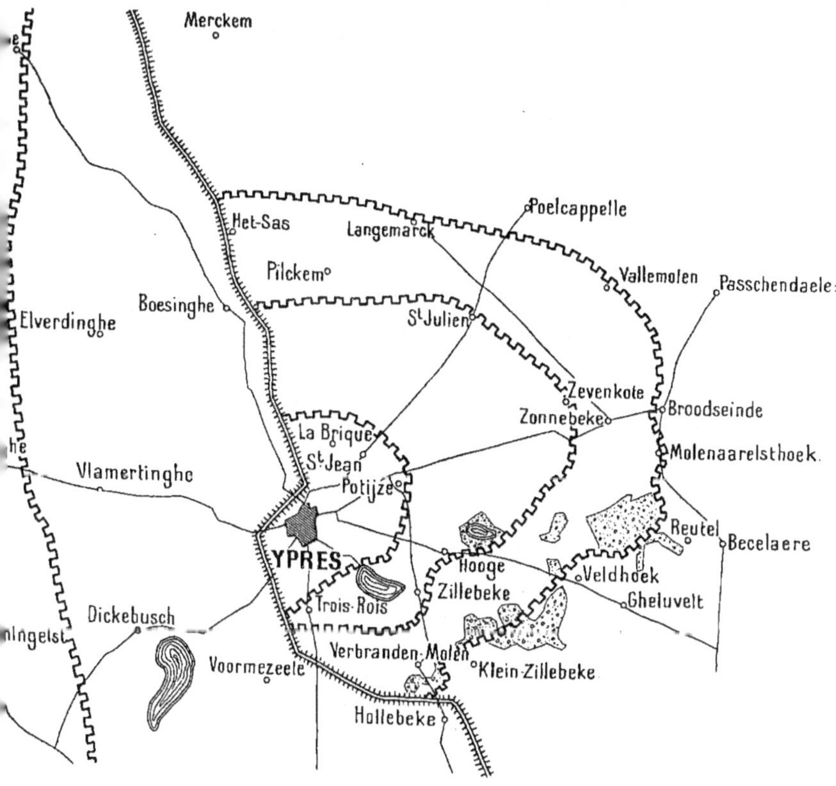

Il fallut garnir le fond des tranchées de sacs à terre sur
lesquels on disposa des planches pour circuler à pieds secs.
En certains points, on vit même les observateurs s'installer
dans de petits baquets de lessiveuses pour être à l'abri de
l'humidité. Fort heureusement survint, le 22 novembre, une

assez forte gelée qui permit pendant une dizaine de jours d'activer les travaux.

Quatre positions furent organisées (croquis n° 27) :

La première était constituée par la ligne sur laquelle on s'était arrêté en fin de combat. Le tracé en était forcément défectueux en certains points, car, comme cela s'était d'ailleurs passé sur tout le front, on avait tenu à honneur de ne rien abandonner du terrain conquis et des observatoires que l'on avait installés. Partant du nord de Langemarck, la ligne passait à Wallemolen, au carrefour de Broodseinde, à Molenaarelsthoek, à l'ouest de Weldhoek, à Zwartelen et rejoignait le canal au pont à l'ouest de Verbranden-Mollen.

La deuxième ligne de défense s'étendait de Fortuin à Zevenkote, Westhoek, Hooge, Zillebeke, les Trois-Rois.

La troisième ligne couvrait immédiatement Ypres. Partant de l'Yser à hauteur de Noordhof, elle était jalonnée par les villages de La Brique, Saint-Jean, Potijze et venait se raccorder aux Trois-Rois par le nord de l'étang de Zillebeke.

Enfin, une quatrième position, à peu près parallèle à l'Yser, était organisée entre Ypres et Poperinghe. Elle partait du nord de Reninghe, passait à 1 kilomètre à l'ouest de Vlamertinghe et descendait au sud de Reninghelst.

Si l'on considère que le canal, avec le point d'appui formé par les anciennes fortifications d'Ypres aux fossés pleins d'eau, constituait un cinquième obstacle à un mouvement offensif, on voit combien était sérieuse cette organisation défensive qui, de Zonnebeke à Vlamertinghe, avait une profondeur de quinze kilomètres.

C'est dans ces tranchées que le 9ᵉ corps passa l'hiver de 1914-1915. Il n'y eut pas seulement, matériellement parlant, une existence désagréable et pénible, il y eut aussi, au point de vue tactique, une vie extrêmement agitée. Le secteur d'Ypres fut à cette époque un des plus sensibles de tout le front. Non seulement le bombardement y fut continu, mais il ne se passa pas de semaine sans que des actions plus ou moins importantes s'y engageassent.

La dernière partie de la bataille, ainsi que nous l'avons exposé, avait été marquée par une recrudescence du bombar-

dement de la ville d'Ypres. La violence de la canonnade ne
fit que s'accroître encore dans les journées qui suivirent,
comme si les Allemands, dépités de leur échec, se vengeaient
sur cette malheureuse cité de l'impuissance de leurs attaques.
La journée du 22, notamment, vit la destruction de la cathédrale Saint-Pierre et de la célèbre Halle aux draps qui avaient
fait, à travers les siècles, l'admiration de tant de générations.

Le 22, vers 16 heures, l'ennemi prit pour objectifs ces deux
magnifiques monuments et les couvrit d'obus incendiaires.
Du poste de commandement du 9ᵉ corps, situé à quelques
centaines de mètres, on apercevait les projectiles tombant
simultanément sur les Halles et sur la cathédrale à ce moment
entourée d'échafaudages. A peine un obus avait-il fait sa
trouée dans les toitures que l'on voyait quelques minutes
après s'en échapper d'immenses jets de flammes. La lutte
contre l'incendie était impossible : il n'y avait plus de pom-
piers; la conduite d'eau alimentant la ville avait été coupée
par les projectiles. Le comité qui administrait Ypres se réu-
nit dès le début de l'incendie, mais ne put que constater son
impuissance par ce cri de désespoir inscrit sur son registre
des délibérations : « *Le beffroi et les Halles ont pris feu, nous
n'avons aucun espoir de sauver ces bâtiments par suite du
manque d'eau et du manque de bras.* »

En moins d'une heure, les deux monuments, assez proches
l'un de l'autre, ne furent plus qu'un immense brasier sur lequel l'artillerie allemande ne cessa de déverser pendant plusieurs heures, en plus des obus incendiaires, des centaines
de shrapnells pour rendre tout secours impossible.

Mais le danger n'arrêta pas nos braves soldats. Une compagnie du 6ᵉ génie (capitaine Vouaux) et une compagnie de
chasseurs à pied, en réserve de secteur dans un hameau voisin, accoururent immédiatement. Ces courageux soldats s'ef-
forcèrent vainement de mettre une pompe en action en l'alimentant dans le canal de l'Yperlée crevé par les obus. Devant leur impuissance à lutter contre l'incendie, ils tentèrent
du moins de sauver tout ce qui put être retiré des deux monuments. On les vit, dans les flammes et sous les obus, em-
porter et mettre à l'abri les objets sacrés de la cathédrale,
les archives, les tableaux et une partie du mobilier des Halles.

Magnifique contraste avec le vandalisme des Allemands qui, froidement, sans utilité militaire, par des procédés scientifiquement sauvages, détruisaient un des plus beaux et des plus importants monuments que le monde ait connus, un monument que les guerres antérieures avaient respecté pendant toute une longue suite de siècles. Cette destruction systématique n'eut même pas à ce moment l'excuse de la bataille puisque les Allemands avaient renoncé depuis une semaine à toute attaque stratégique sur le front de l'Yser.

Le lendemain, 23 novembre, le gouvernement belge envoyait le chef d'escadrons de Lannoy pour remercier nos troupes et pour leur remettre une importante somme d'argent. Le commandant du 9ᵉ corps avait la fierté d'apprendre que, spontanément, **d'un même élan du cœur**, les deux compagnies avaient envoyé cet argent à la commission municipale d'Ypres pour les familles pauvres éprouvées pendant le bombardement. Geste dont la noblesse ne fait pas seulement honneur à ses auteurs, mais qui souligne d'un trait ineffaçable la différence de mentalité du Français et de l'Allemand.

L'historien qui, après avoir visité ces ruines lamentables, ira consulter le registre des délibérations de la commission municipale d'Ypres, y lira, à la date du 24 novembre 1914, l'inscription suivante : « *Monsieur le curé de la paroisse de Saint-Pierre nous signale que toutes les œuvres d'art et les broderies anciennes de l'église Saint-Pierre ont été sauvées par les autorités françaises et conduites à Bergues.* » Il y verra également que nos soldats refusèrent une gratification que la commission leur offrait pour avoir sauvé les archives de la ville.

Une fois cette destruction sauvage terminée, le bombardement d'Ypres se poursuivit pendant tout l'hiver, effectué par intermittence, plusieurs heures chaque jour et chaque nuit. Mais, là, il y eut un but militaire. La ville était le point de passage forcé des convois de ravitaillement. L'ennemi s'efforçait de les intercepter par des tirs fréquemment répétés. Il n'y réussit d'ailleurs pas. Les convois n'en continuèrent pas moins à fonctionner, non sans gêne évidemment, mais cependant avec des pertes insignifiantes. On variait les heures et les itinéraires selon les quartiers pris comme objectifs par les batteries allemandes et l'on passait entre deux salves. Les rues battues arrivèrent à être facilement délimitées, grâce à une certaine routine de l'artillerie ennemie qui ne variait pas ses zones de tir. Un petit groupe de maisons échappa même presque complètement aux projectiles, si bien que le régiment en réserve de secteur d'une division put cantonner pendant tout l'hiver, avec quelques précautions, *mais sans pertes*, dans une rue du vieil Ypres qui ne fut que très rarement visitée par les obus. On y dormait d'un sommeil évidemment souvent interrompu, mais dans un confortable relatif qui reposait de l'effroyable humidité boueuse des tranchées.

La majeure partie des habitants d'Ypres avaient émigré dès les premiers jours de novembre. Sur une population d'une vingtaine de mille âmes, il n'était guère demeuré dans la ville que 1.800 à 2.000 personnes, dont plusieurs centaines provenaient même de l'intérieur de la Belgique. Lamentables réfugiés qui avaient fui devant l'invasion, terrorisés par le récit des atrocités allemandes. Ces pauvres gens, malgré la menace de mort perpétuelle que constituait le bombardement, ne voulaient pas quitter le sol natal. Vainement on les engageait à profiter des trains d'évacuation organisés à Vlamertinghe, vainement on leur exposait que leur propre intérêt, autant que l'intérêt militaire, exigeait leur départ; ils s'obstinaient à rester à Ypres. Le haut commandement se faisait un scrupule de n'exercer sur eux aucune contrainte et de ne prendre aucune mesure qui pût paraître une atteinte à la souveraineté belge. Il avait donné à ce sujet les ordres les plus formels. Force était donc de laisser ces gens sur place, sauf le cas d'attentats nettement caractérisés, auquel cas on devait les remettre à la juridiction belge. On les voyait, hommes, femmes et enfants, commercer avec les troupes de passage, leurs maigres étalages installés en plein air à la sortie des caves. Ils s'y réfugiaient dès que reprenait le bombardement, s'en échappant à nouveau dès qu'il cessait. Tout cela, bien entendu, non sans risques, non sans accidents mortels. Leur attachement à leur patrie, auquel s'ajoutait bien, pour quelques-uns, un certain esprit de lucre, les retenait sur ce sol désolé, dans les ruines de cette cité agonisante. Ceux chez lesquels ce sentiment était le plus profond étaient les vieillards.

On eût dit, qu'arrivés au terme de la vie, ils préféraient voir encore écourter leur existence plutôt que de ne pas la finir là où ils étaient nés. Cet état d'esprit, que nous avions déjà constaté dans nos villages de Champagne, aux environs de Reims, nous le retrouvions au village de Zonnebeke, complètement rasé par les obus, et dans les fermes belges situées tout à fait en première ligne. On y trouvait parfois de très vieilles Flamandes, insouciantes de la mort, appliquées à leurs dentelles, sous les obus, dans un sous-sol, ou derrière un pan de mur, jusqu'au jour où un projectile venait interrompre à tout jamais et leur travail artistique et leur médiocre existence. Dans tous ces endroits horriblement dévastés restaient quelques pauvres gens que rien n'émotionnait, que nous n'arrivions pas à décider à un départ volontaire et dont les supplications finissaient par désarmer nos officiers. Insensibles au danger, ils vivaient au milieu des soldats, leur rendant de menus services et profitant de leurs vivres. En voyant cette indifférence devant le bombardement, cette tranquillité devant la mort, on en arrivait à se demander comment, à tant d'époques diverses de l'histoire, il a pu se trouver des commandants de places fortes pour compromettre le sort de leur pays en capitulant sous la seule pression d'un bombardement.

Malheureusement, à côté de ces braves gens, parmi la population hétéroclite demeurée à Ypres, il s'était forcément glissé des gens sans aveu. Des actes de pillage ne tardèrent pas à se produire dans les maisons abandonnées. On vit des hommes et des femmes offrir aux militaires de passage des vins, des liqueurs, des denrées diverses à des prix dénotant que ces objets provenaient certainement de vols. Ces individus étaient porteurs de vêtements de luxe qui, visiblement, ne leur appartenaient pas. Parfois même des fils téléphoniques militaires étaient coupés par des mains criminelles. Cela tenait à ce que toute répression, toute surveillance même était devenue impossible, les autorités civiles ayant pour la plupart quitté la ville. Le bourgmestre, les échevins, le procureur du roi, le commissaire de police lui-même avaient abandonné cette malheureuse cité devenue difficilement habitable. L'autorité n'était plus représentée que par un comité provisoire composé d'hommes courageux et présidé par un ancien négociant, M. Stoffel, dont on ne saurait trop louer le courage et le dévouement. Mais, pour assurer le maintien de l'ordre, ce comité n'avait que des moyens insuffisants. La gendarmerie belge locale ne comptait plus que six gendarmes au lieu de vingt, la police municipale était réduite au sous-commissaire de police et à trois agents au lieu de dix.

Le comité provisoire, pour les renforcer, fit appel aux habitants restés dans la ville et prit, le 9 novembre, la délibération suivante :

Dans le but de prévenir les délits de toute nature, et surtout le vol par effraction dans les maisons inhabitées ou la rapine dans les maisons bombardées, vu l'insuffisance de la police locale, il est décidé de recourir au dévouement privé.

La ville fût divisée en quatre secteurs, dont des volontaires se répartirent la surveillance.

Mais ces mesures furent insuffisantes et, le 23 novembre, le comité adressa au commandant du 9° corps la lettre suivante :

Ypres, le 23 novembre 1914.

A Monsieur le Général commandant le 9° corps français.

Le comité provisoire constitué à Ypres prie respectueusement M. le général Dubois de bien vouloir mettre à la disposition de la ville une garnison suffisante pour assurer le maintien de l'ordre et empêcher le pillage des trésors de notre cité, la police, quoique secondée par la gendarmerie, étant absolument insuffisante.

Le Secrétaire,	*Le Président,*
Van Nieuwenhove.	Stoffel.

Au point de vue militaire, Yprès était partagé en trois secteurs, chacun d'eux étant affecté à un des trois corps d'armée qui tenaient les tranchées de Saint-Eloi à Steenstraat. Mais ces corps d'armée n'y avaient, à ce moment, aucune garnison et se bornaient à en utiliser les itinéraires pour leurs ravitaillements et leurs évacuations.

Le commandant du 9° corps accepta avec fierté la mission que l'on réclamait de ses troupes. Il y vit un témoignage de l'estime que cette dure bataille leur avait acquise, une preuve de la confiance qu'elles inspiraient. Il y vit surtout un hommage à l'irréprochable discipline qu'elles n'avaient cessé d'observer. Il trouva dans cette démarche la récompense des efforts que lui, ses généraux et tous ses officiers n'avaient cessé de faire pour maintenir une discipline qui ne fait pas seulement, selon la belle et juste parole de notre règlement de 1833, « la force principale des armées », mais qui en est aussi l'honneur (1).

Dès le 24, deux compagnies territoriales étaient envoyées à Ypres. Elles étaient installées dans le rez-de-chaussée de la caserne d'infanterie belge, bâtiment à plusieurs étages, aux murs épais, avec des sous-sols importants. Elles s'y trouvaient presque complètement à l'abri des obus. Le chef d'escadrons de cuirassiers de Becdelièvre était désigné comme major de la garnison avec le capitaine de gendarmerie Gaillet comme adjoint. Quelques gendarmes français, doublés de hussards, étaient, en outre, mis à leur disposition.

La chasse aux pillards est immédiatement organisée, les cabarets interlopes surveillés et fermés, les femmes douteuses expulsées. On arrête les gens qui vendent des vins et des liqueurs volés. Le jour, des postes, composés de gendarmes et de hussards, installés aux carrefours, veillent sur chaque quartier; la nuit, des patrouilles sillonnent incessamment la ville.

Les actes de dévouement et de probité sont journaliers. Tantôt ce sont des habitants que nos soldats sauvent en les retirant des maisons incendiées, tantôt ce sont des valeurs qu'ils rapportent au major de la garnison. Le 25 novembre, c'est une grosse liasse de titres qu'un territorial a trouvée en déblayant une rue; le 30 novembre, c'est un portefeuille contenant une somme importante.

---

(1) Le 9ᵉ corps peut être cité en exemple pour sa très belle discipline.

Il fut peut-être le corps d'armée où les conseils de guerre eurent le moins de condamnations à prononcer. Dans la période si critique d'août 1914 à mars 1915, période pendant laquelle il se vit rattacher pour des durées diverses cinq divisions d'infanterie et trois divisions de cavalerie, ce qui, en comprenant les 17ᵉ et 18ᵉ divisions, représente un total de 150.000 hommes, il n'y eut que deux condamnations à mort suivies d'exécution.

Ce résultat fut dû à une discipline ferme et constamment vigilante dont l'action préventive, soutenant les âmes faibles, les mettait en garde contre elles-mêmes.

Rapidement, le désordre diminue, du moins dans la mesure du possible. Car il reste bien dans les caves ou dans les immeubles à demi détruits quelques gens sans aveu, hommes ou femmes, sans compter ceux qui, avec des certificats de complaisance parfois falsifiés et, en tous cas, trop facilement accordés par les bourgmestres des localités voisines, réussissent à pénétrer dans la ville, souvent même à y rentrer après expulsion sous prétexte d'y rechercher des parents ou des objets leur appartenant. Le haut commandement, comme nous l'avons dit plus haut, se refuse à employer la manière forte; il veut que, dans le lambeau de territoire qui lui reste, le roi des Belges voie ses sujets traités conformément aux lois et aux règlements de leur pays.

Tout en assurant ce service d'ordre, le commandant de Becdelièvre et le capitaine Gaillet donnaient à tous les plus beaux exemples de sang-froid. Ils étaient dans tous les endroits incendiés, dirigeant le sauvetage. Mieux encore, on voyait dans les quartiers les plus dévastés le commandant de Becdelièvre tranquillement occupé, entre deux rafales de bombardement, à prendre de fort jolis dessins à la plume qui resteront comme autant de témoins de la destruction progressive d'Ypres et de ses monuments.

Tels étaient les services que le 9e corps s'efforçait de rendre au comité provisoire. De son côté, il trouvait auprès de cette organisation municipale, ainsi qu'auprès des rares groupements restés dans la ville, le concours le plus empressé. Ce fut le cas notamment des sœurs de Saint-Joseph et des sœurs de quelques autres ordres qui refusèrent de partir, se dévouant avec un courage admirable auprès de nos blessés et auprès des enfants abandonnés. C'est ainsi également que le curé de l'église Saint-Jacques mit son église à la disposition de nos troupes pour y entendre les chants patriotiques du barde Botrel. C'était avec hésitation que le commandant du 9e corps, eu égard au caractère un peu profane de la réunion, était allé solliciter l'autorisation nécessaire. « Le 9e corps français a préservé mon église de l'occupation allemande, répondait ce brave curé, elle sera toujours à sa disposition. » Et le vieux temple, troué par les obus, ouvrait ses portes à 2.000 soldats et résonnait des accents du chanteur breton, venu apporter aux troupes un peu de réconfort. Il n'est pas besoin de dire que celui-ci avait choisi dans son répertoire des chants patriotiques appropriés à la sainteté du lieu.

Pauvre église, affreusement mutilée déjà à cette époque, et qui n'est plus aujourd'hui qu'un informe amas de pierres!

Nous avons indiqué plus haut combien les tranchées d'Ypres étaient peu confortables, si du moins ce mot peut s'appliquer à une tranchée. Nous avons dit aussi que, sauf en de rares points, non seulement il n'y avait pas possibilité d'y créer des abris contre le bombardement, mais que l'absence presque complète d'artillerie de gros calibre ne permettait même pas de contrebattre les nombreuses batteries lourdes allemandes. La 8ᵉ armée, après le retrait d'une partie des batteries qui lui avaient été affectées pour la bataille, était tellement pauvre en gros canons que, dans la répartition qu'elle en fit le 24 novembre entre les corps d'armée, elle ne put affecter au 9ᵉ corps que deux batteries de 95, canon à tir lent, d'une portée et d'un calibre insuffisants pour répondre aux 130, aux 150, aux 155, aux 210 allemands. Encore ces batteries restaient-elles à la disposition du commandant de l'artillerie de l'armée qui, en cas de besoin, les faisait passer d'un corps d'armée à un autre.

Dans de telles conditions, le commandant du 9ᵉ corps avait chaque soir la tristesse de constater des pertes en soldats et en officiers qui finissaient par présenter en fin de mois un total relativement élevé. Il était impuissant à les réduire, n'ayant pour cela d'autre moyen que de diminuer le nombre des hommes placés en première ligne. Faible ressource, car il y avait une limite au-dessous de laquelle on ne pouvait descendre. Les pertes étaient, d'autre part, aggravées par l'imprudence on peut même dire par l'insouciance des hommes : impossible de leur faire suivre les boyaux envahis dans les parties basses par l'eau du sous-sol. Ils préféraient risquer une balle plutôt que de parcourir quelques centaines de mètres avec de l'eau à mi-jambes. Impossible de leur faire employer les périscopes : d'où de graves blessures aux yeux et à la tête, des blessures souvent mortelles. Le commandant du 9ᵉ corps avait beau insister tous les jours, rien n'y faisait.

Conseils, recommandations, prescriptions, ordres réitérés restaient sans effet.

L'indifférence du soldat ne se manifestait pas seulement devant le danger, elle apparaissait jusque devant la mort. Un camarade était-il tué, on le rangeait avec un soin pieux le long de la tranchée en attendant que la nuit permît de l'inhumer; puis, chacun vaquait à sa besogne comme si ce corps n'eût pas été là, symbole de la mort sans cesse imminente. La pioche rencontrait-elle, en creusant une tranchée, un cadavre dans ce terrain dont vingt-trois jours de bataille avaient fait un immense cimetière, le travailleur le refoulait sous terre, continuant à creuser le sol sans émotion apparente. Et c'étaient ces mêmes hommes qui, au sortir de la tranchée, entretenaient avec une piété touchante les tombes de leurs camarades situées un peu plus en arrière. Insondables mystères du cœur humain!

Combien d'hommes, combien d'officiers auraient échappé à la mort ou aux blessures avec un peu moins d'indifférence!

Le début de l'hiver vit surgir de nouvelles et sérieuses difficultés. Ce n'étaient plus seulement les munitions qui faisaient défaut, c'étaient également les effets d'habillement. Une véritable crise se produisit.

Quatre mois de campagne où l'on avait presque toujours bivouaqué, le séjour dans les tranchées marécageuses des Flandres, avaient mis l'habillement et la chaussure dans un état déplorable. Les pantalons étaient effilochés, usés, pourris par l'humidité et la boue gluante des tranchées; le soldat n'était même pas protégé par les pans de la capote troués et ajourés comme une écumoire. L'état des brodequins était pitoyable. L'homme, naturellement peu économe, ayant perdu ou rejeté volontairement sa seconde paire de chaussures, se trouvait réduit à une seule paire de souliers — et quels souliers!

On fait appel à l'arrière. Mais c'est en vain : la mobilisation d'un nombre d'hommes plus élevé que celui que l'on avait prévu a mis à vide les magasins des corps et ceux de l'intendance. L'industrie, qui devait faire dans les mois qui suivirent un effort si considérable, est en voie de reconstitution et produit insuffisamment.

Les commandants de corps d'armée sont obligés de se débrouiller et de se procurer eux-mêmes ce que l'État ne peut encore fournir. On a recours à tous les expédients. Fort heureusement, la région industrielle d'Amiens est peu éloignée. Le commandant du 9ᵉ corps y envoie ses intendants et fait acheter tous les pantalons en velours de coton et tous les pantalons de travail en grosse toile bleue qu'il est possible de trouver. Gros confectionneurs et petits marchands au détail sont explorés et mis à contribution. On réussit à trouver 35.000 pantalons qui permettent d'attendre les envois de l'arrière. Ils sont de toutes nuances, noirs, verts, bleus, gris, marrons... On les répartit à raison d'une seule nuance par bataillon, de manière à avoir un peu d'uniformité et à ne pas exposer les hommes à être traités en francs-tireurs par un adversaire qui met à profit tous les prétextes pour semer la terreur en recourant aux procédés les plus barbares. On parvient ainsi à protéger les troupes contre le froid, et bientôt, l'humidité des Flandres aidant, cette diversité de tenues disparaît sous la boue qui recouvre et efface les couleurs.

Pour la chaussure, le remplacement est plus difficile. On y arrive cependant en achetant tout ce qui existe dans les moindres localités et en faisant travailler, même dans les villages, ne fût-ce qu'à raison de deux ou trois paires par semaine, les plus modestes cordonniers. On réussit ainsi à grouper péniblement 40.000 paires de souliers. On achète, en outre, à Dunkerque, des barils d'huile de poisson que l'on distribue aux corps pour préserver le cuir de l'humidité et le faire durer en le graissant.

On ne saura jamais l'ingéniosité et l'activité qu'il fallut dépenser pour traverser cette période critique. On réussit ainsi à faire face aux besoins les plus urgents et, fait à signaler, ces improvisations se réalisèrent dans des conditions d'économie qui tranchent agréablement avec les prix que l'État dût subir dans les années qui suivirent.

Ces achats directs ayant reçu l'approbation du commandement, le commandant du 9ᵉ corps les étendit à l'alimentation. Non pas que l'on manquât du nécessaire : le pain, les vivres divers arrivaient régulièrement; la viande était si abondante que les hommes venaient en aide aux réfugiés et jetaient même une partie de leur ration. Cette viande nous

était livrée par les Anglais, ravitaillés à Dunkerque par bateaux frigorifiques; elle était d'excellente qualité et nous était
cédée à un prix extrêmement bas. Il en résulta un accroissement du boni des ordinaires qui purent ainsi fournir les fonds
nécessaires à d'autres achats. Grâce à ces ressources, le
9ᵉ corps acheta directement du vin que nos bateaux débar-
quaient à Dunkerque et, comme la spéculation n'avait pas
encore faussé les cours, ainsi que la faiblesse des pouvoirs
publics le lui permit par la suite, il fut possible, en plus du
quart de litre attribué par l'Etat, d'en acheter un quart sup-
plémentaire, ce qui permit, dès novembre 1914, d'en distri-
buer chaque jour un demi-litre par homme.

De même, nous achetâmes par wagons complets les confitures que les fabricants de fruits confits de la Drôme et de
Vaucluse font avec leurs déchets, confitures qui, en mettant
un peu de variété dans l'ordinaire, constituaient, grâce à leur
richesse en sucre, un aliment d'épargne de premier ordre.

Améliorations peu importantes en elles-mêmes, mais auxquelles les troupes étaient loin d'être insensibles et qui apportaient un peu de bien-être dans ces tranchées des Flandres, si
mauvaises en cette saison d'hiver.

Tous ces détails paraissent aujourd'hui de peu d'intérêt au
regard des grands événements qui se déroulaient, mais ils
comptent dans le souvenir de ceux qui, au milieu des préoccupations du combat, eurent à y pourvoir, et aux yeux de
qui ce fût, dans l'existence misérable et dure que les troupes
menaient à Ypres, une question de santé et une question de
moral.

A ce point de vue, l'effort qui fut fait mériterait d'être reconstitué dans ses moindres détails.

Le secteur assigné au 9ᵉ corps subit de fréquentes modifications, s'allongeant progressivement à mesure que dimi-
nuaient les effectifs de la 8ᵉ armée. D'une manière générale,
on peut dire qu'il s'étendit de Wallemolen à Zwartelen, en
liaison au nord avec le 20ᵉ corps, au sud avec le 16ᵉ corps.
Pour occuper ce front qui comportait un développement de
quinze kilomètres de tranchées, le 9ᵉ corps avait d'abord été
augmenté, le 15 novembre, de la 26ᵉ division (général Hal-

louin) et le 19 novembre, de la 43e division (général Lanquetot). Mais ce ne fût là qu'un renforcement tout à fait momentané : la 26e division fût relevée dès le 2 décembre pour rejoindre la 2e armée et la 43e division rallia la 10e armée le
6 du même mois. La charge du 9e corps fut donc de plus en
plus lourde, à mesure que s'avança l'hiver.

Ce secteur, par suite de sa situation en saillant, ne fût pas
seulement un des plus dangereux du front, il fut aussi, pendant tout l'hiver 1914-15, un des plus actifs, voire même un
des plus agités.

La tactique, prescrite du côté français, consista, non pas
en une offensive à coups de fusil, mais en une progression à
la sape, réglée de façon à conquérir le terrain petit à petit
avec le minimum de pertes et destinée surtout à maintenir notre ascendant sur l'ennemi.

Il ne fut fait exception à cette règle qu'en deux circonstances : le 29 novembre, où le 9e corps reçut l'ordre d'enlever
la crête à l'est de Broodseinde, crête qui donnait à l'ennemi
un observatoire gênant pour nous, et le 14 décembre, où fut
ordonnée une attaque ayant pour objet d'aider une offensive
tentée par les forces anglo-françaises au sud du front du
corps d'armée.

L'attaque du 29 novembre fut confiée à la division Hallouin,
qui avait Broodseinde dans son secteur et qui fut appuyée
à gauche par des unités du 114e et à droite par une attaque
secondaire de la 18e division. Soigneusement préparée, cette
attaque fit tomber entre les mains de la 26e division les tranchées à l'est de Broodseinde avec un certain nombre de prisonniers, pendant que l'action de la 18e division nous donnait
un saillant de la ligne ennemie à l'ouest de la ferme Verbeck.
Mais la supériorité de l'artillerie lourde allemande se faisait
immédiatement sentir et, en raison de notre impossibilité d'y
répondre, l'occupation des tranchées conquises entraînait des
pertes sérieuses; elles ne tardaient même pas à devenir intenables. Force était au 92e, qui avait brillamment mené l'attaque, d'évacuer le soir le terrain conquis, ainsi qu'avait
déjà dû le faire le 114e le soir du 12 novembre, sur le même
terrain, dans une situation analogue. Par contre, la 18e di-

vision maintenait tous ses gains dans le voisinage de la ferme Verbeck.

Cet engagement avait permis de constater la force des organisations défensives allemandes, dont déjà, à cette époque, certaines parties étaient blindées. Le commandant du 9ᵉ corps, en en rendant compte, avait demandé à nouveau un renforcement de son artillerie lourde. Ce n'est que le 10 décembre que les ressources de l'armée permirent de lui donner une satisfaction partielle. Un ordre de l'armée fit connaître qu'un groupement de deux batteries de 120 long, une batterie de 155 court et deux batteries de 95, mis à la disposition des 16ᵉ et 32ᵉ corps, pourrait être *éventuellement* employé par les 9ᵉ et 20ᵉ corps. Cet ordre est un témoignage probant des difficultés insolubles auxquelles notre pauvreté en artillerie lourde acculait les commandants d'armée.

Quant aux commandants de corps d'armée, ce fut seulement en février 1915 que chacun d'eux reçut un groupe de trois batteries de 120 long lui appartenant en propre.

L'attaque du 14 décembre eut beaucoup plus d'ampleur que celle du 9 novembre : elle fit entrer en action l'armée anglaise avec Messines comme objectif et la 8ᵉ armée française avec Houthem comme direction générale.

Il semble même que cette attaque ait été, dans la pensée du haut commandement, le prélude d'une offensive plus générale qui, pour des raisons qui nous échappent, fut arrêtée dès le début.

C'est du moins ce qui semble ressortir de l'ordre général suivant :

Au G. Q. G., le 17 décembre 1914.

Ordre général n° 32.

Depuis trois mois les attaques violentes et désespérées des Allemands ont été impuissantes à nous rompre. Partout nous leur avons opposé une victorieuse résistance.

Le moment est venu de profiter des faiblesses qu'ils accusent, alors que nous sommes renforcés en hommes et en matériel.

L'heure des attaques a sonné. Après avoir contenu l'effort des Allemands, il s'agit maintenant de le briser et de libérer définitivement le territoire national envahi.

Soldats! La France compte plus que jamais sur votre cœur, votre énergie, votre volonté de vaincre à tout prix. Vous avez déjà vaincu sur la Marne, sur l'Yser, en Lorraine et dans les Vosges! Vous saurez vaincre encore jusqu'au triomphe définitif.

JOFFRE.

Quoi qu'il en soit, une importante attaque fut déclenchée sur le front franco-anglais. Les dispositions prescrites par le commandant de la 8ᵉ armée furent les suivantes :

Le 16ᵉ corps reçut l'ordre d'attaquer sur Osttaverne.

Le 32ᵉ corps fut engagé sur Klein-Zillebeke - Hollebeke.

Le 9ᵉ corps eut comme mission de maintenir avec sa gauche l'inviolabilité du front et d'attaquer par sa droite sur le front Zandwoorde - Gheluvelt.

Plus au nord, le 20ᵉ corps devait se borner à des démonstrations pour fixer les troupes qu'il avait devant lui.

En conséquence, le commandant du 9ᵉ corps prit les dispositions suivantes :

Il amena le 68ᵉ derrière le 66ᵉ, qui tenait les tranchées entre la ferme Verbeck et le bois du Polygone, et lui donna comme objectif la région Reutel - Poezelhoek. Il fit venir le 77ᵉ derrière le 135ᵉ, qui occupait les tranchées au sud de la route de Menin, pour agir en direction de Zandwoorde en partant des bois d'Herenthage. Enfin, il prescrivit à un bataillon du 32ᵉ de relier ces deux groupements en attaquant à cheval sur la route de Menin avec Veldhoek comme premier objectif.

L'attaque, placée sous les ordres du général Lefèvre, commandant la 18ᵉ division, fut préparée pendant toute la journée du 13 par les batteries de 75, mais sans intervention de l'artillerie lourde qui opérait plus au sud avec les 32ᵉ et 16ᵉ corps, chargés de l'attaque principale.

Elle fut déclenchée le 14, dans la matinée.

Les progrès furent lents. Immobilisées en de nombreux points par les tirs de barrage allemands, arrêtées en d'autres par des défenses accessoires multiples, les troupes ne purent avancer que pas à pas, et même en certains points à la sape. La lutte se poursuivit, péniblement, durement, mais sans défaillance, pendant les journées des 14, 15, 16 et 17. Le gain final fut minime : une centaine de mètres sur le front du 32ᵉ, trois cents mètres enlevés le premier jour par le 77ᵉ, mais presque entièrement reperdus le 15 sous une contre-attaque allemande; douze cents mètres d'étendue sur trois cents mètres de profondeur sur le front du 68e, vigoureusement appuyé par le 66e.

Les résultats ne furent guère plus importants sur le front des 16e et 32e corps, ni sur le front anglais. Partout l'action finit par dégénérer en une progression lente à la sape. Une fois de plus, la supériorité de l'artillerie lourde allemande, l'absence presque complète de canons de même calibre de notre côté, avaient empêché d'aboutir.

Si, du côté français, on ne fit que deux opérations offensives, il n'en fut pas de même du côté allemand. Les attaques y furent fréquentes, mais elles eurent toujours un caractère local et restèrent limitées à des actions de régiments ou de brigades. (Croquis n° 19, en fin de volume.)

Les principales furent :

Le 24 novembre, une attaque sur le 114e, au nord de la route de Broodseinde;

Le 3 décembre, une attaque sur le 290e, dans la région de Nieuvemollen;

Les 6 et 7 décembre, des attaques sur la 18e division, au bois du Polygone;

Le 18 décembre, une attaque sur la 18e division, route de Menin;

Le 22 décembre, une attaque de jour et une attaque de nuit sur le 66e, vers la ferme Verbeck;

Le 2 janvier, une attaque lancée de Passchendaele sur le 268e;

Le 25 janvier, une violente attaque sur le 68e, dans la région de Broodseinde;

Le 19 février, une attaque sur le 32e, dans la région d'Herenthage.

Toutes ces attaques furent autant d'échecs sanglants pour les Allemands. Il serait fastidieux et sans intérêt tactique de les exposer en détail, car tous les combats de tranchées se ressemblent. Nous nous bornerons à décrire deux d'entre elles qui font ressortir avec une clarté particulière les belles qualités des régiments du 9e corps : l'attaque de Broodseinde, le 25 janvier, et l'attaque d'Herenthage, le 19 février.

COMBAT DE BROODSEINDE.

(Voir le croquis ci-dessous.)

La nuit du 24 au 25 janvier avait été exceptionnellement calme sur le front du 68e (colonel Lapierre), qui tenait le secteur de Broodseinde. Peu de coups de fusil, pas un coup de canon.

Combat de Broodseinde.

Croquis n° 27 *bis*.)

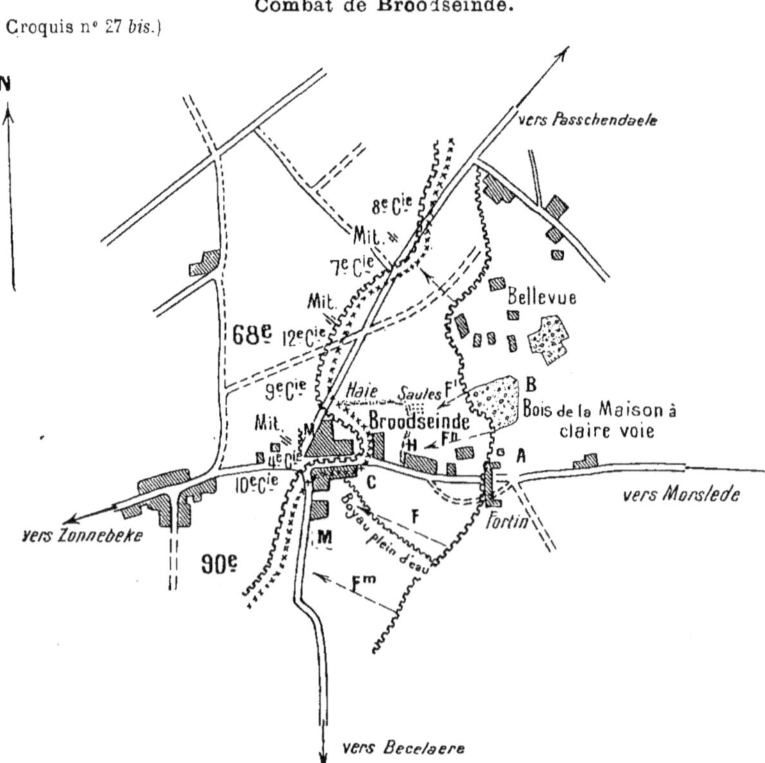

Le 25, à 5 h. 45, l'artillerie allemande ouvre brusquement le feu et exécute un tir, non pas sur la première ligne, mais sur les soutiens, la deuxième ligne et le village de Zonnebeke. Son action est limitée au secteur du 68e depuis la voie ferrée au nord jusqu'à la gauche du 90e au sud. Ce tir, exécuté avec des 105 fusants, donne l'impression qu'une attaque se prépare. Il dure environ vingt-cinq minutes.

La partie du secteur attaquée était tenue par le 3ᵉ bataillon du 68ᵉ, commandé par un chef plein d'entrain et d'énergie, le commandant Potron.

A 6 h. 15, les Allemands lancent seize bombes sur les tranchées du carrefour au moyen d'un minenwerfer placé en A, tandis qu'une vive fusillade éclate sur le front de la 10ᵉ compagnie.

Immédiatement après l'envoi de la dixième bombe, on entend les sifflets des téléphones allemands et d'autres coups de sifflets répétés dans la ligne ennemie.

L'attaque se déclenche. Elle comprend deux actions simultanées : l'une, principale, sur le carrefour de Broodseinde; l'autre, secondaire, en avant de Bellevue.

Les deux compagnies de soutien du 68ᵉ sont immédiatement poussées en première ligne et remplacées par un bataillon du 125ᵉ appelé de l'arrière.

L'attaque principale a pour objectif le carrefour de Broodseinde. Elle se produit à 6 h. 25 suivant trois directions marquées sur le croquis ci-contre :

a) Sur la tranchée de la 9ᵉ compagnie que l'ennemi semble vouloir prendre à revers. Il débouche par le boyau F. Une compagnie réussit, grâce aux décombres figurés en C, à se glisser à proximité du poste d'écoute de la 9ᵉ compagnie et à le bousculer, mais elle est arrêtée net par le feu des fractions en arrière et se tapit dans les décombres C et la maison en ruines M;

b) Par la route de Moorslede, suivant F'', une compagnie environ qui, ayant gagné l'abri de la haie H, se porte à l'attaque par des passages individuels créés dans cette haie. Cette compagnie est décimée par les feux et ne peut déboucher;

c) Sur la 10ᵉ compagnie, suivant F''', où une compagnie ennemie se présente en ligne de tirailleurs suivis par des groupes compacts.

Cette attaque est dispersée par le feu; une partie des assaillants reflue dans ses tranchées, une fraction (deux sections environ) se détourne vers le carrefour et vient se jeter dans les maisons en ruines, C, M, où elle est bloquée par les feux de la 4ᵉ compagnie du 68ᵉ.

Pendant que se produisait l'attaque, les réserves allemandes venant du bois B s'étaient rassemblées à l'abri des saules et commençaient à déboucher dans la direction de la flèche F'. Mais elles sont aperçues par le capitaine de la 12ᵉ compagnie qui, ouvrant sur elles un feu d'écharpe de fusils et de mitrailleuses, paralyse complètement leur action. Elles sont prises en même temps de front par la 9ᵉ compagnie.

Vers 7 heures, le capitaine Andréi aperçoit un rassemblement (une compagnie en colonne) qui s'est formé dans le bois B. Grâce aux liaisons établies entre les troupes de la première ligne et l'artillerie, il peut le signaler immédiatement par téléphone à la 7ᵉ batterie qui le disperse instantanément.

A 9 heures, un nouveau rassemblement semble se former à l'abri des saules. L'artillerie le disperse également.

En même temps que se produisait l'attaque principale, une attaque secondaire avait été déclenchée, à 6 h. 25, sur la 8ᵉ compagnie. Une compagnie allemande était sortie du boyau qui aboutit à la route près de Bellevue, mais elle avait été clouée au sol par nos feux et avait fait instantanément d'importantes pertes (63 cadavres comptés sur le terrain).

Le reste de la journée fut calme.

Les fractions de la 9ᵉ compagnie, voisine du carrefour, surveillaient attentivement les Allemands qui s'étaient réfugiés dans les ruines C et M au nombre de 70 environ. Les isolés qui essayaient de s'en échapper pour regagner leurs lignes étaient immédiatement abattus, tandis que des pétards étaient constamment jetés sur ceux restés près des ruines. On sut, plus tard, que les Allemands se seraient volontiers rendus, mais qu'ils ne l'avaient pas fait par suite de l'énergie des deux sous-officiers qui étaient avec eux.

Toutefois, à 17 heures, quelques hommes, avec le lieutenant Bidet, se glissant à proximité de la maison, réussirent à jeter dans la cave un pétard qui, tuant plusieurs hommes, détermina tout le monde à mettre bas les armes.

On s'attendait à une nouvelle tentative dans la soirée, un sous-officier fait prisonnier ayant annoncé que l'attaque se renouvellerait à 18 heures.

A 19 heures, on aperçut un rassemblement dans la direction du bois B. Un tir d'artillerie fut exécuté immédiatement sur ce bois. On entendit des cris terribles, suivis d'une vive fusillade non dirigée sur nous. Il est à croire qu'une panique a dû se produire dans les rangs ennemis.

Ce rassemblement ne fut suivi d'aucune attaque.

L'attaque allemande avait été minutieusement organisée.

On peut évaluer à une brigade l'effectif mis en ligne et l'attaque principale semble avoir été faite par un régiment disposé de la façon suivante : un bataillon à cheval sur la route de Moorslede; un bataillon en échelon en arrière à droite, dont une compagnie a fait une fausse attaque sur la 8ᵉ compagnie; un bataillon en soutien; un deuxième régiment étant en réserve en deuxième ligne.

Les régiments présents ou représentés étaient les 242ᵉ, 243ᵉ, 244ᵉ saxons et le 25ᵉ bataillon de chasseurs.

Chaque attaque particulière était précédée d'un groupe de dix-huit à vingt volontaires. On voyait là, pour la première fois, l'utilisation des groupes d'assaut (*stosstruppen*).

Les hommes étaient sans capote, sans sac, munis de 300 cartouches, les cartouches de supplément étant portées dans les poches et dans des ceintures mises en bandoulière. Les musettes étaient bourrées de victuailles (pain de seigle d'excellente qualité, une tranche épaisse de jambon, du saucisson) et les bidons étaient pleins d'eau-de-vie.

Afin de faciliter le débouché de leurs tranchées, les Allemands avaient créé des passages dans leurs réseaux de fil de fer au moyen de ponts en planches (portes, volets, etc...) et chaque groupe d'attaque était précédé de porteurs de cisailles.

Les hommes des groupes de tête se tenaient par la main et l'on entendait crier : « Camarades, ne tirez pas, rendez-vous. »

L'ennemi laissa entre nos mains 44 prisonniers et abandonna sur le terrain 313 morts dont beaucoup étaient venus tomber jusque dans nos fils de fer.

Quant au 68ᵉ, il n'avait perdu dans ce combat que 10 tués et 22 blessés.

L'échec allemand fut dû à la fois à la parfaite liaison de l'artillerie et de l'infanterie et au sang-froid et à la belle discipline de combat du 68ᵉ. Ce vaillant régiment, reconstitué après les pertes terribles qu'il avait faites au cours de la bataille d'Ypres, montra ce jour-là qu'il n'avait rien perdu de son ancienne valeur.

COMBAT D'HERENTHAGE.

(Croquis nº 19, en fin de volume.)

L'attaque allemande du 19 février fut dirigée sur le 32ᵉ d'infanterie (colonel Rondeau).

La journée du 18 février et la nuit du 18 au 19 février avaient été calmes sur le front de ce régiment.

Le 19 février, à 6 h. 30, une violente canonnade est subitement dirigée sur la partie de la ligne située entre la ferme Verbeke et le parc d'Herenthage. En même temps, la région de Hooge - Bellewarde est soumise à un bombardement intense qui détruit un poste téléphonique et rompt tous les fils reliant les brigades aux postes de commandement des chefs de bataillon.

A 6 h. 45, une attaque se déclenche depuis la futaie de Veldhock, au nord de la route de Menin, jusqu'aux abords de l'étang d'Herenthage. Cette attaque est menée par plusieurs colonnes de pelotons débouchant à la fois, chaque colonne étant précédée de groupes de pionniers porteurs de cisailles et de grenades à main.

Mais le mouvement a été signalé aussitôt à l'artillerie (groupes de l'artillerie de corps et groupes de l'artillerie de la 18ᵉ division) qui exécute un tir de barrage derrière les fractions qui ont débouché. Celles-ci se trouvent en même temps en butte à un feu violent parti de nos tranchées et au tir d'enfilade de nos mitrailleuses. Des groupes entiers sont fauchés. L'attaque est repoussée.

Sur un point cependant, les Allemands ont pu pénétrer dans une de nos tranchées située au sud des communs du château d'Herenthage, à la limite du secteur du 32ᵉ régiment, tranchée qui avait été particulièrement bouleversée par les gros projectiles des lance-bombes allemands.

Malgré le feu de l'artillerie ennemie qui, de son côté, avait allongé son tir et tentait d'entraver le mouvement de nos réserves, le chef de bataillon Petiton, commandant le bataillon de droite du 32°, put jeter aussitôt une compagnie en renfort au sud de la route de Menin, l'autre aux environs du château d'Herenthage. Une contre-attaque qu'il tente n'aboutit pas.

De son côté, l'ennemi paraît vouloir renouveler son attaque et l'alimenter. Des mouvements de troupes sont signalés à plusieurs reprises sur la route de Gheluvelt et sur la route de Zandwoorde à Veldhoek. Notre artillerie les prend à partie et l'on voit les colonnes ennemies se disperser en hâte sous son feu.

A 13 heures, il semble qu'une attaque nouvelle se dessine vers la ferme Verbeke où la fusillade est très vive. Un bombardement très violent reprend sur toute la région au nord de Menin jusqu'à la ferme Verbeke et en arrière, sur Hooge et Bellewarde. Cependant, aucune nouvelle tentative ne se produit et, dès lors, la lutte se concentre aux environs du château d'Herenthage pour la possession de la tranchée extrême du 32° régiment.

Le parc du château d'Herenthage est dominé par les pentes du plateau où passe la route de Zandwoorde à Velhoek. L'ennemi dispose sur ces pentes de deux étages de feux qui renforcent sa première ligne de tranchée tracée dans le fond du ruisseau de Basseville.

Toutes nos tentatives effectuées le 19 février pour reprendre la tranchée perdue se trouvent enrayées par le feu intense des Allemands, que notre artillerie neutralise cependant en partie. Le commandant Petiton, avec le renfort de deux compagnies (une du 32° et une du 77°) et l'appui de deux groupes d'artillerie, parvient à 17 h. 30 à reprendre une portion de cette tranchée, mais il en reste néanmoins une partie entre les mains des Allemands.

A 21 h. 45, le général commandant la 18° division prescrit au lieutenant-colonel Rondeau d'entreprendre avant le jour une attaque pour enlever la partie encore occupée, avec les éléments du bataillon Petiton, deux compagnies du 66° amenées en renfort et une compagnie du 77°.

L'attaque est faite par surprise le 20 février à 5 h. 45, avant le lever du jour. Les deux compagnies du 66° sont au centre; la première compagnie du 32°, dont les éléments de tête étaient parvenus à trente mètres de l'objectif, est à la gauche; la première compagnie du 77°, qui avait atteint la veille une tranchée d'intervalle à cinquante mètres au sud-ouest de l'objectif, est à la droite. Un feu très violent arrête l'attaque et l'empêche de progresser. Une deuxième attaque tentée à 7 heures, au petit jour, avec l'appui de l'artillerie, échoue également devant le feu extrêmement vif de mitrailleuses et d'infanterie parti des lignes étagées de l'adversaire.

Une troisième attaque, à 10 heures, permet de porter toute la chaîne à trente mètres de la tranchée, mais là, elle est clouée sur place par le feu de l'ennemi.

Pendant ce temps, à droite, la 1re compagnie du 77e creusait un boyau pour amener des mitrailleuses et un mortier dans la tranchée qu'elle avait occupée, tandis qu'à gauche d'autres mitrailleuses et un lance-bombes étaient disposés au sud du château d'Herenthage. Des pétards-amorces étaient distribués aux fractions du 32e les plus proches de l'objectif.

Tout était prêt à 15 heures. Le lieutenant-colonel Rondeau donne le signal de l'attaque. Les mitrailleuses du 77e ouvrent, à trente mètres de la tranchée, un feu qui l'enfile complètement; des bombes et des pétards sont lancés, l'artillerie couvre de projectiles les différents étages de tranchées. Tout ce qui veut fuir tombe sous le feu de nos mitrailleuses et de nos fusils.

A 16 heures, les compagnies du 32e, du 66e et du 77e se précipitent dans la tranchée dont les derniers défenseurs sont tués. Seuls, quatre ou cinq hommes peuvent s'échapper sans tomber sous nos balles.

A 16 h. 30, la tranchée était complètement reprise.

L'ennemi avait fait un gros effort. Un régiment tout entier (le 172e) semble avoir été engagé, formé en cinq colonnes renforcées de groupes de pionniers. Ses réserves avaient été dispersées par notre artillerie avant d'avoir pu s'employer.

Son échec était complet et ses pertes élevées. Les six prisonniers qui restèrent entre nos mains prétendirent qu'ils étaient les seuls survivants d'un peloton de cent hommes qui avait été fauché par le tir d'une de nos mitrailleuses.

On compta dans la tranchée reprise : trente-sept cadavres allemands, et, en avant du front, de la route de Menin à l'étang d'Herenthage, cent quatre-vingt-cinq autres cadavres. D'autre part, le tir de l'artillerie sur les colonnes aperçues sur la route de Zandwoorde et sur celle de Gheluvelt avait produit certainement des pertes sérieuses, ainsi qu'avaient pu le constater nos

observateurs. On estima, au total, à un millier d'hommes hors
de combat, dont trois cents morts, les pertes allemandes.

De notre côté, les pertes, quoique sensibles, furent infiniment moindres : le 32ᵉ avait perdu trente-cinq tués, cinquante-
deux blessés et six disparus; le 66ᵉ, quatorze tués et vingt-cinq
blessés dont trois officiers; le 77ᵉ, douze blessés.

Ce combat permit de constater une fois de plus l'extraordinaire ténacité des Allemands, luttant sans abandonner la partie
et sans se rendre dans un élément de tranchée isolé. Mais ils
trouvèrent des adversaires encore plus tenaces qu'eux.

Ce beau fait d'armes valut aux troupes qui y prirent part les
félicitations du général en chef, félicitations que le commandant du 9ᵉ corps d'armée porta à la connaissance de ses régiments par l'ordre suivant :

9ᵉ CORPS D'ARMÉE
—
ÉTAT - MAJOR
—
3ᵉ *Bureau*   Au quartier général, le 1ᵉʳ mars 1915.
—
Nᵒ 1304/S. O. 3262.

Ordre général.

Le général commandant le 9ᵉ corps est heureux et fier de porter
à la connaissance des troupes sous ses ordres les félicitations que
le général commandant en chef leur adresse à l'occasion des combats des 19 et 20 février.

Officiers et soldats y verront une preuve nouvelle de l'attention
bienveillante avec laquelle le haut commandement suit leurs efforts.

Ils y puiseront la résolution de maintenir toujours plus haut la
belle réputation que le 9ᵉ corps d'armée s'est acquise sur tous les
champs de bataille de la campagne de 1914-1915.

Général DUBOIS.

*Le Général commandant en chef à Monsieur le Général commandant
le 9ᵉ corps d'armée.*

J'ai lu avec beaucoup d'intérêt votre rapport du 21 février courant au sujet des attaques d'Herenthage les 19 et 20 février.

L'exposé des faits montre clairement que la tentative faite par
l'ennemi pour conquérir une partie de nos positions s'est transfor-
mée pour lui en un sanglant échec.

Je vous exprime toute ma satisfaction pour le résultat obtenu en
cette circonstance et vous prie d'en transmettre l'expression aux
vaillantes troupes qui, depuis quatre mois, maintiennent sans faiblir
l'ensemble de leurs positions et mettent si énergiquement leur honneur à n'en rien céder à l'ennemi.

Signé : J. JOFFRE.

Dans l'intervalle de ces combats, on se fortifiait sans relâche, on s'attachait à donner au front la plus grande solidité possible. Un détail montrera l'importance de l'effort accompli : du 15 novembre au 28 décembre 1914, il fut placé, rien que sur le front des 17ᵉ et 18ᵉ divisions, les quantités de fil de fer suivantes :

Réseau Brun.	99.620 mètres
Ronce artificielle.	373.600 mètres
Fil de fer ordinaire.	96.100 mètres
Soit au total.	569.320 mètres.

sans compter d'innombrables chevaux de frise, hérissons, etc. Et ces chiffres auraient été bien plus élevés encore si les arrivages de fil de fer l'avaient permis.

Cet effort persévérant permit de conserver intangible le front du 9ᵉ corps. Quand le commandant du corps d'armée quitta Ypres, en mars 1915, pour aller prendre le commandement de la 6ᵉ armée, il avait la satisfaction, en remerciant ses troupes, de constater que, malgré la répétition des attaques, malgré la dureté des combats dans cette contrée marécageuse, pas un pouce de terrain n'avait, de tout l'hiver, été cédé à l'ennemi.

Par la suite, le 9ᵉ corps maintint indéfectiblement cette situation jusqu'au moment où, dans l'été de 1915, il passa aux troupes anglaises la garde du saillant d'Ypres. Celles-ci retrouvèrent absolument intact, et même élargi dans la région de Verbeke, le front qu'elles avaient connu huit mois auparavant, à la fin de la bataille des Flandres.

En se séparant — et avec quel regret! — de ses magnifiques régiments qui n'avaient jamais connu le plus petit échec, des régiments avec lesquels il avait vécu les plus belles heures de sa vie, le commandant du 9ᵉ corps, revoyant dans un coup d'œil d'ensemble toutes les grandes batailles auxquelles ils avaient pris part, les remerciait en ces termes :

9ᵉ CORPS D'ARMÉE
—

ÉTAT - MAJOR   Au Q. G., le 18 mars 1915.
—

Nᵒ 1559.

ORDRE.

Appelé à servir sur un autre point du front, je quitte mon beau et cher 9ᵉ corps.

Aux batailles de la Semoy et de la Meuse, où vous n'avez jamais retraité sans un ordre,

Au combat de Bertoncourt, qui comptera parmi les plus belles actions offensives de la campagne,

A la bataille de la Marne, où la fortune vous a mis à la place la plus enviable,

A la bataille de l'Aisne,

Et enfin à la bataille de l'Yser, où, vingt-cinq jours durant, vous avez tenu tête à des forces trois fois supérieures,

Toujours je vous ai trouvés à hauteur des efforts les plus durs, toujours vous avez été prêts à donner à la France jusqu'à votre dernier souffle.

Mes chers amis, une fois de plus, je vous dis : Merci, et quand, bientôt, vous marcherez vers de nouveaux succès pour assurer définitivement le triomphe de nos armes, votre ancien chef sera, soyez-en sûrs, le premier à y applaudir.

Il vous laisse le meilleur de son cœur.

Je salue vos nobles drapeaux et étendards que votre courage fait resplendir d'un nouvel éclat.

Général Dubois.

III

LA 6ᵉ ARMÉE DEVANT LE FRONT DE PARIS.

(Mars 1915 à mars 1916.)

L'exposé qui suit des opérations de la 6ᵉ armée part de l'époque où la grave, mais si glorieuse, blessure du général Maunoury l'obligea à quitter le front.

L'ancien commandant du 9ᵉ corps, qui avait l'honneur de lui succéder, arrivait au moment où, après une longue période d'activité, la violente contre-attaque allemande de Crouy avait amené le commandant en chef à interrompre sur cette partie du front toute progression offensive pour créer sur les plateaux au sud de Soissons une organisation défensive susceptible de couvrir solidement la direction de Paris. Il échangeait ainsi le secteur si agité d'Ypres pour le secteur de l'Aisne, devenu momentanément calme.

Il y trouvait un remarquable état-major dont la composition, modifiée par de constantes mutations, fut successivement la suivante :

Chef d'état-major : colonel Brécard (cavalerie), puis colonel Duval (infanterie).

Sous-chef d'état-major : lieutenant-colonel Duval (infanterie), puis lieutenant-colonel Naulin (infanterie), puis lieutenant-colonel Schneider (artillerie).

1ᵉʳ bureau (ravitaillement) : commandant Rolland (infanterie), puis commandant Savornin (infanterie), tué à l'ennemi; capitaine Bouchet (infanterie); capitaine Garibaldi (artillerie); capitaine Gamonet (cavalerie), tué à l'ennemi; capitaine Lalande (cavalerie).

2ᵉ bureau (renseignements) : commandant Dutilleul (artillerie), puis commandant Laplace (infanterie); capitaine Berteaux (infanterie); capitaine Cartier (infanterie); puis capitaine Dupont (artillerie); lieutenant Berthelot (infanterie).

3ᵉ bureau (opérations) : commandant Schneider (artillerie), puis commandant Mittelhauser (infanterie), puis commandant Oudry (infanterie); capitaine Goudot (infanterie); capitaine Voruz (artillerie); capitaine Vincent (infanterie), puis capitaine de Filhol de Camas (infanterie); capitaine de Beauchesne (cavalerie); capitaine Muntz (artillerie); capitaine Martin (infanterie); officier d'administration Delcambre.

Commandant du Q. G. : commandant DINET (cavalerie).

Courrier : capitaine D'HARCOURT (infanterie); capitaine DU BUISSON DE COURSON (infanterie), tué à l'ennemi; lieutenant DE CHAPPEDELAINE (cavalerie).

Chiffre : capitaine BAUER (infanterie).

Le front tenu par la 6ᵉ armée était assez étendu : il mesurait 70 kilomètres, de la Vesle à l'Oise, en passant par les plateaux de Nouvron et de Quennevières. Trois corps d'armée l'occupaient : le 37ᵉ corps (général Desprez), le 7ᵉ corps (général de Villaret, le 35ᵉ corps (général Ebener), placés dans cet ordre de la droite à la gauche.

L'ancien commandant du 9ᵉ corps devait, en outre, y voir passer tous les régiments territoriaux de la 9ᵉ région, qu'il avait connus et administrés en temps de paix. Ils firent très belle figure dans les tranchées, parfois si violemment bombardées, qui s'étendaient de l'est de Soissons au nord de la forêt de l'Aigle.

C'étaient les régiments suivants :

65ᵉ territorial........	Lieutenant-colonel Gruet.
66ᵉ —	Colonel Moret.
67ᵉ —	Colonel Famin.
68ᵉ —	Colonel de Castries.
69ᵉ —	Colonel Vidalon.
70ᵉ —	Colonel Simon.
71ᵉ —	Colonel Mortier.
72ᵉ —	Colonel Daguzan.

L'heureuse destinée qui lui avait valu de conduire à la bataille les régiments actifs de la 9ᵉ région l'appelait à voir à l'œuvre les aînés de ceux-ci. Ce fut pour une besogne peut-être moins brillante en apparence, mais qui, sous une forme extrêmement ardue, eut, comme on le verra plus loin, une importance capitale.

Une bonne fortune devait, en outre, faire entrer dans le courant de 1915 le 9ᵉ corps dans la composition de la 6ᵉ armée, mais pour quelques semaines seulement. Ce court passage suffit néanmoins pour faire admirer une fois de plus ses magnifiques régiments qui, au bout d'une année de guerre, une année de combats ininterrompus, se présentaient aussi bril-

lants qu'au jour même de la mobilisation. Le président de la
République, à la suite d'une revue qu'il en passa sur les plateaux de la Somme, en compagnie du roi des Belges, leur rendit l'hommage suivant : « Chaque fois que je vois le 9ᵉ corps, je
le trouve plus beau encore, s'il est possible, que la fois précédente. »

Toutes les vaillantes troupes qui se succédèrent dans le secteur de la 6ᵉ armée s'y dépensèrent dans un travail aussi dur
qu'ingrat et qui consista à organiser pendant de longs mois,
sous les obus de l'ennemi, les défenses multiples qui assurèrent
la sécurité de Paris. Grâce à elles, Paris, siège du gouvernement, résidence des ambassadeurs étrangers, centre d'attrac-
tion des voyageurs neutres, fut mis à l'abri d'une attaque.

Grâce à elles, Paris, si magnifiquement brave dans la masse
de sa population, mais dont quelques milieux se montraient si
facilement émotifs, sut qu'il était couvert par une importante
fortification et y puisa pendant toute la guerre de tranchées un
surcroît de tranquillité morale. Grâce à leur effort, on eut en
avant de la capitale trois positions successives (voir le croquis
n° 28, en fin de volume) complètement organisées dans les
moindres détails et dont la dernière, comprenant le mont Ganelon, arrivait jusqu'aux abords de Compiègne.

La première de ces positions, appuyée à la Vesle au sud de
Condé-sur-Aisne, suivait l'Aisne jusqu'à Soissons qu'elle englobait, la franchissait à Fontenoy et était ensuite jalonnée par
Berry, l'ouest de Moulins-sous-Touvent, le sud de Tracy-le-
Val, Bailly, Ribécourt, Dreslincourt, le Plessis-de-Roye, Beuvraignes, Armancourt, L'Echelle-Saint-Aurin, l'ouest d'Ande-
chy, Lihons, Frise.

La deuxième position, partant de la Vesle vers Ciry-Salsonne, passait par Acy, Belleu, Ambleny, Attichy, traversait
la forêt de l'Aigle au Puits-d'Orléans, l'Oise à Montmacq, remontait sur Conchy-les-Pots, La Boissière, Saulchoy, Le
Quesnel, Proyart et atteignait la Somme vers Méricourt.

La troisième position, ayant son point de départ près d'Oul-
chy-le-Château, passait par Villers-Hélon, Doumiers, Cœu-
vres, Haute-Fontaine, la lisière nord de la forêt de Compiègne, franchissait l'Oise à Janville, s'appuyait au mont Ganelon

en avant de Compiègne, remontait sur Ressons-sur-Matz et venait se raccorder à la deuxième position vers Gury.

La plupart des villages compris dans l'intérieur de ces positions étaient constitués en centres de résistance indépendants les uns des autres. Ils compartimentaient le terrain de telle sorte qu'une offensive de grande envergure s'y trouvât disloquée et désagrégée par suite de la nécessité de faire le siège successif de chacun de ces points fortifiés.

Ces travaux, exécutés en entier par la 6ᵉ armée sur les plateaux de Soissons et de Villers-Cotterêts, furent également faits en partie par elle dans le secteur entre Somme et Oise lorsqu'elle y releva la 2ᵉ armée, avant que celle-ci eût pu les mener à complet achèvement.

Ce solide système de défense fut en outre complété, sur l'ordre du général Foch, commandant le groupe d'armées, par la création de deux « grandes régions fortifiées » destinées, en cas de rupture du front, à arrêter la progression ennemie et à servir de base à une contre-offensive française. L'une de ces régions englobait Amiens et l'important nœud de voies ferrées de Longueau. L'autre comprenait l'énorme massif de la forêt de Compiègne et le plateau mouvementé d'Estrées-Saint-Denis (voir le croquis nº 28, en fin de volume).

Cette organisation se reliait, d'autre part, à la défense extérieure de Paris dont la ligne la plus avancée, passant par le nord de la forêt de Villers-Cotterêts, la rive nord de l'Autonne, Verberie, Pont-Sainte-Maxence, se prolongeait jusqu'à dix kilomètres au nord de Clermont et de Beauvais. Cette dernière ligne avait été étudiée et tracée, sur l'initiative du commandant de la 6ᵉ armée, par les capitaines de Camas et Voruz, de son état-major. Puis, faute de main-d'œuvre disponible à la 6ᵉ armée, l'exécution en fut confiée aux troupes du secteur nord du gouvernement militaire de Paris, commandées par le général Michel, à partir de la fin de 1915.

En laissant de côté cette dernière ligne directement rattachée à la défense de Paris, l'ensemble des fortifications créées et entretenues par la 6ᵉ armée constituait un barrage de neuf lignes de tranchées représentant une profondeur moyenne de douze kilomètres. Si l'on y ajoute les deux régions fortifiées décrites ci-dessus, cela donne un total de 1.500 kilomètres de tranchées.

Encore n'était-ce là qu'une partie du travail; car à ces tranchées il faut ajouter les innombrables boyaux reliant le front à l'arrière, les emplacements de batteries, les abris de mitrailleuses, les abris pour les troupes. De plus, comme chaque ligne de tranchées était couverte par deux réseaux de fil de fer larges de quatre mètres chacun, on peut en déduire les millions de piquets, les centaines de milliers de tonnes d'acier qu'absorba cette nouvelle toile de Pénélope sans cesse endommagée par les obus, toujours à réparer.

Travail de Titans, qui laisse bien loin derrière lui les fortifications pourtant si célèbres des légionnaires romains. Combien minuscule, avec ses lignes de circonvallation et de contrevallation, apparaissait le camp de César qui couronne le mont Ganelon, en regard de ces gigantesques travaux que l'on voyait se dérouler à perte de vue de l'Aisne à la Somme!

Et quand on croyait arriver au bout de cette formidable fortification survenaient les pluies, les orages, les gelées qui, dans ces terrains argileux, emportaient ou détruisaient une partie des travaux, mettant à la plus dure des épreuves la patience des travailleurs. A cela s'ajoutaient encore les exigences d'une tactique constamment changeante qui obligeait à des remaniements incessants. Sans jamais se décourager, nos braves soldats accomplissaient cette ingrate et monotone besogne, sinon avec plaisir, du moins avec une suffisante bonne humeur.

Cette tâche énorme, exécutée sous un perpétuel bombardement, fut menée à bien par les 37e corps (général Desprez), 35e corps (général Ebener), 7e corps (général de Villaret), 13e corps (général Alby) et la 54e division de réserve (général François), à une partie desquels vinrent se substituer, en août 1915, les 99e et 102e divisions, la 103e division (général Beaudemoulin), la 104e division (général Palat), formées en presque totalité avec les classes 1890, 1891, 1892 de la réserve de l'armée territoriale. C'est à la compétence technique de tous ces chefs distingués, au travail silencieux et à l'activité inlassable de leurs troupes que Paris dut la solide cuirasse qui lui donna la tranquillité pendant les années 1915, 1916, 1917, après l'émotion, à coup sûr excessive, qui l'avait secoué lors du combat de Crouy.

Autre résultat bien autrement important : c'est sur cette fortification que vint se briser l'offensive allemande de mars 1918.

Au moment où l'arrêt de cette offensive décevait l'opinion publique allemande, le ministre de la guerre de Prusse, von Stein, au début de la discussion du budget de l'armée en avril 1918, donnait à la grande commission du Reichstag les renseignements suivants pour expliquer cet arrêt imprévu :

> Les localités détruites n'offrent plus aucun abri. Les combats livrés jusqu'à présent nous ont permis d'*atteindre les lignes occupées autrefois par l'ennemi. Ce dernier y a retrouvé les points d'appui qu'il avait utilisés autrefois à son profit. Afin de les forcer, la continuation de la lutte est nécessaire.* La bataille se poursuit. Nous devons avoir confiance dans le commandement suprême et attendre avec patience les succès qui nous sont encore réservés (1).

Ainsi, de l'aveu même de l'ennemi, cette fortification joua un rôle considérable dans les batailles de 1918. C'est à elle que vinrent s'accrocher nos troupes. C'est grâce à elle que celles-ci purent, malgré leur infériorité numérique, faire obstacle à la ruée allemande sur le front Canny-sur-Matz - Lassigny - Plessis-de-Roye - Thiescourt. C'est encore elle dont les dernières tranchées donnèrent à la 5e armée anglaise la possibilité de se reprendre avec l'appui de nos troupes, dans la région Demuin - Villers-Bretonneux - Vaux-sur-Somme - Ribémont, permettant ainsi de couvrir Amiens. Et, de ce côté, cette fortification eût joué un rôle plus important encore si l'armée anglaise ne s'était trouvée, sans doute par suite du manque de munitions et de la perte d'une partie de son matériel, hors d'état de tirer parti des positions successives aménagées sur le plateau du Santerre et que nous avons décrites précédemment (2).

De même, dans la deuxième phase de l'offensive allemande, fin mai 1918, c'est encore aux défenses successives créées par la 6e armée que nos troupes en retraite réussirent à se cramponner. Ces défenses leur permirent d'imposer à l'ennemi un premier et sérieux retard sur le front Ciry-Salsonne - Acy - Belleu - Vauxbuin - Soissons, ce qui rendit possible l'entrée en action de nos réserves qui arrêtèrent finalement l'attaque allemande sur la ligne Pierre-Aigle - Ambleny - Fontenoy - Vin-

---

(1) Reproduit par le journal *Le Temps* du 25 avril 1918, dernières nouvelles.
(2) Il paraît qu'après le repli allemand de 1917 on avait commencé à combler ces tranchées pour la mise en culture du sol. Mais, fort heureusement, le haut commandement intervint et donna l'ordre de rétablir celles des tranchées qui avaient disparu.

gré - Autrèches - Moulin-sous-Touvent - Tracy-le-Mont, ligne constituée dans toute son étendue par les tranchées occupées antérieurement par la 6ᵉ armée. L'avance allemande en direction de Villers-Cotterêts eût même été sensiblement réduite si l'absence de résistance dans la région de Fismes n'avait permis de tourner les lignes de tranchées qui s'appuyaient à la Vesle.

Cette fortification eut donc sa part dans la bataille d'arrêt par laquelle nos armées maîtrisèrent les offensives allemandes d'avril, de mai et de juin 1918.

Aussi les troupes de la 6ᵉ armée, régiments actifs et territoriaux, peuvent-ils se dire que l'effort qui leur fut demandé en 1915-1916 ne fut pas vain et que leur long et dur labeur a bien servi la patrie.

Un jour viendra peut-être où des esprits chercheurs compareront la correspondance de Napoléon et de ses généraux avec celle des chefs de nos armées de la grande guerre.

Ils constateront avec surprise qu'alors que les premiers se plaignaient à leurs dépôts de retards dans l'envoi des renforts, des fusils, des effets, des chaussures, les seconds, tout en réclamant sans cesse des obus qui furent en nombre insuffisant jusqu'en 1917, des canons lourds dont on ne fut complètement muni qu'en 1918, des projectiles toxiques pour riposter à ceux dont l'ennemi nous inondait impunément, accumulaient en même temps des monceaux de lettres pour demander de la façon la plus pressante du fil de fer, du béton, des piquets, des poutrelles, des rondins, des matériaux de toute nature... Ils verront que les besoins dépassaient la production et que, quel que fût l'effort de notre industrie, la plupart de ces matériaux arrivaient lentement et en quantités insuffisantes. Ils verront aussi qu'en présence de la pénurie de travailleurs dans certains secteurs, les commandants d'armée en étaient réduits à embaucher à Paris une main-d'œuvre hétéroclite, écume de la grande ville, hommes de toutes races venus en temps de paix des quatre points du globe et que la guerre laissait sans travail. Main-d'œuvre d'ailleurs médiocre, se renouvelant dès que les arrivants avaient amassé un petit pécule, et par suite main-d'œuvre de faible rendement, utilisable seulement en dehors de la portée des canons.

Du rapprochement de la correspondance de ces deux époques ils pourront déduire, d'une part, le remarquable fonctionnement de nos dépôts régimentaires et de nos services administratifs qui ne nous laissèrent jamais à court d'hommes ou d'effets et qui, par suite, ne nécessitèrent que rarement l'intervention du commandement, et, d'autre part, les effroyables exigences d'une lutte souterraine aux besoins de laquelle les ressources du pays furent parfois impuissantes à faire face. Lamentable transformation de la tactique à laquelle s'ajoutèrent les gaz asphyxiants, les jets enflammés, toutes les perfidies et les traîtrises d'un ennemi sans honneur, qui dépouilla la guerre de la noblesse et de la grandeur chevaleresque dont le passé l'avait parée.

La longue période qui s'écoula de mars 1915 à mars 1916 fut consacrée par la 6ᵉ armée à ces travaux de fortification.

A mesure qu'ils se développaient, le haut commandement, qui avait momentanément renoncé à toute offensive sur cette partie du front, en profitait pour réduire le nombre des unités appelées à le défendre.

C'est ainsi que, fin août 1915, il ne restait sur l'énorme front de 110 kilomètres compris entre Fontenoy, sur l'Aisne, et Cappy, sur la Somme, que deux corps d'armée à trois divisions (13ᵉ et 35ᵉ corps), deux divisions de réserve et trois divisions R. A. T. que, faute d'autres troupes, le général en chef avait donné l'ordre de mettre dans la tranchée.

Dans ces conditions, en dehors des reconnaissances et des coups de main, les opérations consistaient en combats d'artillerie, malheureusement limités eux-mêmes par la faiblesse des allocations en projectiles. C'est dans une de ces actions d'artillerie qu'un coup heureux blessa le général von Kluck, commandant la Iʳᵉ armée allemande.

On profitait de toutes les occasions pour canonner les convois ennemis, les rares détachements qui se laissaient voir, les batteries que l'aviation arrivait à repérer. Mais on se faisait un devoir de ne tirer sur nos villes et nos villages français que quand un intérêt majeur l'exigeait absolument, quand, par exemple, ils abritaient de gros rassemblements ennemis au cours d'un combat. C'est ainsi que, pendant près de deux ans, Noyon fut indemne de tout bombardement, bien qu'on y connût la présence d'un état-major allemand. On se borna à en rendre inutilisables la gare et le quartier de cavalerie, qui étaient en dehors du gros de l'agglomération. Précaution inutile, hélas! car la malheureuse cité devait, elle aussi, connaître deux ans plus tard les horreurs de la destruction.

On s'attachait aussi à préserver des bombardements nos villes françaises les plus rapprochées du front : Compiègne, Clermont, Beauvais, Amiens, qui n'étaient d'ailleurs guère utilisées que comme centres hospitaliers.

A cette époque où le matériel allemand n'avait pas la puissance qu'il eut par la suite, on y réussissait presque complètement. L'escadrille de la 6ᵉ armée, la fameuse escadrille des Cigognes qu'illustrèrent Brocard, Guynemer, Védrines, Deullin, Houssement, etc., doublée d'une escadrille dans chaque corps d'armée, suffisait à cette tâche. L'ensemble de ces escadrilles avait à sa tête un chef extrêmement distingué, le commandant Gérard, qui, par ses qualités d'organisateur et de chef, eut une bonne part dans leurs succès.

Il ne nous a pas été possible de reconstituer les escadrilles de corps d'armée qui, par la photographie des lignes adverses et par les réglages journaliers des tirs de notre artillerie, nous rendirent de très précieux services. Nous le regrettons. Nous n'avons réussi à faire cette reconstitution que pour l'escadrille des Cigognes qui remplit avec une audace et un succès ininterrompus les multiples et périlleuses missions que nous lui avons confiées. Elle fit à cette époque peu de pertes, mais quand, deux ans plus tard, nous voulûmes en reconstituer la liste, elle avait été effroyablement décimée. Ses pertes montrent de quel magnifique esprit de sacrifice était animée cette célèbre escadrille, mais, hélas! de quel prix elle paya sa gloire.

Chef d'escadrille :

Capitaine BROCARD, gravement blessé.

Pilotes :

Sous-lieutenant GUYNEMER, blessé, puis tué à l'ennemi.
Sous-lieutenant PERETTI, tué à l'ennemi.
Sergent GRIVOITI, tué à l'ennemi.
Adjudant HOUSSEMENT, tué accidentellement.
Sergent RICHARD, tué accidentellement.
Capitaine MOCARD, blessé.
Lieutenant DEULLIN, blessé.

Sergent CHAINAT, blessé.
Lieutenant RICHARD.
Adjudant VÉDRINES.
Adjudant BUCQUET.

Observateurs :

Lieutenant GRANEL, tué à l'ennemi.
Lieutenant DE RUPIERRE, tué à l'ennemi.
Sous-lieutenant PANDEVAN, disparu.
Adjudant HATIN, tué à l'ennemi.
Capitaine HUGEL, tué accidentellement.
Capitaine SIMÉON, âgé de 58 ans.
Sous-lieutenant DE LAVALETTE.
Sous-lieutenant MOINEVILLE.

On parvint aussi, grâce à une utilisation ingénieuse de la télégraphie sans fil, que la 6ᵉ armée ne fit du reste qu'emprunter à la défense de Dunkerque, à mettre rapidement Compiègne à l'abri des coups d'un canon de 420 qui, installé aux environs de Coucy-le-Château, avait commencé à bombarder cette ville et qui, par son éloignement (38 kilomètres), échappait à l'action de notre artillerie.

Une autre grosse préoccupation du commandement, on peut même dire une des plus grosses difficultés auxquelles il ait eu à faire face, fut d'assurer le secret des opérations.

Les Allemands avaient, dès le temps de paix, très habilement profité de la création dans le département de l'Oise de filiales d'usines allemandes pour en faire des centres d'action de leur service de renseignements et de propagande. Les services de la 6ᵉ armée en trouvèrent la preuve écrite en perquisitionnant dans les bureaux de l'une des plus importantes de ces sociétés (Lamothe-Breuil) (1). D'autre part, le voisinage de Paris facilitait grandement ces louches opérations. Il fallait par suite une vigilance particulière pour se mettre à l'abri de l'espionnage. Encore eut-on, à diverses reprises, de très sérieuses raisons de croire que les dispositions prises, si strictes

____

(1) Ils saisirent un dossier contre le service de trois ans, acquirent la preuve que toute la correspondance en langue allemande avait été enlevée vingt-quatre heures auparavant et constatèrent diverses connivences avec la direction de l'usine tout à fait inattendues.

fussent-elles, ne suffirent pas à assurer le secret de nos organisations et de nos opérations.

En effet, comme on le verra plus loin, l'ennemi paraît avoir été mis au courant de nos projets lors des combats du bois Saint-Mard et de Quennevières.

D'autres incidents furent également significatifs, et il en est deux que l'on peut détacher à titre d'indication.

Le premier se produisit lors de la visite de S. M. le roi Albert, qui n'avait été connue que vingt-quatre heures à l'avance, juste le temps de faire les préparatifs de la réception. Montdidier, qui était le point de passage des deux chefs d'État et de leur cortège, Montdidier, qui n'avait encore à cette date reçu que quelques rares obus, fut bombardé à deux reprises dans la journée de la visite royale, et Davenescourt, qui renfermait le château où le Président de la République reçut le roi à déjeuner, Davenescourt, qui n'avait jusqu'alors jamais été canonné et qui ne le fut pas davantage dans les mois qui suivirent, fut ce jour-là l'objet d'un bombardement qui commença... une demi-heure après le départ du roi.

Un autre incident plus probant encore eut pour théâtre l'usine de produits chimiques de Lamotte-Breuil (14 kilomètres de Compiègne). Filiale d'une société allemande très connue, elle produisait avant la guerre du chlore liquide; elle était même à peu près la seule en France à fabriquer cet ingrédient, élément indispensable de la mélinite. Comme sa production correspondait au chargement de 50.000 obus par jour et que l'on en manquait à ce moment, une des préoccupations du commandement de la 6° armée avait été de la remettre en travail. Après bien des difficultés qui paraissent avoir tenu à la nationalité du directeur et à celle du président du conseil d'administration, étrangers tous deux, on y réussit enfin en mai 1915. Elle se trouvait hors de portée des canons de 130, de 150, de 210 que nous avions devant notre front. Malgré toutes les précautions prises pour dissimuler la reprise de la fabrication, dix jours s'étaient à peine écoulés qu'elle était bombardée. Les Allemands avaient amené des 150 de marine à longue portée et, avec une précision rare, avaient en une heure jeté 95 projectiles sur l'usine. L'intention était manifeste : pas un obus n'était tombé, ni sur le village qui était adjacent à l'usine, ni sur une importante sucrerie qui en était également voisine.

Le bombardement ne causait que peu de dégâts à la machinerie, mais il détruisait la chambre de chauffe et la chambre de condensation des chlores. Il en résultait une cessation forcée du travail. L'ennemi, sans doute prévenu de ce résultat, ne renouvelait pas son tir.

On prenait alors le parti de transporter toute la machinerie dans le midi de la France. Ce travail fut exécuté de nuit par une compagnie du génie. L'ennemi en fut encore informé. Il avait amené dans l'intervalle, près de Coucy-le-Château, un nouveau canon à longue portée, vraisemblablement de 420. Dès que les premiers transports de matériel commencèrent, l'usine et la gare de Lamotte-Breuil furent bombardées par cette pièce.

Nous nous en tiendrons à l'exposé de ces deux incidents : ils suffisent à montrer combien l'espionnage sévissait dans l'Oise et combien il était parfois impossible de s'en garantir.

On eut aussi à lutter contre la propagande défaitiste qui, dans ce secteur, fut particulièrement active et revêtit les formes les plus diverses.

On sait l'importance que les Allemands y attachaient. La circulaire ci-dessous, trouvée dans un poste de commandement au cours de la guerre, montre le soin avec lequel ils avaient organisé dans les moindres détails ce service spécial et expose dans toute sa laideur morale ce déloyal moyen d'action :

Comme suite à l'ordre téléphoné Geroch n° 2089, il est indispensable d'intensifier avec activité la propagande auprès de l'armée ennemie. Le but de cette propagande est d'obtenir des renseignements sur l'armée ennemie et d'essayer de la désorganiser. Elle doit s'effectuer de deux façons :

1° En jetant dans les tranchées ennemies des journaux et des manifestes destinés aux éléments intelligents;

2° En persuadant les troupes ennemies par la propagande qu'il faut faire la paix.

A cet effet, il faut rechercher les officiers, sous-officiers et soldats qui paraissent les plus aptes à remplir cette mission de propagande et choisir des postes de prise de contact avec l'adversaire. Ces postes doivent être placés sous la direction du commandant de compagnie, lequel séjournera dans la position de première ligne. On choisira les points d'où l'on peut le plus facilement lancer des journaux et des proclamations. Sur ces points, on s'efforcera d'établir le contact avec l'ennemi par le moyen de nos interprètes et, si l'ennemi y consent, on fixera une heure pour les pourparlers à venir.

Il est ordonné d'avertir immédiatement par téléphone le chef du bureau des renseignements de la division de toute prise de contact. Celui-ci a seul le droit de diriger les pourparlers. Il est rigoureusement interdit à nos soldats d'entrer en relation avec l'ennemi, de crainte que l'adversaire ne puisse chercher à tirer parti de leur ingénuité. Les commandants de compagnie doivent avant tout préciser les endroits où les soldats ennemis ont reçu des journaux, les endroits où ces journaux ont été pris ouvertement et sans difficultés, où l'ennemi s'est montré hostile ou réservé à la propagande. Il y a lieu d'éviter les endroits où existent des postes d'observation pour l'artillerie, car il pourrait s'y trouver des officiers français.

Dans ces tentatives de prise de contact, le succès dépend de l'habileté avec laquelle on opère. On obtient de bons résultats par des appels sur un ton amical indiquant des sentiments de camaraderie, par des offres de tabac et par des promesses de ne pas tirer si la conversation s'engage. Le tabac, dans ce but, sera fourni par le commandant de compagnie.

Chaque jour, à 20 heures, le commandant de compagnie doit transmettre directement à l'officier du bureau des renseignements un rapport sur la propagande effectuée dans la journée.

Ce rapport doit contenir les indications suivantes :

1º Où les journaux ont-ils été lancés dans les tranchées ennemies?

2º L'ennemi les a-t-il ramassés?

3º A-t-on essayé d'entrer en relation avec lui?

4º Avec qui a-t-on pris contact, officier, sous-officier ou soldat?

5º Tous les renseignements autres sur la conduite de l'ennemi à ce sujet.

En même temps, nos interprètes devront envoyer à l'officier des renseignements un rapport détaillé sur les conversations qu'ils auraient eues avec l'ennemi pendant les vingt-quatre heures.

Les positions ennemies où une propagande sera en cours devront être épargnées par notre artillerie. Elles ne seront bombardées qu'en cas d'attaque. Les commandants de compagnie indiqueront à nos batteries quelles sont ces positions.

L'ennemi est perfide et sans honneur. Il faut par conséquent prendre garde qu'il peut tuer nos propagandistes ou les faire prisonniers. Ceux de nos soldats qui sortiront des lignes pour porter des journaux ou des opuscules dans les tranchées de l'adversaire seront avertis de cette éventualité. Pour les protéger, il est nécessaire de constituer des détachements spéciaux qui monteront la garde dans nos tranchées de première ligne et seront prêts à tirer sur l'ennemi. Mais le feu ne pourra être ouvert que sur l'ordre du commandant de compagnie chargé de diriger les relations avec l'ennemi.

Déjà, dans les tranchées d'Ypres, nous avions eu à arrêter des tentatives faites par les troupes allemandes, notamment par le XVe corps (général de Deimling), pour entrer en relations avec les unités qui tenaient nos lignes avancées. Mais, à cette époque, ce fut plutôt, à proprement parler, une forme de l'espionnage. L'ennemi opérait, soit par des conversations qui lui donnaient la possibilité de connaître les numéros des uniformes et, par suite, la composition des forces qu'il avait devant lui, soit par des guet-apens où il essayait d'attirer des isolés pour les enlever par traîtrise.

Sur le front de la 6ᵉ armée, ces tentatives prirent un caractère nettement défaitiste, ayant pour objet de jeter la désorganisation dans nos unités. L'effort se porta d'abord sur les troupes algériennes. On essaya de les détourner de leurs devoirs vis-à-vis de la France. On profitait des fêtes religieuses mahométanes pour leur lancer des tracts en langue arabe, leur rappelant que le Sultan, leur chef spirituel, était en guerre avec nous et les incitant, par des promesses ou des appels religieux, à déserter pour rejoindre l'armée turque. On alla jusqu'à hisser sur les tranchées allemandes l'étendard vert avec le croissant de l'Islam, en l'accompagnant de pancartes où le Sultan proclamait la guerre sainte.

Mais ce fut en pure perte : c'est à peine si, en plusieurs mois, une demi-douzaine de tirailleurs — dont un officier indigène qui avait cependant de beaux et loyaux services, mais qui céda à un accès de mysticisme — se laissèrent prendre à ces démonstrations. Rien ne montre mieux quelle fut la fidélité de ces excellents soldats que l'incident suivant : une nuit, un immense drapeau turc avait été planté en avant des tranchées allemandes. Au point du jour, un groupe de tirailleurs en prit la hampe comme cible. Un coup heureux l'abattit et l'on vit un sergent indigène aller l'enlever sous les balles ennemies et le rapporter triomphalement dans nos lignes. Inutile de dire qu'il reçut la médaille militaire et fut cité à l'ordre avec son groupe. Au reste, le respect que nous témoignions pour les coutumes de ces braves soldats et surtout pour leurs habitudes religieuses, respect qui allait jusqu'à leur permettre des quêtes dont ils envoyaient le produit en Algérie à leurs zaouïas, était un des liens qui les attachait le plus fermement à nous et qui nous assurait leur fidélité.

Une propagande active fut également faite sur le front des régiments français pour décourager les hommes, développer en eux des idées pacifistes et briser leur moral.

Cette propagande, tout en s'exerçant dans tout le secteur de l'armée, s'adressait de préférence aux unités composées d'hommes de vieilles classes, pères de familles, chez lesquels, dans la pensée de l'ennemi qui nous jugeait d'après lui-même, la prolongation de la guerre de tranchées pouvait avoir amené de la lassitude.

La manière d'opérer était toujours la même. Au moment où une relève venait de s'effectuer de notre côté, des pancartes étaient hissées aux points les plus rapprochés des tranchées allemandes. Elles informaient les nouveaux arrivés que l'on ne tirerait pas sur eux et que, s'ils faisaient de même, le tour de service aux tranchées se passerait pour les deux partis sans risques ni dangers. Cette déclaration était encadrée dans des protestations pacifistes et d'hypocrites paroles de camaraderie. Elle était en outre bientôt suivie d'envoi de journaux et de proclamations annoncées à haute voix en français par des Allemands ayant habité la France, et d'offres de tabac et de cigares.

Ces manœuvres perfides étaient presque toujours accueillies à coups de fusil. Il arriva cependant exceptionnellement que, par imprudence, curiosité, manque de réflexion, des isolés se laissèrent entraîner à des conversations et à des échanges de tabac ou de menus objets.

Le commandant de l'armée y coupa court par l'ordre suivant :

6ᵉ ARMÉE

ÉTAT - MAJOR   Q. G., le 2 juin 1915.

2ᵉ *Bureau*

Ordre général n° 153.

Le général commandant l'armée vient d'apprendre avec indignation que des conversations, et parfois des échanges de poignées de mains, auraient eu lieu avec les Allemands en un point du front.

Il se demande s'il est possible qu'un Français tombe assez bas pour serrer la main de bandits qui sèment partout la ruine et l'incendie, assassinent les femmes, les enfants et les vieillards, tuent traîtreusement nos prisonniers en les frappant dans le dos, achèvent nos blessés (1).

---

(1) Toutes ces violations du droit des gens ont été établies, soit par des ordres émanant de l'ennemi, soit par les rapports de commissions officielles.

Il ordonne :

1º Que tout homme qui entrera en conversation avec un Allemand soit traduit en conseil de guerre pour avoir noué des intelligences avec l'ennemi;

2º Que les sous-officiers et caporaux, qui, par manque de vigilance ou de commandement, auront toléré de pareils manquements au devoir soient cassés de leur grade;

3º Que les officiers qui, faute de surveillance, auront laissé leurs unités s'abaisser à de semblables ignominies, soient l'objet des sanctions les plus rigoureuses.

Général Dubois.

P. A. : *Le Chef d'état-major,*

    Brécard.

Cet ordre, évidemment dur pour les Allemands, qu'il mettait en face de leurs crimes, tomba entre leurs mains au cours des combats de Frise. Ils en furent piqués au vif et laissèrent voir leur dépit en prenant personnellement à partie, contrairement à tous les usages, le commandant de la 6e armée dans un des radiogrammes de Nauen de février 1916.

Cette intervention du commandant de l'armée eut du moins le double et heureux résultat d'arrêter net, non seulement le relâchement qui avait été constaté de notre côté, mais aussi les manœuvres défaitistes allemandes.

En dehors des faits journaliers de la guerre de tranchées, le commandement consacrait aussi son activité à des études d'opérations offensives visant la rupture du front allemand.

Le grand quartier général en prescrivit à diverses reprises. Mais une seule fois — ce fut en septembre 1915 en vue d'une exploitation possible de l'offensive tentée en Champagne — il fixa à chaque armée un objectif bien défini en même temps qu'il la mettait au courant des objectifs assignés aux armées voisines.

Dans les autres circonstances où il fit établir des études de cette nature, il donna des prescriptions très générales, invitant les commandants d'armées à préparer des projets d'attaque sur les points qui paraîtraient les plus favorables, soit avec leurs seules ressources, soit avec des forces dont ils avaient à fixer eux-mêmes l'importance et à faire la demande.

Il en résultait une large initiative des commandants d'ar-

mées dans le choix des objectifs, mais aussi une certaine incertitude pour la détermination des moyens, car ils ne savaient
qu'après coup si leurs demandes correspondaient aux disponibilités. C'est ainsi que, pour l'offensive projetée en 1915 et
qui n'eut pas lieu, le commandant de la 6ᵉ armée fut informé
que ses demandes en canons et en munitions étaient exagérées
et qu'il fut invité à les réduire. Exagérées, elles l'étaient probablement au regard des ressources dont pouvait disposer à
ce moment le haut commandement, mais combien elles eussent paru modestes, et même insuffisantes, un an plus tard!

Toutes ces études allaient ensuite au grand quartier général, comme l'eussent fait en temps de paix des projets de manœuvres. Elles donnaient lieu à des discussions de détail et
revenaient généralement approuvées. Puis, la plupart du
temps, elles prenaient place dans les dossiers et n'étaient pas
suivies d'effet, à moins qu'une occasion survînt ultérieurement qui amenât à les utiliser.

C'était du moins, à défaut d'autre résultat, un excellent
exercice pour les états-majors où d'incessantes mutations faisaient passer les officiers comme dans un kaléidoscope, au
risque de supprimer toute suite dans les idées, toute communauté de vues aux divers échelons, toute tradition dans le
travail et dans l'exécution.

L'effort du commandement se porta, d'autre part, sur la
création d'un matériel de combat rapproché adapté à la guerre
de tranchées.

L'absence presque complète d'artillerie lourde et l'extrême
pénurie de munitions de 75 eussent fini par influencer fâcheusement les troupes. Il était indispensable, tant pour maintenir
leur moral que pour entretenir leur esprit combatif, de leur
montrer que le commandement était à la recherche de tous les
progrès et qu'il s'efforçait de mettre entre leurs mains des engins nouveaux, des engins capables d'aller frapper l'ennemi
jusque dans ses tranchées.

Le parc d'artillerie fut chargé de la mise au point et de la
fabrication de ces engins; il obtint des résultats particulièrement heureux et d'autant plus méritoires qu'il disposait de
moyens industriels des plus limités. Il était sous les ordres du

colonel Locard, technicien hors de pair, d'esprit aussi ingénieux que pratique et qui était doublé du commandant Hauet, homme audacieux et entreprenant, constamment en première ligne pour expérimenter les engins en fabrication.

Secondé par ces deux excellents officiers, le commandant de l'armée fit appel à toutes les initiatives, et c'est ainsi que, dès le printemps de 1915, la 6ᵉ armée avait en service :

1° Des *pétards explosifs*, des grenades et autres projectiles à main que l'arrière ne fournissait pas encore et que le parc d'armée produisait ou faisait fabriquer dans le secteur même de l'armée.

2° Des *cache-flammes B* pour mitrailleuses, ainsi dénommées d'après l'initiale de leur inventeur (lieutenant mitrailleur Boyon), et qui furent par la suite adoptés par toutes les armées.

Auparavant, la succession des lueurs qui accompagnaient le départ de chaque balle constituait une sorte de feu d'artifices et permettait à l'ennemi de repérer instantanément, non seulement la nuit, mais même le jour, les emplacements des mitrailleuses et de les détruire par l'artillerie. L'adoption du cache-flammes fut un progrès considérable. Il en résulta une réduction sensible des pertes chez les servants et un accroissement de puissance de la mitrailleuse, qui, restant ignorée de l'ennemi, put agir par surprise pour repousser les attaques avec sa pleine efficacité. Cet appareil consistait simplement en un petit cône en tôle qui, fixé au canon de la mitrailleuse, renvoyait la lueur au sol en la masquant complètement.

Dès le mois de mai 1915, toutes les unités de la 6ᵉ armée en étaient munies, ce qui compensa en partie notre grave infériorité numérique en mitrailleuses.

Cette heureuse invention fut de suite tellement appréciée que le grand quartier général prescrivit d'en doter toutes les armées.

3° Des *carabines lance-grenades*, dites *tromblons*. Ce tromblon fut en quelque sorte le précurseur d'une arme qui reçut plus tard une grande extension et qui, sous le nom de tromblon V.-B. (Viven-Bessières), entra dans l'armement de l'infanterie. Ce premier tromblon consistait en une carabine de cavalerie à laquelle le colonel Locard avait adapté un manchon en tôle pour loger la grenade. Cette carabine utilisait une cartouche spéciale. Quoique d'une portée restreinte (80 à 100 mètres au maximum), ce tromblon fut néanmoins extrêmement précieux et donna à nos petits détachements une supériorité marquée dans les coups de main.

4° Des *canons à air comprimé*, dont la paternité revient au lieutenant Hachette, du 45° d'artillerie. Ce canon spécial avait pour objet de remplacer d'autres engins alors en essai, mais qui, à cause de leur lueur et de leur détonation, étaient immédiatement repérés et rapidement détruits avec leurs servants.

L'emploi de l'air comprimé, supprimant à la fois la lueur et la détonation, permettait de placer le canon dans la tranchée de première ligne et de frapper à coup sûr l'ennemi, soit dans ses postes avancés, soit dans ses tranchées aux heures de relève.

Ce canon était léger, transportable à bras et avait une précision remarquable aux portées ne dépassant pas 200 mètres. Il tirait des obus explosifs, des obus à mitraille et même des obus incendiaires avec lesquels on détruisait les herbes sèches et les broussailles qui masquaient les tranchées ennemies. Le tir en était toutefois assez lent et le mécanisme un peu délicat. Il fit place par la suite à des engins plus puissants et plus robustes, mais il n'en rendit pas moins d'utiles services au début de la guerre de tranchées.

Ces divers engins permirent de franchir la période ingrate et difficile où, tandis que nous manquions de tout, les Allemands ajoutaient sans cesse à leur immense matériel du début de la guerre des engins nouveaux tels que les lance-torpilles, les lance-flammes, les avions de bombardement, les canons à très longue portée, les gaz asphyxiants, etc... Grâce à eux, on atteignit, non sans pertes hélas! mais du moins sans découragement et en luttant vaillamment, le moment où nos industries de guerre prirent le magnifique essor que l'on sait et où le travail et l'ingéniosité de nos savants et de nos inventeurs nous fournirent un matériel d'abord équivalent, puis, bientôt, supérieur à celui des Allemands.

La 6° armée eut aussi, à diverses reprises, à reconstituer des corps d'armée et des divisions éprouvés par les combats, notamment le 9ᵉ corps et les 1ᵉʳ et 2ᵉ corps coloniaux après les batailles d'Artois et de Champagne. Elle les gardait ensuite derrière ses lignes, les reposant et les réentraînant petit à petit dans les excellents cantonnements qui s'étendaient entre la région parisienne et le front, avant de les faire entrer dans ses tranchées.

La belle réputation et la belle tenue de ses troupes lui valurent les plus illustres visites. Ce fut, au début de l'été de 1915, celle de lord Kitchener, ministre de la guerre anglais, qui, après avoir passé la revue d'une de nos divisions algériennes, assista, d'un de nos observatoires, à une action d'artillerie entre nos batteries et les batteries allemandes. Il y prit le plus visible intérêt, applaudissant joyeusement aux coups qui frappaient juste. Ce fut, en août, une revue du 9ᵉ corps d'armée passée sur les plateaux de la Somme par S. M. le roi des Belges. Ce fut encore, en octobre, une revue du 2ᵉ corps colonial en l'honneur de S. M. le roi d'Angleterre.

Ces visites royales, où le Président de la République et le général en chef accompagnaient les souverains, valurent à la 6ᵉ armée les compliments répétés du chef de l'Etat pour la superbe attitude militaire des troupes, leur remarquable tenue et leur irréprochable discipline qui sautait aux yeux dans la traversée des cantonnements même les plus écartés.

A tort ou à raison, on attribua à cette réputation le grand nombre d'autres visites éminentes que reçut l'armée, parmi lesquelles il faut noter celle de S. A. R. le duc de Connaugt, celle de L. A. R. les princes espagnols Charles et Régnier de Bourbon, celles d'hommes politiques étrangers de grande notoriété tels que le député suédois Branting, le député belge Vandervelde. L'intérêt qu'ils y apportaient montrait qu'ils se rendaient compte de la force des organisations défensives qui couvraient Paris, de la belle tenue et de la belle humeur des troupes qui les occupaient.

Les armées se trouvaient ainsi, du fait de l'extraordinaire durée de la guerre et du caractère spécial qu'avait pris la lutte, jouer un rôle politique important au grand avantage du Pays.

Mais il n'y eut pas que ces visites officielles.

Le front de la 6ᵉ armée, en raison de sa grande proximité

de Paris, fut l'objet d'incursions incessantes de parlementaires, attirés la plupart du temps par des intérêts particuliers,
souvent même par un simple mouvement de curiosité.

Le général en chef, qui avait connu l'abus des interventions
parlementaires en temps de paix et qui savait quelle gêne en
résultait pour le service, avait pensé les limiter pendant la
guerre en décidant qu'aucun député ou sénateur n'aurait accès dans la zone de guerre sans une autorisation signée de
lui. Mais il avait compté sans les intéressés. En dehors de
quelques missions — d'ailleurs peu nombreuses à cette époque
où le contrôle parlementaire n'était pas encore institué —
quantité de députés, surtout pendant la belle saison, se présentaient sans sauf-conduits aux points du front les plus rapprochés de Paris. Arrêtés par les postes de barrages, ils
arrivaient au quartier général de l'armée, invoquant pour passer quand même les motifs les plus divers : visite à un parent,
fils ou gendre; visite à un général ou à un colonel ami; visite
à un régiment recruté dans leur circonscription, etc., etc...
On vit même l'un d'eux revêtir pour la circonstance la tenue
de l'armée territoriale dans laquelle il comptait, pensant passer plus facilement — et ce ne fut pas le plus facile à écon-
duire, le plus disposé à entendre raison. Force était de leur
appliquer l'interdiction du général en chef et de les renvoyer
au grand quartier général, alors à Chantilly. Mais, forts de
leurs habitudes d'omnipotence, refusant de s'incliner devant
les ordres, ils avaient parfois une attitude telle vis-à-vis du
chef d'état-major de l'armée que le commandant de l'armée
était obligé d'intervenir personnellement. Ils finissaient par
céder, mais ce n'était pas sans rancœur, ni même sans ran-
cunes. D'autres, plus indépendants encore, en imposaient aux
sous-officiers et aux gendarmes chargés des barrages, for-
çaient leurs consignes et pénétraient en automobile dans la
zone interdite.

Mis au courant des situations parfois délicates qui en résul-
taient pour le commandement, le général en chef maintint
tout d'abord ses ordres et prescrivit de les exécuter de la façon
la plus stricte. Il voulait à la fois assurer le secret des opérations et éviter aux troupes, et aux députés eux-mêmes, les
inconvénients qu'entraînaient des paroles imprudentes, des
propos simplement bienveillants, mais trop facilement exa-

gérés par les intéressés. Bientôt, le grand quartier général fut lui-même débordé et, tout en maintenant le principe, il délégua aux commandants d'armée le droit d'accorder les sauf-conduits demandés par les parlementaires, mais il recommanda de limiter les autorisations au strict minimum. Il était facile de prévoir que, si le général en chef avait été à peu près impuissant, les commandants d'armée allaient se trouver en situation plus difficile encore. Les parlementaires, en effet, se faisaient attribuer les missions individuelles les plus diverses : commerciales, industrielles, agricoles, visite d'un hôpital, d'une blanchisserie militaire, ou bien ils arrivaient porteurs d'une lettre d'introduction d'un ministre. C'est à partir de ce moment que leur ingérence dans les opérations auprès de certains chefs de caractère faible ou arriviste se produisirent peu à peu pour atteindre par la suite les abus que l'on connut en avril 1917, où plusieurs quartiers généraux furent littéralement envahis, sans souci de la gêne qui en résultait pour les chefs qui, pour suivre une bataille, ont besoin d'une complète tranquillité d'esprit et d'une entière liberté de pensée.

En laissant de côté les missions parlementaires régulières, qui furent très rares et très limitées dans les deux premières années de la guerre, nous n'hésitons pas à dire que les députés qui vinrent en aussi grand nombre au front dans des buts plus personnels qu'utiles au Pays furent pour le Commandement une cause de difficultés et de complications, sans parler d'autres inconvénients plus graves.

En dehors de la tactique de détail que nous avons exposée ci-dessus, les opérations ne comprirent que quatre combats d'une certaine importance :

Le combat du bois Saint-Mard (mai 1915);

Le combat de Quennevières (juin 1915);

Le combat de Frise (janvier 1916);

Une attaque allemande à gaz asphyxiants (février 1916).

Combat du bois Saint-Mard.

Ce combat ne fut qu'un épisode, rapidement tranché aux dépens des Allemands.

La brigade algérienne du général Cherrier venait d'être retirée du front de la 6ᵉ armée et envoyée dans le nord. Une brigade territoriale avait été mise à la disposition du commandant de l'armée et débarquée à Compiègne pour la remplacer.

Le surlendemain de la relève, l'ennemi, vraisemblablement mis au courant de ce mouvement de troupes (1), avait, après un court et violent bombardement, brusquement attaqué le secteur précédemment tenu par les zouaves. Fait très significatif : il avait strictement limité son attaque à ce secteur sur lequel il croyait trouver les territoriaux nouvellement arrivés.

Grande fut sa déception. Il fut chaudement accueilli par d'autres zouaves (division de Bonneval) que le commandant de l'armée, ne voulant pas confier à des territoriaux ce secteur particulièrement sensible, avait amenés dans l'intervalle.

Trois cents cadavres allemands, à jamais couchés devant nos tranchées, furent le coût de cette erreur.

____

(1) Le département de l'Oise avait été, dès le temps de paix, un centre d'action du service de renseignements allemand, soit sous forme d'installations industrielles, soit sous forme de villégiatures. On eut, à plusieurs reprises, le sentiment qu'une organisation d'espionnage y subsistait.

Combat de Quennevières.

(6 juin 1916.)

(Soissons N.-O. au 1/80.000ᵉ et croquis n° 29 en fin de volume.)

Le général en chef avait décidé d'exécuter une grande attaque en Artois en juin 1915.

Pour détourner l'attention de l'ennemi et pour retenir sur les autres parties du front son artillerie et ses réserves, il prescrivit plusieurs attaques secondaires, notamment par la 2ᵉ armée à Hébuterne et par la 6ᵉ à Quennevières.

A cet effet, le commandant de la 6ᵉ armée avait reçu, le 17 mai, du général en chef, de qui il relevait directement, l'ordre (*télégramme chiffré n° 60 P. C. S.*) d'adresser d'urgence des propositions visant « *une opération à exécuter à brève échéance avec les seules ressources en troupes, en artillerie et en munitions dont disposait son armée* ».

Par lettre n° 1868/3 du 19 mai, le commandant de l'armée proposait d'enlever le saillant allemand au sud de Quennevières, saillant qui constituait une menace permanente dans sa ligne. Cette opération devait être menée, sous la haute direction du général Ebener, commandant le 35ᵉ corps, par le commandant de la 61ᵉ division (général Nivelle) avec des unités prélevées sur l'ensemble de l'armée. Toute l'artillerie lourde de l'armée, d'ailleurs peu importante, devait y être employée. L'attention du grand quartier général était toutefois attirée sur les possibilités d'une réaction de l'ennemi, vis-à-vis de laquelle, une fois l'attaque engagée, la 6ᵉ armée se trouverait dépourvue de réserves, ce qui n'était pas sans inconvénients dans un secteur aussi rapproché de Paris, où des événements de moyenne importance avaient eu parfois une répercussion injustifiée.

Le général en chef approuvait l'attaque projetée et prescrivait de réaliser dans l'armée les concentrations nécessaires. Il ajoutait qu'une réaction dangereuse de l'ennemi ne lui paraissait pas à craindre (*lettre n° 9311 en date du 23 mai*). Il devait toutefois, comme on le verra plus loin, revenir quelques jours plus tard sur cette appréciation et mettre en réserve générale une division coloniale, prête à parer aux imprévus.

En conséquence, le général commandant la 6ᵉ armée donnait au général commandant le 35ᵉ corps l'ordre de préparer l'attaque du saillant de Quennevières. Il lui indiquait les conditions générales de l'opération qui devait viser dès le début la ligne la plus éloignée des tranchées allemandes, afin de permettre de menacer les communications ennemies du ravin 111 (*instruction personnelle et secrète n° 450*). L'attaque était fixée au 1ᵉʳ juin.

La date en était ensuite reportée au 5 juin, puis au 6 juin, en raison du retard de l'attaque principale en Artois.

Par lettre n° 126 P. C. S. du 1ᵉʳ juin, le général en chef faisait connaître qu'il portait la 3ᵉ division coloniale *en réserve de groupe d'armées* dans la zone de la 6ᵉ armée, pour permettre au commandant de cette armée d'engager sans arrière-pensée toutes les forces dont il disposait et pour parer, le cas échéant, à une violente réaction de l'ennemi.

I. — Description du terrain.

Le terrain sur lequel se déroula l'action est limité par la lisière est du parc d'Offémont, Tracy-le-Mont, la crête sud du ravin de Puysaleine, Les Loges, le chemin Les Loges - ferme Puiseux et la ligne ferme Puiseux - village d'Offémont.

Le parc d'Offémont, complètement boisé, offre un couvert excellent pour les rassemblements et les réserves.

A l'est du parc, la zone d'action est formée par un plateau complètement découvert, traversé par une dépression profonde, celle du ravin de la cote 111, où les Allemands pouvaient masser des réserves à l'abri des vues. D'autre part, le terrain de l'action est dominé par le plateau Les Loges - cote 164, ce qui nous rendait impossible tout mouvement de troupes ou de voitures à découvert et nous obligeait à utiliser uniquement les boyaux.

II. — Aménagement du terrain.

Les travaux d'aménagement consistèrent dans les organisations suivantes :

1° Une parallèle de départ en avant de la première ligne,

reliée à elle par des boyaux ras débouchant en avant des fils de fer au moyen de passages en dessous;

2° Vingt escaliers d'assaut dans la première ligne, donnant passage à vingt ou trente hommes chacun;

3° En arrière de la première ligne et dans la partie sud seulement, une tranchée couverte servant de place d'armes;

4° De nombreux abris dans la deuxième ligne, reliée à la première ligne, dont elle était distante de deux cents à cinq cents mètres, par une série de boyaux;

5° Des sapes russes creusées autour et près du saillant B, afin d'obtenir des liaisons rapides avec la ligne ennemie quand elle serait conquise;

6° Des sapes amorcées sur tout le front dans la direction des postes d'écoute allemands;

7° Six boyaux reliant le parc d'Offémont au front d'attaque, ces boyaux aboutissant à Tracy-le-Mont, à la maison du garde et à la région de la Cense.

En outre, une mine était prête sous le saillant B.

III. — Constitution des troupes d'attaque.

Les troupes désignées pour l'attaque furent les suivantes :

a) La 73ᵉ brigade d'infanterie (général Boyer), prélevée sur la 38ᵉ division et forte de trois bataillons de zouaves et trois bataillons de tirailleurs;

La 121ᵉ brigade d'infanterie (colonel Niessel), prélevée sur la 61ᵉ division d'infanterie et composée des 264ᵉ, 265ᵉ, 316ᵉ régiments, auxquels avait été adjoint un bataillon du 3ᵉ zouaves (commandant Charlet);

Le 1ᵉʳ bataillon de chasseurs territoriaux, appelé à fournir la garnison des tranchées.

b) Le 42ᵉ d'infanterie (colonel Petit), prélevé sur le 7ᵉ corps et placé en réserve à Sainte-Croix, à la disposition du général Ebener.

c) Le 292ᵉ d'infanterie (colonel Touchard), amené du secteur de Soissons à la maison forestière (1 kilomètre sud-est du carrefour des Plainards), en réserve, à la disposition du commandant de l'armée.

d) La 3ᵉ division coloniale, dans le secteur Saint-Crespin - Berneuil - Attichy, en réserve de groupe d'armées, à la disposition du général commandant en chef. *Cette division devait demeurer prête à être embarquée pour l'Artois. Le commandant du 35ᵉ corps et le commandant de l'armée n'étaient pas autorisés à en disposer. En cas de nécessité, il devait en être référé au G. Q. G.*

IV. — Organisation de l'attaque.

(Croquis n° 29.)

Le but de l'attaque était d'enlever les tranchées ennemies entre les points A et Q du croquis, de venir border le ravin de la cote 111 et d'élargir ensuite la brèche, si possible, en prenant à revers les tranchées allemandes voisines.

Les troupes d'attaque étaient sous les ordres du général Nivelle, commandant la 61ᵉ division.

L'attaque fut montée par brigades accolées, brigade Boyer au nord, brigade Niessel au sud.

a) La brigade Boyer était répartie comme suit :

Troupes de garnison de première ligne : deux compagnies de chasseurs territoriaux et un bataillon de zouaves (commandant de Saint-Maurice).

Troupes d'attaque : en première ligne, deux bataillons (bataillon de zouaves Philippe, bataillon de tirailleurs Falconetti); en deuxième ligne, deux bataillons (bataillon de zouaves Cassaigne, bataillon de tirailleurs Melou); en troisième ligne, bataillon de tirailleurs Jacques.

b) La brigade Niessel était disposée de la façon suivante :

Troupes de garnison de première ligne : deux compagnies de chasseurs territoriaux et les deux bataillons du 316ᵉ d'infanterie.

Troupes d'attaque : en première ligne, deux bataillons (bataillon Moulin, du 264ᵉ; bataillon de zouaves Charlet); en deuxième ligne, un bataillon du 264ᵉ; en troisième ligne, les deux bataillons du 265ᵉ.

Sur tout le front d'attaque, les bataillons de première ligne étaient organisés en deux vagues de deux compagnies chacune. La première vague se trouvait dans la parallèle de départ et les tranchées de première ligne, la deuxième vague dans les boyaux et les abris immédiatement en arrière. La garnison était derrière les parados.

Deux compagnies et demie du génie étaient réparties dans les troupes de première ligne.

V. — Plan d'action d'artillerie.

Le grand quartier général n'avait à cette époque encore fait paraître aucune instruction précise sur l'emploi des diverses artilleries dans les attaques de tranchées (1).

D'autre part, l'extrême faiblesse des allocations en munitions, l'absence de toute mission offensive n'avaient pas permis à la 6ᵉ armée de se faire expérimentalement une méthode.

Le commandant de l'armée y avait suppléé en envoyant en mission dans les autres armées, après chaque combat important, un officier d'artillerie appartenant à son état-major (capitaine Voruz). Cet officier était allé s'aboucher successivement avec le commandant de l'artillerie de la 4ᵉ armée après les combats de Souain; avec le général Besse, commandant l'artillerie de la 8ᵉ armée, après les premiers combats en Artois; avec le général Herr après la prise des Eparges. De l'ensemble des données qu'il avait rapportées avait été déduite la méthode qui fut appliquée à Quennevières.

Soumise au grand quartier général, cette méthode eut son approbation, sauf sur un point.

Le commandant de la 6ᵉ armée, partant de ce principe qu'il fallait, pour détruire les organisations ennemies, une quantité déterminée de projectiles, estimait que, une fois le tir réglé, il y avait intérêt à dépenser la totalité de ces projectiles dans un temps relativement court. Il y voyait l'avantage, tout en démoralisant l'ennemi par la violence du bombardement, de détruire rapidement les défenses adverses, ce qui permettait de produire l'attaque par surprise avant que l'ennemi eût la

---

(1) Le grand quartier général avait bien fait paraître, le 16 avril 1915, une instruction sur « les conditions d'une action offensive d'ensemble », qui était accompagnée d'une notice sur l'emploi de l'artillerie. Mais cette notice ne contenait que des prescriptions très générales et les quelques chiffres qu'elle donnait, notamment pour les dépenses de munitions et les destructions des organisations ennemies, s'étaient trouvés, dès la première application, aux attaques de mai en Artois, très inférieures aux nécessités et tout à fait insuffisantes.

possibilité de se renforcer en hommes et en artillerie par des prélèvements sur d'autres parties du front. A cet effet, se basant sur la nature de la fortification que les Allemands avaient à cette époque sur son front, il avait proposé une préparation d'artillerie d'une durée de vingt heures.

Le grand quartier général fut d'avis qu'il valait mieux prolonger la préparation. Il espérait de la prolongation du bombardement un affaiblissement moral plus marqué de l'ennemi et, par suite, un amoindrissement de sa force de résistance.

Pour tenir compte de cette considération, la durée du bombardement fut fixée à vingt-quatre heures.

VI. — Répartition de l'artillerie.

Presque toutes les batteries lourdes dont disposait l'armée furent retirées des différents secteurs où elles étaient en action. Il en fut de même de quelques batteries de 75 dont il fut possible de démunir momentanément certains secteurs.

En outre, les trois groupes de la 3e division coloniale, qui étaient à la disposition du général en chef, furent amenés en des points abrités, d'où ils pouvaient intervenir et d'où il était cependant possible de les relever au premier ordre, au cas où celui-ci les eût réclamés.

L'ensemble de ces dispositions permit d'affecter à l'attaque : deux batteries de 155 long, quatre batteries et demie de 155 court, une batterie de 120 long, trois batteries de 105, neuf batteries de 95, six batteries de 90, vingt-quatre batteries de 75 (dont neuf de la 3e division coloniale), vingt-cinq canons de 58 (dont neuf du type n° 2), soit un total de quarante-neuf batteries de calibres divers. Il avait fallu, pour arriver à ce chiffre, démunir le reste du front de la presque totalité de son artillerie lourde. On n'y avait laissé qu'une demi-batterie de 155 court et deux batteries de 120, réparties par sections sur les emplacements principaux, d'où elles entretenaient un tir intermittent pour dissimuler à l'ennemi le départ des autres batteries.

Les batteries d'attaque furent réparties en deux groupes principaux :

a) L'artillerie chargée de la préparation de l'attaque, des destructions, des barrages de protection. Commandée par le lieutenant-colonel Thouvenin, elle était sous les ordres directs du général Nivelle, chargé de l'attaque et dont le poste de commandement était à la maison du Garde.

Elle comprenait : vingt-cinq canons de 58 de tranchées, vingt-quatre batteries de 75, trois batteries de 95, quatre batteries de 155 court.

Elle était répartie sur la ligne sud de Vésigneux - sud de Bernauval - ouest d'Ecaffaut - ferme Malvoisine - ferme La Faloise, à une distance moyenne de 3.000 mètres du front.

Elle avait pour mission :

L'ouverture de brèches dans les fils de fer (batteries de 75);

Le dérasement des tranchées et casemates de première ligne (canons de 58);

Le dérasement des tranchées et casemates de deuxième ligne (batteries de 155 court);

Le dérasement des nœuds de communications et des casemates en arrière de la deuxième ligne (batteries de 95);

Les barrages de protection rapprochée sur le front et les flancs, à raison de 200 mètres par batterie (batteries de 75).

b) L'artillerie de contre-batterie était placée sous les ordres du général Battet, commandant l'artillerie du 35ᵉ corps.

Elle comprenait : trois batteries de 105, deux batteries de 155 long, une batterie de 120 long, douze batteries de 95 ou 90.

Elle était répartie en trois groupes : le groupement de gauche à Ollencourt (commandant Vignaud), le groupement du centre à la ferme Carrière (commandant Gaby), le groupement de droite à Saint-Pierre-les-Bitry (colonel Maison).

Cette artillerie avait pour mission :

De contrebattre toute artillerie adverse entrant en action;

D'interdire les voies de communication, les points de débarquement, les défilés par où l'ennemi pouvait amener des renforts ou des ravitaillements;

De concentrer instantanément des feux sur tout rassemblement de troupes de contre-attaque.

Comme les Allemands, à la suite d'un bombardement antérieur de la gare de Noyon par le groupe d'Ollencourt, utilisaient fréquemment le quai de débarquement d'Appilly, hors de portée de nos batteries, une pièce de 105 fut amenée de nuit à la corne est du bois Saint-Mard, sous casemate, à cent mètres des tranchées de première ligne, avec mission de tirer sur la gare d'Appilly et les ponts d'Appilly et de Bréligny.

Cette pièce exécuta, le 6 juin et les jours suivants, plusieurs tirs heureux, à la demande et sous le contrôle des avions.

De cette répartition de l'artillerie lourde résultait un dispositif en équerre qui enveloppait le front d'attaque et qui permit de prendre d'écharpe une partie des batteries allemandes et de les dominer dans la journée du 6 juin.

En outre, chacun des trois groupes d'artillerie lourde, en plus de sa zone d'action individuelle normale, avait une zone d'action éventuelle en vue de la concentration des feux sur un point déterminé par les trois groupements réunis.

VII. — Organisation des liaisons.

Un réseau d'observatoires élevés avait été organisé le long du front, sur des lisières de bois. Ces observatoires étaient constitués en trois groupes correspondant aux trois groupements d'artillerie lourde. Une triple liaison était établie entre les observatoires, les commandements de groupements et le poste de commandement du général Battet.

De plus, des postes de télégraphie sans fil fonctionnaient à chaque poste de commandement et une permanence d'avions était établie dans chaque zone d'action normale.

Enfin, un ballon-observatoire, installé sur la rive sud de l'Aisne, surveillait les plateaux de la rive nord et signalait directement au général Battet tous les mouvements importants de troupes et de convois.

Grâce à l'ensemble de ces dispositions, le 6 juin, trente-cinq batteries allemandes purent être contrebattues efficacement; trois gros rassemblements signalés par les avions au Four-à-Verre, à Nampcel, à La Grange-aux-Moines, furent dispersés avant d'atteindre le front et un convoi automobile fut éparpillé à deux kilomètres au nord du ravin de la Croisette.

VIII. — Munitions.

Le calcul des munitions avait été établi à raison de : trois coups par mètre courant de tranchée à détruire pour le 58, deux coups par mètre courant pour le 155 court, quatre cents coups par brèche pour le 75.

L'approvisionnement des contre-batteries et celui du 75 pour les barrages avaient, en plus, été prévus très largement.

Tous ces calculs se trouvèrent justifiés par les résultats.

Pour faciliter le ravitaillement et éviter tout arrêt ou ralentissement dans le tir, les munitions avaient été amenées à l'avance dans des dépôts créés sous bois à proximité des batteries.

IX. — Alimentation.

En dehors des mesures habituelles d'alimentation, des dispositions spéciales avaient été prises pour le ravitaillement en eau.

La chaleur était extrême. Depuis plusieurs jours, le thermomètre marquait 33° et même 34°. Cette chaleur s'accumulait dans les tranchées où l'atmosphère était extrêmement lourde.

Cinq cents tonnelets de cinquante litres, dont la faible contenance permettait le transport rapide à travers les boyaux, avaient été réunis au château d'Offémont où se trouvait la seule source importante de la région. Ils remplirent un rôle des plus utiles dans l'opération, et même furent à peine suffisants pour faire face aux besoins des combattants.

X. — Exécution de l'attaque. (Croquis n° 29.)

L'attaque avait été fixée au 6 juin.

Le bombardement commença le 5, à 10 h. 30, sur les lignes allemandes et sur le ravin 111, bombardement méthodique avec les pièces de gros calibres, complété à la fin de la journée par un tir de 75 avec accélération du tir des batteries de gros calibres.

Pendant la nuit, ce bombardement se poursuivit lentement pour empêcher l'ennemi de réparer les dommages causés dans la journée.

Le 6 juin, il reprit avec intensité à 5 heures avec les gros calibres sur l'ensemble du front d'attaque. A 5 heures également, on fit exploser la mine placée sous le saillant B. Ce saillant fut détruit.

A partir de 8 heures, un tir violent de 75 fut exécuté pour achever les destructions. Ce tir fut interrompu à trois reprises pendant un quart d'heure, en vue de laisser l'ennemi dans l'incertitude sur le moment de l'attaque.

A 10 h. 15, les batteries allongeaient le tir pour former barrage en avant et sur les flancs. L'attaque avait été fixée à 10 h. 15, mais les zouaves et les tirailleurs, impatients et pleins d'ardeur, entraînant par leur exemple le 264ᵉ, partent à 10 h. 10 en ordre, au pas. Puis, quand l'artillerie allonge son tir, ils prennent le pas de course, traversent la première ligne allemande et arrivent successivement sur la deuxième et la troisième qu'ils dépassent également pour aller border la route de la Bascule à Touvent, le bataillon de zouaves Charlet à droite, le bataillon de tirailleurs Falconetti à gauche.

Une batterie de trois pièces de 77, en position en arrière de la crête ouest du ravin 111, est enlevée par les zouaves qui, avec leurs baïonnettes, clouent les artilleurs sur leurs pièces.

Deux sections de zouaves et de tirailleurs, emportées par leur élan, traversent même le ravin et viennent border le plateau à l'est où se trouve la quatrième pièce de la batterie. Mais ces fractions, battues par l'artillerie et par la fusillade de groupes allemands sortis du ravin de Nampcel, sont obligées de se replier sur le gros de leurs unités.

La deuxième vague a suivi la première, à trois cents mètres de distance; elle est venue occuper les deux premières lignes allemandes.

D'autre part, deux compagnies du bataillon de zouaves Cassaigne ont été lancées à l'attaque à gauche de la brigade Boyer pour faciliter l'extension du mouvement vers la Bascule, mais elles sont arrêtées devant les fils de fer insuffisamment détruits de la première ligne allemande et ne peuvent progresser.

Dans le même temps, les bataillons de deuxième et de troisième ligne serrent sur l'avant et viennent occuper les emplacements laissés libres par les troupes d'assaut.

Tous les Allemands qui occupaient les tranchées conquises sont tués ou faits prisonniers. Ces tranchées étaient fortement garnies : une relève qui devait se faire la veille n'avait pas eu lieu; les Allemands, ayant eu vent de l'attaque, avaient renforcé les troupes qui occupaient les tranchées par celles qui devaient effectuer la relève. Les zouaves et les tirailleurs se distinguent par leur acharnement à jouer de la baïonnette.

Tout tombe devant eux et ceux des ennemis qui se sont réfugiés dans les abris sont détruits à coups de grenades.

A partir de ce moment, les Allemands bombardent violemment le terrain conquis.

Les avions, les corps voisins signalent dès 11 heures des mouvements de troupes à pied ou d'autos se dirigeant vers Nampcel. Ces formations sont prises sous le feu de notre artillerie.

Dans la soirée, des contre-attaques furieuses, qui se poursuivent toute la nuit, se produisent sur notre ligne. Elles sont toutes repoussées par les feux d'artillerie et d'infanterie avec de grosses pertes pour l'ennemi.

A la nuit, après un très léger recul à l'extrême droite, nous tenons la ligne A C N H P qui avait été immédiatement organisée sous le feu. Devant l'impossibilité de ramener sous le bombardement les canons pris dans le ravin 111, on les avait abandonnés après les avoir mis hors de service.

Pendant le combat, les compagnies du génie et les troupes de garnison avaient établi des communications entre notre ancienne première ligne et les lignes allemandes. Dès 11 h. 50, trois boyaux étaient définitivement ouverts sur le front d'attaque. Dans la soirée, les liaisons par boyaux se trouvaient établies sur tout le front.

De son côté, le commandement n'était pas resté inactif. Il n'avait cessé d'intervenir par ses réserves pour assurer le maintien du terrain conquis et parer aux réactions de l'ennemi.

Dès 8 heures, le général Ebener poussait un bataillon du 42° vers Tracy-le-Mont.

A 10 h. 50, deux nouveaux bataillons du 42° étaient envoyés au général Nivelle, qui les disposait à raison d'un derrière chaque brigade.

A 10 h. 40, le général Ebener demandait au commandant de l'armée de mettre le 292° à sa disposition en le portant à Nervaise. Le commandant de l'armée le lui donnait et demandait en remplacement au général en chef l'autorisation de disposer d'une des brigades coloniales. Satisfaction lui était donnée : la 3° brigade coloniale était poussée à Sainte-Croix.

Dans la soirée, pour permettre la relève des éléments les

plus fatigués, le 292° était mis aux ordres du général Nivelle pendant qu'un bataillon colonial était envoyé au général Ebener pour lui reconstituer une réserve.

En même temps, le commandant de l'armée prescrivait à la brigade coloniale d'être sous les armes, prête à marcher, à 3 heures du matin.

A la suite de ces divers mouvements, à 22 heures, la situation des troupes d'attaque était la suivante :

Brigade Boyer. — En première ligne : les bataillons de tirailleurs Falconetti et Melou et le bataillon de zouaves Philippe. En soutien dans l'ancienne première ligne allemande : le bataillon de zouaves Saint-Maurice et le bataillon de tirailleurs Jacques. En réserve dans nos anciennes tranchées : deux bataillons du 42°; plus en arrière encore, le bataillon de zouaves Cassaigne.

Brigade Niessel. — En première ligne : deux bataillons du 264°, un bataillon du 42° et le bataillon de zouaves Charlet. En soutien : le 265° et le 316°. En réserve : le 292°.

Les pertes subies par les Allemands furent très élevées. On compta environ deux mille cadavres sur le terrain. Le nombre des prisonniers dépassa trois cents. Tous ces hommes, sauf quelques pionniers, appartenaient à un même régiment, le régiment de l'Impératrice (86° d'infanterie), qui fut presque entièrement détruit.

Nos pertes ne s'élevèrent qu'à deux cent cinquante tués et neuf cents blessés, dont beaucoup de blessés légers, soit moitié de celles de l'ennemi.

Le matériel tombé entre nos mains comprenait : trois canons de 77 détruits par les zouaves, deux canons de tranchées, onze mitrailleuses, une quantité considérable de fusils, de cartouches, de grenades et de matériel de toute nature.

XI. — Opérations des 15 et 16 juin.

L'action du 6 juin était un succès incontestable.

Au point de vue de l'ensemble des opérations, le but que se proposait le haut commandement était pleinement atteint : non seulement de sérieux renforts en hommes, mais aussi un nombre élevé de batteries accourant de différents points du front affluaient sur Quennevières. C'était autant d'adversaires en moins qu'allait avoir l'attaque française en Artois.

Il fallait maintenant retenir ces forces sur place et en même temps compléter, si possible, le succès obtenu le 6 en enlevant la crête La Bascule - Les Loges, objectif local que s'était proposé le commandant de l'armée et que la première attaque n'avait pu réaliser. Cette crête donnait, en effet, à l'ennemi des observatoires dangereux sur nos lignes et constituait en même temps une protection pour ses mouvements de troupes et ses ravitaillements venant du ravin de Nampcel. La lui enlever eût constitué un avantage sérieux.

Aussi, dès le 6 au soir, le commandant de l'armée prescrivait-il au général Ebener d'assurer d'abord la possession du terrain conquis, puis de préparer immédiatement une nouvelle opération pour compléter les résultats acquis, en direction du plateau Les Loges - Le Tiolet (*instruction personnelle et secrète n° 470 du 6 juin*).

Cette nouvelle action devait être exécutée le plus tôt possible, de manière à profiter du désarroi de l'ennemi. La date du 10 juin fut d'abord fixée, puis elle fut reportée au 12 et ensuite au 15, sur la demande du général Nivelle dont les travaux préparatoires étaient entravés par le tir ennemi et dont les tranchées de départ étaient constamment bouleversées par le bombardement.

Mais, dans l'intervalle, les forces mises à la disposition du commandant de l'armée étaient sensiblement réduites.

Dès le 7, le général en chef lui faisait savoir que la division coloniale lui était retirée, qu'elle devait être immédiatement ramenée en arrière et qu'elle serait remplacée par la 8ᵉ brigade d'infanterie qui allait arriver du front de Champagne.

Afin d'être fixé sur les troupes dont il pourrait disposer et de régler son opération en conséquence, le commandant de l'armée exposait au général en chef le but qu'il envisageait et les moyens qui lui étaient nécessaires. Il demandait éventuellement le maintien à sa disposition de toute la 3ᵉ division coloniale (*lettre n° 2049/3 du 10 juin*). Mais, en raison des opérations qui allaient s'engager dans le nord, le général en chef faisait connaître le 11 juin, par son officier de liaison (commandant Détroyat), que la 3e division coloniale et son artillerie devaient être tenues prêtes à s'embarquer, que la 8e brigade devait être gardée en réserve et qu'enfin la consommation des munitions de gros calibres était limitée.

C'était une réduction d'une brigade dans l'effectif à employer et, perte plus sensible encore, c'était en même temps une diminution de neuf batteries de 75.

Dans ces conditions, l'opération ne pouvait plus avoir la même envergure. Le commandant de l'armée la réduisait et la limitait à la conquête des tranchées allemandes de la crête de La Bascule de Quennevières et du mouvement de terrain qui commande la naissance du ravin 111. Il en était rendu compte au général en chef par lettre n° 2057/3 du 11 juin.

En même temps, une instruction personnelle et secrète en date du 11 juin mettait le général Ebener au courant de la nouvelle situation, lui indiquait le but à atteindre et les moyens mis à sa disposition.

Pour suppléer à l'absence des batteries coloniales, il était prescrit au 7e corps, qui avait de l'artillerie au sud de Saint-Pierre-les-Bitry, d'intervenir dans l'opération en contrebattant les batteries ennemies de la région du Tiolet et en prenant sous son feu tout mouvement de troupes qui s'effectuerait dans la région de Moulin-sous-Touvent (*instruction personnelle et secrète n° 491 du 12 juin*).

Nous tenions, le 6 juin au soir, la ligne A G N H W P_1 P.

Le but de la nouvelle opération était de s'emparer de la ligne A F_3 et de s'installer sur le plateau de La Bascule.

Les troupes employées à l'attaque furent les suivantes :

Troupes d'attaque : 42e d'infanterie (deux bataillons); bataillon Delom, du 3e tirailleurs; compagnies 19/13 et 7/3 du génie (sous les ordres du colonel Petit, du 42e); bataillon Saint-Maurice, du 3e zouaves (couverture de l'attaque).

Réserves de division : un bataillon du 42e; bataillon Bonnard, du 3e tirailleurs.

Réserves de corps d'armée (dans le parc d'Offémont) : bataillon Falconetti, du 2e tirailleurs; un bataillon du 417e.

Réserves d'armée : la 8e brigade, à Sainte-Croix - Saint-Crépin; le 292e d'infanterie, à Attichy; une brigade de chasseurs d'Afrique, aux Plainards.

Artillerie : deux batteries de 155 long, quatre batteries de 155 court, une batterie de 120 long, trois batteries de 105, neuf batteries de 95, six batteries de 90, quinze batteries de 75, vingt-cinq canons de tranchée de 58.

Le tir de destruction commença le 14 juin dans la matinée, tir de précision, d'abord lent et qui devait peu à peu augmenter d'intensité.

Mais, dès midi, l'ennemi entama une violente attaque d'artillerie. Nous fûmes alors conduits à riposter et un combat d'artillerie extrêmement vif s'engagea, qui dura toute la journée. Les Allemands visaient principalement nos tranchées de la région A G N H P.

Après une légère accalmie entre 18 et 21 heures, le bombardement ennemi reprit avec une intensité extrême. Il fut suivi, vers 22 heures, d'une forte attaque dirigée sur les tranchées conquises le 6 juin. Des combats acharnés à la baïonnette et à la grenade se succédèrent toute la nuit, donnant lieu à des alternances de recul local et d'avance. Le 15 au matin, nous tenions la ligne D X H W P P₁, ayant dû abandonner le saillant G N H et le point A. Nous avions fait subir à l'ennemi de très grosses pertes. Mais l'effort fourni pendant la nuit, le mélange des unités (un bataillon du 42ᵉ et des fractions du bataillon Melou avaient été envoyés de nuit en renfort en première ligne) et surtout la destruction des tranchées de première ligne et des sapes du front de départ rendaient l'attaque projetée d'une exécution immédiate difficile, malgré tout l'intérêt que présentait pour nous une vigoureuse offensive succédant aux furieux assauts dans lesquels les Allemands s'étaient épuisés.

Aussi le général Ebener, après en avoir référé au commandant de l'armée, d'accord avec le général Nivelle, reportait l'opération au lendemain, 16 juin, au matin.

La journée du 15 devait être employée à remettre de l'ordre dans les unités, à relever quelques fractions trop durement éprouvées et à réparer les dégâts que le bombardement ennemi avait causés dans nos tranchées de départ.

Le général Ebener, estimant en outre qu'il y aurait intérêt, tout en exécutant l'opération prévue sur La Bascule, à reprendre simultanément le saillant N perdu pendant la nuit, demanda à cet effet au commandant de l'armée l'appui de la

8ᵉ brigade. Celle-ci ayant été mise à sa disposition, l'opération fut montée pour le 16 juin. Elle devait être déclenchée à 6 h. 10.

Enfin, un coup de main devait être exécuté la nuit par le 3ᵉ bataillon du 42ᵉ pour remettre la main sur le saillant A, afin de faciliter le mouvement du bataillon Saint-Maurice.

Dispositif de l'attaque.

1° *Attaque de gauche :* deux bataillons du 42ᵉ; bataillon Delom, du 3ᵉ tirailleurs; bataillon Bonnard, du 3ᵉ tirailleurs (sous les ordres du lieutenant-colonel Petit, du 42ᵉ). Objectif : plateau de La Bascule. tranchées 5, 38, 39, 40, 43.

2° *Attaque du centre :* bataillon Saint-Maurice, du 3ᵉ zouaves. Objectif : tranchée 35.

3° *Attaque de droite :* trois bataillons du 148ᵉ; un bataillon du 45ᵉ (sous les ordres du colonel Niessel). Objectif : tranchées 41, 42, cote 155, a' y'.

a) *Réserves de division :* bataillon Falconetti, du 2ᵉ tirailleurs; deux bataillons du 45ᵉ.

b) *Réserves de corps d'armée :* un bataillon du 417ᵉ, dans le parc d'Offémont.

c) *Réserve d'armée :* 126ᵉ brigade, amenée du front du 7ᵉ corps, à Rethondes; une brigade de chasseurs d'Afrique, aux Plainards.

Le coup de main tenté par deux compagnies du 42ᵉ sur le saillant A, le 16 juin, à 1 h. 30, échoua.

Le bombardement, qui avait été poursuivi pendant toute la journée du 15 et ralenti pendant la nuit, recommença à partir de 3 heures.

A 6 h. 10, les attaques furent déclenchées.

Attaque de gauche.

Les premières vagues des bataillons Grosjean et Brignoli, du 42ᵉ, progressèrent dans un ordre parfait, malgré un tir de barrage extrêmement violent de l'artillerie lourde ennemie. Le bataillon Grosjean (bataillon de droite) franchit toutes les tranchées allemandes, faisant une centaine de prisonniers dont deux officiers, et, remarquablement entraîné par son chef, dépassa La Bascule et atteignit la ligne 5-38. Mais, à sa gauche, le bataillon Brignoli, pris par des feux d'écharpe venant du nord, fut forcé de s'arrêter et de s'abriter dans la première ligne allemande. Le commandant Grosjean, s'apercevant qu'il était tout à fait en pointe et voyant ses effectifs commencer à fondre sous le feu, se vit alors obligé de replier son bataillon sur la ligne allemande, vers F, pour s'y relier au bataillon Brignoli qui occupait la région sud du saillant 3.

Un violent combat à la grenade s'engageait alors dans la ligne ennemie; puis, les Allemands exécutant contre-attaques sur contre-attaques, l'apport de renforts étant, d'autre part, rendu impossible par suite de la densité des tirs de barrage ennemis, les bataillons Grosjean et Brignoli, assez fortement éprouvés, se replièrent peu à peu sur notre ligne de départ. Ils y furent recueillis vers 13 h. 30, c'est-à-dire après sept heures d'un dur combat, par la garnison des tranchées.

Attaque du centre.

L'opération de la nuit ne nous ayant pas rendu le saillant A, l'attaque partit du front D X G. La compagnie de gauche s'empara du saillant A et s'efforça de progresser vers F, afin de se relier au bataillon de droite du 42ᵉ, mais les deux autres compagnies de première ligne, prises sous le feu de mitrailleuses placées en N, ne parvinrent pas à déboucher. Elles cherchèrent à progresser par les boyaux et engagèrent une lutte à coups de grenades sans résultats appréciables.

Le seul gain réalisé consista donc dans la reprise du saillant A.

Attaque de droite.

Par suite d'erreurs de direction dans les boyaux, les deux bataillons de première ligne du 148ᵉ ne se trouvèrent pas en place à 6 heures. Leur attaque ne put avoir lieu.

A 13 h. 30, la situation était la suivante :

A gauche, nous n'avions fait aucun progrès et deux bataillons du 42ᵉ étaient épuisés;

Au centre, les zouaves du bataillon Saint-Maurice tenaient le saillant A;

A droite, la 8ᵉ brigade n'avait pas débouché.

Le général Nivelle décide de monter une nouvelle attaque, le lieutenant-colonel Petit disposant des bataillons Delom, Bonnard et Brignoli et prenant pour objectif 38-35, le bataillon Saint-Maurice se dirigeant sur 35-41, le 148ᵉ et un bataillon du 45ᵉ, sous les ordres du colonel Niessel, attaquant sur 41, 42, cote 155, a' y'.

A 15 heures, après une préparation d'artillerie, les attaques sont lancées, mais elles sont prises sous un feu d'artillerie lourde plus violent que jamais et ne peuvent déboucher. Seul, le bataillon de droite du 148ᵉ parvient à atteindre la ligne α, β, où il est forcé de s'arrêter, les unités placées à sa gauche ne faisant aucun progrès.

L'ennemi renforçant considérablement son infanterie et son artillerie accusant une supériorité numérique de plus en plus marquée, le général Nivelle décide, à 16 h. 30, d'arrêter l'attaque et de maintenir à tout prix la position occupée : a, A, X, Y, W, W_1, β, α, 55, a', a.

Vers 16 h. 45, les Allemands débouchent de N et exécutent une forte contre-attaque à la baïonnette. Ils sont arrêtés net par nos feux et refluent en désordre, laissant sur le terrain des centaines de cadavres.

Cette contre-attaque est le dernier acte du combat. L'ennemi, épuisé par ses pertes, n'ayant pu nous entamer, renonce définitivement à reprendre les tranchées que nous lui avions enlevées le 6 juin.

Dorénavant, il se bornera sur cette partie du front à un bombardement presque incessant.

En résumé, les violents combats de nuit et de jour qui se déroulèrent le 15 et le 16 autour de Quennevières eurent le caractère d'une bataille de rencontre. L'attaque que nous préparions se heurta à une attaque allemande beaucoup plus puissante, qui avait comme objectif la reprise du terrain conquis par nous le 6 juin.

La maîtrise que notre artillerie avait eue à cette date, où les batteries en présence des deux côtés étaient sensiblement égales en nombre, ne put être maintenue le 15, où l'aviation révéla du côté allemand une artillerie triple de la nôtre et notamment quatre batteries de 210.

Les Allemands, ainsi qu'en témoignent les communiqués de l'époque, soit qu'ils attribuassent à notre attaque du 6 une importance que le commandement français ne lui avait pas donnée, soit simplement pour ne pas laisser leurs troupes sous le coup d'un insuccès, avaient fait un très gros effort pour reprendre le terrain perdu.

Si donc, pour notre part, nous ne pûmes atteindre l'objectif local que nous nous étions proposé, le fait d'avoir vu toutes ses attaques brisées et d'avoir été impuissant à nous reprendre nos gains du 6 n'en constituait pas moins pour l'ennemi, en dehors de lourdes pertes, un réel échec. Il s'y ajoutait pour nous, ce qui était le but essentiel de l'opération, l'avantage d'avoir retenu sur le front de la 6ᵉ armée des formations importantes, notamment en artillerie, et d'avoir ainsi facilité l'action engagée en Artois.

Conclusions tactiques.

Ces combats donnèrent lieu à des constatations tactiques de la plus haute importance.

La bataille d'Ypres, ainsi que nous l'avons précédemment exposé, avait fait ressortir le principe fondamental de l'emploi de l'artillerie dans la défensive : elle avait démontré la quasi inviolabilité d'un front protégé par le 75, quand chaque batterie n'a pas plus de 150 mètres de front à battre et à condition que les barrages soient déclenchés à temps. Les combats de Quennevières, ainsi que ceux qui se livrèrent à cette époque à Hébuterne, en Artois et sur les points où des attaques eurent lieu, apportèrent à leur tour des enseignements précieux relativement à l'emploi de l'artillerie dans l'offensive.

Ces enseignements furent les suivants :

1° Quelque important que soit l'approvisionnement en munitions, il y a lieu d'affecter aux attaques une très nombreuse artillerie de 75, doublée d'une très forte artillerie lourde, et cela non seulement en vue de la rapidité des destructions, mais aussi pour neutraliser l'artillerie adverse.

L'examen comparatif des résultats obtenus le 6 et le 16 juin était, à ce point de vue, tout à fait probant.

Ainsi s'écroulait une théorie très en faveur avant la guerre et d'après laquelle, avec le débit considérable des canons à tir rapide, un très gros approvisionnement en projectiles pouvait permettre de limiter le nombre des pièces.

2° Le grand nombre des canons, en réduisant la durée de la préparation, permet de produire un effet de surprise et d'enlever l'objectif avant que l'ennemi ait le temps d'amener des renforts.

La journée du 6 fut sur ce point particulièrement démonstrative. Ce n'est en effet que plusieurs heures après la conquête du terrain que des renforts sérieux furent signalés.

Cette question de la surprise, que les Allemands devaient rechercher plus tard dans des bombardements courts et massifs à obus toxiques et que nous devions réaliser si complètement par l'emploi en masse des chars d'assaut, s'affirmait déjà comme la condition indispensable du succès.

3° Il était nécessaire d'augmenter considérablement le nombre des avions pour assurer la *permanence de la surveillance des zones et le contrôle des tirs*.

Ces constatations, qui paraissent aujourd'hui des vérités banales, étaient à cette époque presque des découvertes. Pour les apprécier à leur valeur, il faut se reporter à l'état d'incertitude et de flottement où l'on était encore en juin 1915 relativement à l'emploi de l'artillerie lourde et à sa tactique.

COMBAT DE FRISE.

(28 janvier au 13 février 1916.)

(Cartes S.-E. d'Amiens et S.-O. de Cambrai au 1/80.000° et croquis n° 30
en fin de volume.)

De profondes modifications s'étaient produites sur le front
de la 6° armée au cours de l'été de 1915.

Des prélèvements portant sur les meilleures unités avaient
été effectués en vue de la bataille de Champagne.

Ces unités avaient été remplacées par quatre divisions (99°,
102°, 103°, 104° D. T.), formées de réservistes territoriaux appartenant aux classes 1890, 1891, 1892. Une partie de ces
R. A. T. n'avaient même jamais servi en temps de paix et
provenaient de récupérations faites parmi les anciens réformés des vieilles classes. La circulaire ministérielle qui les
avait groupés en divisions (*dépêche ministérielle du 5 mai
1915, n° 6487 1/11*) avait précisé qu'ils étaient destinés à être
employés comme travailleurs dans le camp retranché de Paris. Elle avait stipulé qu'à défaut d'un nombre suffisant d'officiers mobilisables on pourrait utiliser pour l'encadrement de
ces unités spéciales « *des officiers inaptes à faire campagne,
mais susceptibles néanmoins d'assurer un bon service de
place* ». Et non seulement cela fut fait sur une large échelle,
mais ce fut insuffisant : en arrivant au front, trois mois après
leur constitution, ces divisions accusaient encore un énorme
déficit en officiers.

L'inspection qu'en passa le commandant de l'armée l'amena
à constater que nombre des soldats qui composaient ces divisions, usés prématurément par le dur labeur des champs ou
de l'usine, étaient incapables des gros efforts qu'exigeait la
guerre de tranchées. Un régiment notamment, au cours de la
dernière étape qui l'avait amené sur le front (une étape de dix-
huit kilomètres), avait laissé à la traîne 50 p. 100 de son effectif.

Il y a lieu d'ajouter que certains de ces hommes, enrégimentés pour des travaux dans le gouvernement militaire de
Paris et jetés brusquement dans la tranchée, ne se faisaient

pas faute de manifester leur étonnement (1) et se sentaient réellement en état d'infériorité.

Le cadre officiers se composait d'hommes de devoir, vieux serviteurs qui avaient voulu apporter leurs dernières forces à la France envahie. Tous les colonels, sauf un, avaient dépassé de beaucoup 60 ans. L'un d'eux avait même 71 ans. Un médecin-major, retraité de la marine, comptait 75 années. La situation était proportionnellement la même dans tous les autres grades. Les forces physiques de beaucoup de ces braves gens n'étaient plus à hauteur de leur dévouement et de leur bonne volonté et il allait apparaître dès les premiers jours qu'un grand nombre d'entre eux n'avaient plus ni la santé, ni la résistance voulues pour assurer le lourd service des tranchées.

A titre d'exemple, voici quelle était la composition détaillée de la 104ᵉ division, qui était cependant une des mieux partagées au point de vue des effectifs et des cadres.

Elle comprenait :

Le 240ᵉ territorial : effectif, 2.480 hommes, dont 783 de la classe 1891, 568 de la classe 1892, le reste en anciens réformés récupérés ;

Le 276ᵉ territorial : effectif, 2.651 hommes, dont 505 de la classe 1891, 836 de la classe 1892, le reste en récupérés non instruits en temps de paix ;

Le 295ᵉ territorial : effectif, 2.403 hommes, dont 1.514 de la classe 1891, 459 de la classe 1892, le reste en récupérés ;

Le 311ᵉ territorial : effectif, 2.511 hommes, dont 973 de la classe 1891, 525 de la classe 1892, le reste en récupérés.

Cette infanterie était armée du vieux fusil modèle 1886 qu'elle échangea, la veille de son entrée en secteur, contre le fusil à chargeur modèle 1907-1915 avec lequel elle dut faire connaissance dans la tranchée même.

A son arrivée sur le front, cette division avait un déficit de 55 officiers, dont : état-major, 4 officiers ; intendance, 2 of-

____

(1) Il partait chaque jour de ces divisions, à l'adresse des députés et des sénateurs de leurs régions, une centaine de lettres dont le contrôle postal respecta toujours scrupuleusement le secret. Le chiffre élevé de ces correspondances montre du moins l'état d'esprit de ces hommes qui, enrégimentés comme travailleurs, croyaient avoir été mis en ligne par erreur.

ficiers; infanterie, 2 chefs de bataillon, 43 lieutenants; artillerie, 3 lieutenants; cavalerie, 1 lieutenant.

Du 1ᵉʳ août au 1ᵉʳ février, bien que ses pertes par le feu aient été très faibles, il fallut lui fournir 14 officiers supérieurs et 91 capitaines ou lieutenants, tant pour combler le déficit que pour remplacer ceux que leur âge et leur manque de forces obligèrent au départ.

La division ne comptait qu'une seule section de mitrailleuses rattachée au 240ᵉ d'infanterie.

Son artillerie se composait de trois batteries de 90, vieux canon à tir lent, peu utilisable dans la guerre moderne.

Telle était la situation de la 104ᵉ division. Il en était de même des trois autres. Il fallut un effort considérable, avec les ressources limitées dont on disposait, pour les doter de ce qui leur manquait et leur donner figure d'unités de guerre. On n'y réussit que très imparfaitement, bien que deux d'entre elles, la 103ᵉ (général Beaudemoulin), et la 104ᵉ (général Palat), se soient sensiblement améliorées grâce à l'expérience et à l'esprit d'initiative et d'organisation de leurs chefs. Mais ceux-ci, malgré leur mérite, ne pouvaient leur rendre la jeunesse ni en faire de véritables unités de combat.

On pouvait toutefois, à ce moment, espérer utiliser ces divisions sans trop de risques, étant donné que la grosse attaque préparée en Champagne devait absorber les réserves et l'attention de l'ennemi, mais c'était à la condition que l'encadrement de ces troupes fût amélioré et renforcé et que leur emploi en première ligne eût un caractère d'expédient tout à fait momentané.

C'est à ce point de vue que se plaça le commandant de l'armée en rendant compte de la situation au général en chef. Il lui demanda de prélever les cadres nécessaires à la réorganisation de ces troupes sur l'ensemble de tous les régiments territoriaux présents au front. Cette mesure eût considérablement augmenté la valeur des régiments dont il s'agit, car ils eussent ainsi reçu un noyau d'officiers moins âgés et déjà au courant des choses de la guerre. Mais cette solution ne fut pas admise et le commandant de l'armée n'eut, pour améliorer la situation, d'autre moyen que de prélever, dans la limite des ressources existantes, soit par mutation, soit par promotion, des cadres sur ses seules troupes territoriales.

Ces divisions entraient en ligne à un moment où le front
de l'armée était devenu plus sensible que par le passé. Alors
que, pendant l'hiver 1914-1915, un espace libre, variant de
400 à 800 mètres, séparait généralement les tranchées françaises et allemandes au sud de la Somme et de l'Avre — sorte
de *no mans land* qui facilitait grandement la défense — une
avance à la sape faite en prévision d'une offensive nous avait
amenés, au cours de l'été, à une distance moyenne de 150
mètres des lignes allemandes. Il en était résulté des points
de friction nombreux qui nécessitaient un redoublement de
surveillance et des troupes sûres d'elles.

Quoi qu'il en soit, les divisions nouvelles prirent les tranchées, non pas en relevant directement les divisions actives
envoyées en Champagne, mais en occupant les parties les
moins dangereuses du front où elles furent mélangées aux
corps d'armée restant en ligne et appuyées par leurs unités.
La 120e division fut même momentanément disloquée et répartie par bataillons au milieu de ces divisions R. A. T.

C'est dans ces conditions que s'écoulèrent les mois d'août
et de septembre où, par suite des grosses opérations engagées en Champagne, un calme relatif régna sur le front de la
6ᵉ armée.

Mais à peine notre offensive de Champagne fut-elle arrêtée
que l'ennemi lança une série d'attaques locales sur toutes les
parties faibles du front français, attaques qui, commencées
dès le début d'octobre, se succédèrent à de courts intervalles
jusqu'en janvier 1916.

Ces attaques se produisirent :
Le 8 octobre, au sud de Sainte-Marie-à-Py;
Le 9 octobre, sur le front Reillon - Leintrey;
Le 10 octobre, à Souchez;
Le 12 octobre, au Lingekopf;
Le 14 octobre, à Souchez et Givenchy;
Le 15 octobre, à l'est d'Auberive;
Le 16 octobre, à l'Hartmannswillerkopf, etc., etc.

Il serait trop long d'énumérer tous ces engagements qui
entraînaient toute une suite de combats locaux et qui, en plus

des morts, nous coûtaient souvent des pertes de tranchées et de prisonniers. Il suffit du reste de se reporter aux communiqués de l'époque pour constater que les attaques se succédèrent sans discontinuer.

En même temps que cette grande activité se manifestait sur tout le front, une modification considérable se produisait en face de la 6ᵉ armée. Les Allemands relevaient les divisions de landwehr et les corps d'armée de réserve qui se trouvaient entre la Somme et l'Oise et les y remplaçaient par des troupes actives, des unités d'élite appartenant presque exclusivement à l'armée prussienne. C'étaient le corps actif de la Garde, la 10ᵉ division bavaroise et la 15ᵉ division de landwehr dans la région de Lassigny, les XVIIᵉ et XVIIIᵉ corps prussiens entre Beuvraignes et la Somme, le VIIIᵉ corps prussien et une partie du XIᵉ à l'est de l'Oise.

Ces troupes, notamment la Garde, les XVIIᵉ et XVIIIᵉ corps. revenaient du front russe où les succès relativement faciles qu'elles avaient obtenus sur nos vaillants alliés, dénués de canons, de munitions et même de fusils (1), avaient exalté leur esprit offensif et développé en elles une confiance et un orgueil immenses. On le constatait dans leur attitude agressive et dans les propos des quelques prisonniers qu'on leur fit.

A cet ensemble de troupes solides et choisies, dotées d'une nombreuse artillerie lourde, la 6ᵉ armée française opposait trois groupements comprenant au total : quarante-sept bataillons de l'armée active, vingt-quatre bataillons de réserve (2), vingt-deux bataillons territoriaux, quarante-huit bataillons R. A. T. et une artillerie lourde qui, pour un front de 108 kilomètres, comptait seulement : cinq batteries de 120 long à tir lent; sept batteries de 155 long à tir lent; trois batteries de 105 à tir rapide.

Le commandant de la 6ᵉ armée, qui avait la responsabilité

____

(1) La pénurie d'armes était telle en Russie que l'on vit des unités se faire suivre au combat d'hommes sans fusils qui ramassaient ceux des morts et des blessés pour pouvoir prendre leur place dans le rang.

(2) Les régiments de réserve, à ce moment, n'avaient pas encore été assimilés comme recrutement aux régiments actifs et se composaient des classes les plus vieilles de la réserve.

du front de Paris, ne pouvait rester indifférent en présence
d'une pareille situation. Il avait le devoir de rappeler que
les divisions R. A. T. lui avaient été données à titre tout à
fait provisoire, en vue de la bataille de Champagne, et de
demander que ces troupes, peu aptes au combat, ne fussent
pas maintenues plus longtemps dans un secteur aussi important, où les moindres incidents avaient à Paris les répercussions les plus vives. Témoin, l'affaire de Crouy.

C'est ce qu'il fit par une lettre n° 10868 du 10 octobre 1915.

Mais la bataille de Champagne avait amené à constater que
le séjour prolongé dans les tranchées nuisait à l'aptitude ma-
nœuvrière des troupes et le général en chef décidait de ramener en arrière du front un certain nombre de divisions pour
les réentraîner dans des camps d'instruction. Comme conséquence, non seulement on n'accordait pas la relève des divisions R. A. T. par des troupes plus jeunes, mais on faisait
connaître que l'on allait retirer deux d'entre elles en arrière.
De plus, alors que l'on venait déjà, peu de temps auparavant,
d'enlever à l'armée une division active, on faisait en même
temps passer la 25ᵉ division (13ᵉ corps) en réserve de groupe
d'armées.

En présence de cette nouvelle diminution d'effectif, le commandant de la 6ᵉ armée adressait au commandant du groupe
d'armées la lettre ci-dessous qui lui exposait la situation tant
au point de vue de la qualité des troupes qu'au point de vue
de l'emploi de l'artillerie et de la constitution des réserves :

6ᵉ ARMÉE

ÉTAT-MAJOR

3ᵉ *Bureau*   Au Q. G., le 17 octobre 1915.

N° 3861/3.

Le général Dubois, commandant la 6ᵉ armée,
à Monsieur le Général commandant le groupe d'armées du Nord.

Par votre lettre n° 2357 du 16 octobre me transmettant un état de
répartition des unités mises à ma disposition par M. le Général
commandant en chef, vous m'avez prescrit de vous soumettre un
projet d'emploi détaillé de ces forces en m'invitant en même temps
à vous présenter les observations que je pourrais avoir à formuler.

J'ai l'honneur de vous adresser l'état de répartition dont il s'agit en attirant votre attention sur la situation qui en résulte pour la 6e armée.

Avant les opérations de Champagne, cette armée avait neuf divisions actives, en y comprenant la 37e, retirée du front et placée en réserve. Sur ces neuf divisions, on a prélevé quatre divisions, les 37e, 48e, 51e et 25e (cette dernière placée en réserve de groupe d'armées). Elles ont été remplacées par quatre divisions territoriales, les 99e, 102e, 103e et 104e.

Sur ces quatre divisions territoriales, deux seulement, d'après le projet de répartition du général commandant en chef, doivent rester sur le front; les deux autres doivent être placées en arrière.

Il en résultera donc que la 6e armée perdra en définitive *deux divisions* et que la qualité des troupes sera sérieusement amoindrie. Or, les fronts tenus actuellement après les avances faites en vue des opérations offensives, particulièrement au 13e C. A. et à la 62e D. I., sont beaucoup plus sensibles qu'ils ne l'étaient l'hiver dernier. Le 35e C. A., avec ses deux divisions, est étiré sur un front de 32 kilomètres, tous ses bataillons sont en ligne; si une offensive venait à se produire au nord de l'Aisne, il n'aurait aucune réserve pour y faire face.

J'ai eu l'honneur de vous exposer en outre quelle était la médiocrité des divisions R. A. T. au point de vue du combat. Elles ont été constituées pour la plus grande partie *en officiers inaptes à faire campagne, mais susceptibles néanmoins d'assurer un bon service de place* (dépêche ministérielle du 5 mai 1915 n° 6487 1/11). Elles comprennent exclusivement des R. A. T. d'un âge moyen de 45 ans, dont un quart de récupérés qui n'ont pas fait de service actif. Après les nombreux prélèvements qui y ont été faits par l'industrie, elles se composent presque uniquement de cultivateurs et dans certains corps d'inscrits maritimes. L'ensemble a l'aspect d'hommes prématurément vieillis et usés par la dureté de leur métier. Elles n'offrent plus, d'autre part, de ressources pour le recrutement des cadres subalternes. Leur composition et leur degré d'instruction ne permettent pas d'espérer en tirer parti en cas d'attaque de l'ennemi, car, en admettant même qu'elles tiennent sous un bombardement, elles sont incapables de mener la moindre contre-attaque. Malgré les nombreux renvois à l'intérieur que j'ai provoqués et qui ont porté sur deux commandants de brigade, cinq chefs de corps, dix chefs de bataillon et un nombre important d'officiers subalternes, la qualité de la troupe reste à peu près ce qu'elle était.

La diminution du nombre des divisions actives sur le front de la 6e armée a eu une autre conséquence sérieuse : c'est la diminution du nombre de batteries de 75 mises à ma disposition. On admet généralement qu'un barrage de 75 exige une pièce par cinquante mètres pour être sérieux, et même une pièce par trente mètres pour être infranchissable. Or, dans la nouvelle répartition projetée, les barrages de 75 s'échelonneront entre deux cents mètres par pièce en un seul secteur du front, et trois cents, quatre cents et même six cents mètres dans les autres secteurs. Cela est, au point de vue d'une situation défensive de longue durée, beaucoup trop faible, particulièrement sur un front que l'avance réalisée depuis août a rendu beaucoup plus sensible.

Comme remède à la situation exposée ci-dessus, je souhaiterais, au moment où l'on retire deux divisions de R. A. T., recevoir un corps d'armée qui reprendrait à ma gauche la place laissée vacante par le 9e corps. La présence d'un corps d'armée dans ce secteur me paraît nécessaire, tant dans le but d'avoir au nord de l'Avre un commandement organisé en cas d'attaque que pour permettre de traiter sur un pied d'égalité les nombreuses questions de détail qui surgissent avec le corps d'armée anglais voisin.

Les deux divisions territoriales laissées à ma disposition seraient réparties sur les points les moins sensibles par fractions mélangées aux troupes actives et fourniraient les travailleurs nécessaires pour terminer avant la venue de l'hiver les travaux de la troisième ligne et des centres de résistance qui sont loin d'être achevés. L'avance réalisée dans les deux derniers mois, et qui porte sur dix kilomètres de front et une profondeur de deux cents à six cents mètres, a absorbé jusqu'ici toutes mes ressources et tout mon personnel.

Au cas où vous n'estimeriez pas devoir donner suite à la demande exposée ci-dessus, j'ai l'honneur de vous prier de m'autoriser :

1o A relever de suite la 103e D. T. à la place de la 99e. En effet, la relève de la 99e, située au nord du secteur de la 6e armée, nécessiterait le transport dans cette région de la 103e et entraînerait par conséquent un mouvement long et difficile;

2o A mettre en réserve de groupe d'armées la 120e D. I. à la place de la 25e. En effet, la 25e D. I. est au repos depuis le 1er octobre. La 120e D. I., au contraire, qui est dans les tranchées depuis le mois de mars, vient de passer une période assez dure puisque ses régiments, dispersés ont tenu tous les points sensibles du front. Il est indispensable de lui donner un repos qui permettra en même temps de développer son instruction.

Si cette autorisation m'était donnée, la 25e D. I. reprendrait sa place sur le front; la 104e D. T. remplacerait la 120e D. I. et l'occupation du front du 13e C. A., conformément aux directives que vous m'avez notifiées, serait considérablement simplifiée.

Ultérieurement, je vous demanderai l'autorisation d'organiser des relèves de telle sorte que chaque division ait, dans la période d'hiver, vingt jours de repos et d'instruction pour quarante jours de service en première ligne.

6e ARMÉE

ÉTAT-MAJOR

3e *Bureau*   17 octobre 1915.

Projet de répartition des forces de la 6e armée.

I. — SITUATION ACTUELLE.

A. — Troupes sur le front.

a) *Secteur de la 99e D. T.* (front, 7 kilomètres) : neuf bataillons de la 99e D. T., trois bataillons actifs (de la 120e D. I.);

b) *Secteur de la 62ᵉ D. I.* (front, 11 kilomètres) : douze bataillons de la 62ᵉ D. I., deux bataillons territoriaux exercés (88ᵉ);

c) *Secteur de la 102ᵉ D. T.* (front, 8 kilomètres) : douze bataillons de la 102ᵉ D. T., six bataillons actifs (trois de la 120ᵉ D. I., trois de la 26ᵉ D. I.), deux bataillons territoriaux exercés (103ᵉ);

d) *Secteur de la 104ᵉ D. T.* (front, 11 kilomètres) : douze bataillons de la 104ᵉ D. T., six bataillons actifs (trois de la 120ᵉ D. I., trois de la 26ᵉ D. I.);

e) *Secteur de la 120ᵉ D. I.* (front, 10 kilomètres) : trois bataillons actifs de la 120ᵉ D. I., trois bataillons de la 99ᵉ D. T. (322ᵉ), neuf bataillons territoriaux exercés (70ᵉ, 71ᵉ, 72ᵉ régiments);

f) *Secteur de la 61ᵉ D. I.* (front, 15 kilomètres) : douze bataillons de la 103ᵉ D. T., six bataillons de la 61ᵉ D. I., un bataillon territorial exercé (1ᵉʳ B. C.), six cents cavaliers et cyclistes;

g) *Secteur de la 121ᵉ D. I.* (front, 15 kilomètres) : onze bataillons actifs de la 121ᵉ D. I., huit bataillons territoriaux exercés (68ᵉ, 69ᵉ, 2ᵉ et 4ᵉ B. C.).

B. — Réserves.

a) 25ᵉ D. I., derrière les secteurs a) et b);

b) Une brigade de la 26ᵉ D. I., derrière les secteurs c) et d);

c) Une brigade de la 61ᵉ D. I., derrière les secteurs f) et g).

II. — SITUATION A RÉALISER.

D'après les instructions reçues du général en chef, il s'agit de mettre en réserve de groupe d'armées :

1° La 25ᵉ D. I.;

2° La 53ᵉ D. I. (non encore arrivée);

3° La 102ᵉ D. T.;

4° La 99ᵉ D. T.

Il ne semble pas possible de mettre en réserve la 99ᵉ D. T., mais il serait possible de placer en réserve la 103ᵉ D. T.

La répartition suivante, comportant un léger remaniement des secteurs actuels, répond aux desiderata du G. Q. G.

A. — Troupes sur le front.

a) *Secteur de la 99ᵉ D. T.* : douze bataillons territoriaux R. A. T. (99ᵉ D. T.), trois bataillons actifs (26ᵉ D. I.);

b) *Secteur de la 62ᵉ D. I.* : sans changement;

c) *Secteur de la 26ᵉ D. I.* : six bataillons actifs (26ᵉ D. I.), deux bataillons territoriaux exercés (103ᵉ D. T.), trois bataillons territoriaux exercés (70ᵉ T.);

d) *Secteur de la 120ᵉ D. I.* : six bataillons actifs (120ᵉ D. I.), six bataillons territoriaux exercés (71ᵉ et 72ᵉ);

e) *Secteur de la 104ᵉ D. T.* : douze bataillons territoriaux R. A. T. (104ᵉ D. T.), trois bataillons actifs (120ᵉ D. I.);

f) *Secteur de la 61ᵉ D. I.* : tenu comme il l'était autrefois, avant l'arrivée de la 103ᵉ D. T. La 103ᵉ D. T. sera retirée;

g) *Secteur de la 121ᵉ D. I.* : sans changement.

B. — Troupes en réserve d'armée.

La combinaison de forces ci-dessus laisse disponibles en réserve d'armée :
Un régiment de la 26ᵉ D. I., derrière le secteur c);
Un régiment de la 120ᵉ D. I., derrière le secteur d),

C. — Troupes en réserve de groupe d'armées.

Celles-ci seraient placées comme suit :
1° La 25ᵉ D. I., derrière les 99ᵉ et 62ᵉ divisions;
2° La 102ᵉ D. T., derrière le 13ᵉ C. A.;
3° La 103ᵉ D. T., derrière les 13ᵉ et 35ᵉ C. A., à cheval sur l'Oise;
4° La 53ᵉ D. I., derrière le 35ᵉ C. A.

Relèves.

Un roulement serait établi comme suit :
1° Entre les 25ᵉ, 26ᵉ et 120ᵉ D. I.;
2° Entre les 103ᵉ et 104ᵉ, 99ᵉ et 102ᵉ D. T.;
3° Entre les 61ᵉ, 121ᵉ et 53ᵉ D. I.

Le 18 octobre, c'est-à-dire au lendemain même de l'envoi de la lettre ci-dessus, le général Alby, commandant le 13ᵉ corps, adressait au commandant de l'armée un rapport relatant divers incidents de tranchées et montrant le manque de solidité des régiments R. A. T. *Les faits exposés dans ce rapport étaient tellement caractéristiques* que le commandant de la 6ᵉ armée revenait immédiatement à la charge auprès du haut commandement. Il transmettait le rapport de cet officier général en insistant à nouveau par *une note n° 12033 en date du 18 octobre* sur l'urgence qu'il y avait à remplacer les R. A. T. par des troupes plus jeunes.

Satisfaction complète ne put être obtenue. Trois divisions R. A. T. restèrent en ligne, mais un progrès sérieux fut réalisé. La 6ᵉ armée reçut le 3ᵉ corps d'armée, fort de deux divisions, ramené de l'Artois et qui vint occuper le secteur immédiatement au sud de la Somme. Elle perdit en échange une division de réserve et une division R. A. T.

Par la suite, le commandant de l'armée ne laissait échapper aucune occasion d'appeler, soit verbalement, soit par écrit, l'attention du haut commandement sur l'urgence du remplacement des unités R. A. T. par des troupes plus solides. Il y était poussé, tant par les comptes rendus de ses commandants de corps d'armée, pour qui cette situation était une cause de sérieuses préoccupations, que par la possibilité sur son front d'attaques analogues à celles que l'ennemi continuait à lancer sur les points sensibles et peu garnis, en Artois, en Champagne, dans les Vosges, attaques qui avaient souvent des conséquences locales assez sérieuses. Il y était, d'autre part, incité par la présence en arrière de ses lignes des 1er et 2e corps d'armée coloniaux, qu'il avait été chargé de réorganiser dès la fin de septembre, après la bataille de Champagne. Ces deux corps d'armée, forts de trois divisions chacun, une fois reconstitués par les soins de la 6e armée, avaient cessé de lui être rattachés. Ils avaient été placés à l'arrière, dans des cantonnements très disséminés, à une distance qui variait de vingt-cinq à cinquante kilomètres, selon les différents points du front, ce qui entraînait un délai minimum de trente-six à quarante-huit heures pour les avoir à pied-d'œuvre. Ils restèrent dans cette situation de repos pendant quatre mois. Le commandant de la 6e armée eût désiré que chacun d'eux lui fournît une division, relevée par quinzaine, ce qui eût donné de la solidité au front et eût permis d'en faire sortir deux divisions R. A. T., qui eussent été employées à des organisations défensives. Mais le grand quartier général, qui croyait à cette époque que les offensives seraient forcément précédées d'un bombardement prolongé, révélateur du point d'attaque, estimait qu'il pourrait toujours faire intervenir ses réserves en temps utile et rejetait la possibilité d'une attaque brusquée. Théorie trop absolue que les faits devaient brutalement démentir, à Frise d'abord et quelques jours plus tard à Verdun.

Telles étaient les raisons qui militaient en faveur d'une amélioration dans la constitution des effectifs de la 6e armée.

Il semblera peut-être que le commandant de l'armée y apportât beaucoup d'insistance et que cette insistance risquât de ne pas être bien vue. A cela nous répondrons que si un chef doit avoir assez de caractère pour prendre toutes ses

responsabilités et ne pas craindre de dire hautement ce qu'il
croit nécessaire, il ne saurait, d'autre part, donner à ses
supérieurs une plus haute marque de déférence et de confiance qu'en leur supposant, à eux aussi, assez de caractère
pour accepter, sans le prendre en mauvaise part, des interventions inspirées par le bien du service, fussent-elles répétées et même un peu pressantes.

Quoi qu'il en soit, pour donner le change à l'ennemi, et
surtout pour masquer son infériorité en artillerie, le commandant de l'armée ne pouvait recourir qu'à une seule tactique :
se montrer très agressif avec son canon, en y ajoutant au
besoin des déplacements de batteries pour effectuer des concentrations de feux. Encore était-on limité dans les actions
de cette nature par le chiffre peu élevé des munitions allouées.
C'est néanmoins ce que l'on fit et c'est ce qui explique pourquoi nos communiqués relatent de si fréquentes actions d'artillerie dans les différents secteurs de la 6e armée pendant la
période qui s'étendit d'octobre 1915 à janvier 1916. A cet emploi du canon s'ajouta la guerre de mines dans la région au
sud de Frise et dans celle de Beuvraignes, ainsi qu'une vive
activité des canons de tranchées et des fusils à grenades qui
étaient largement approvisionnés en munitions.

Telle était la situation générale de la 6e armée, au moment
où allait s'engager le combat de Frise. (Croquis n° 30, en fin
de volume.)

Le village de Frise est situé dans un méandre de la Somme.
La rivière se présente en ce point sous la forme d'un marais
large de deux cents mètres environ. Frise est adossé à la
rivière, doublée en ce point d'un canal. Il n'y avait comme
communication avec l'arrière qu'un boyau de plus d'un kilomètre de longueur, dénommé « boyau Messimy » et creusé le
long du canal. De cette insuffisance de communications résultait une situation fort précaire.

La seule raison de l'occupation de cette localité était qu'on
la tenait en 1914 en fin de bataille et qu'on n'avait pas voulu
l'abandonner. Toutes les troupes qui avaient eu à la garder
s'y étaient trouvées très isolées, et même aventurées. Mais on
s'était — à tort, on doit en convenir — fait un point d'honneur

de ne pas l'évacuer, ne voulant rien céder à l'ennemi du sol
français. Aucun des trois commandants d'armée qui s'étaient
succédé sur le front de la Somme n'avait voulu en prendre
l'initiative, pas plus d'ailleurs que le grand quartier général.

En janvier 1916, Frise se trouvait dans le secteur du 3ᵉ
corps d'armée, secteur qui, pour être un des moins étendus
de ceux de la 6ᵉ armée, n'en mesurait pas moins trente-six
kilomètres. Les chefs chargés de le défendre étaient des hommes de la plus haute valeur : le 3ᵉ corps était commandé par
le général Nivelle et la 6ᵉ division, qui occupait Frise, par le
général Mangin. Mais, quelque marquants que soient les
chefs, encore faut-il qu'ils disposent de moyens suffisants. Or,
pour tenir ce front de trente-six kilomètres, le commandant
du 3ᵉ corps n'avait que les 5ᵉ et 6ᵉ divisions actives et la 99ᵉ
R. A. T.

L'insuffisance des effectifs en hommes et en canons, signa-
lée avec tant d'insistance par le commandant de l'armée, allait
se trouver vérifiée.

Les dispositions prises par les généraux Nivelle et Mangin
étaient des plus sages. Frise, le point délicat, ainsi que le
canal qui lui servait de voie d'accès, était tenu par un bataillon de l'armée active (129ᵉ d'infanterie). Un bataillon du
322ᵉ territorial venait ensuite, mais il avait comme soutien
immédiat une compagnie de l'armée active appartenant également au 129ᵉ. Il en était ainsi sur tout le front de la 5ᵉ division, les unités actives tenant les parties les plus dangereuses, les unités territoriales les points les moins exposés et
toujours avec des compagnies actives en soutien.

L'artillerie du secteur consistait en trois batteries de 75 et
trois batteries de 95; mais, en raison de l'étendue du front,
le terrain à battre pour chaque batterie dépassait 1.200 mètres en largeur, ce qui, s'ajoutant à la lenteur de tir des 95,
rendait impossible un barrage réel et efficace.

L'attaque allemande fut déclenchée le 28 janvier. (Croquis
n° 30, en fin de volume.)

Elle se manifesta d'abord par un violent bombardement entamé à 7 h. 50 et portant sur un front d'environ vingt kilomètres, depuis Maucourt, au nord de l'Avre, jusqu'au delà

de la Somme. 60.000 obus de tous calibres furent lancés en
quelques heures. Toutes les communications téléphoniques
se trouvèrent coupées et les communications par coureurs
rendues impossibles, tant était grande la proportioh des obus
toxiques.

Le commandant de l'armée, à la nouvelle de cette violente
canonnade, s'était transporté au poste de commandement du
général Nivelle. Il y recevait, à 14 heures, un compte rendu
du général Mangin qui croyait à ce moment encore que l'affaire se bornerait à un violent bombardement. Mais, vers
15 heures, l'ennemi, allongeant son tir, déclenchait une attaque menée par la XIᵉ division prussienne sur le front Dompierre - Frise. Cette attaque échouait dans la partie sud, mais
au nord l'ennemi pénétrait sans difficulté dans le bois Haché
et dans les tranchées adjacentes tenues par des compagnies
du 322ᵉ qui, terrées dans leurs abris, n'opposèrent aucune
résistance. De là, il gagnait le bois du Signal et le bois de la
Vache, également gardés par une compagnie du 322ᵉ avec
une section de mitrailleuses, et les occupait sans recevoir un
coup de fusil. Les défenseurs de Frise se trouvaient alors en-
cerclés et coupés de toute retraite.

Le gain des Allemands se résumait donc à l'occupation de
Frise et à la prise de 1.000 mètres de tranchées au sud du
village. Il devait s'accroître légèrement le lendemain matin
par suite d'une défaillance du même régiment.

En raison de la rupture des communications, le général
commandant la 5ᵉ division n'apprenait et ne pouvait signaler
cette intrusion de l'ennemi dans nos lignes que vers 18 heures.

Immédiatement, le commandant de l'armée mettait à la disposition du général Nivelle le 274ᵉ d'infanterie, la seule unité
qu'il lui eût été possible de réserver dans le secteur du 3ᵉ corps.
De plus, comme le 1ᵉʳ corps colonial, par une coïncidence heureuse, avait été rapproché du front en vue de la relève du 3ᵉ
corps qui devait avoir lieu quelques jours plus tard — bien
que ce corps ne se trouvât pas encore sous ses ordres — il
prenait sur lui de pousser pendant la nuit l'artillerie de la
2ᵉ division coloniale au sud-ouest de Cappy et de faire transporter en autos, à Proyart, une des brigades de cette division,
l'autre étant amenée en réserve à Villers-Bretonneux. En
même temps, il adressait un message pressant au comman-

dant du groupe d'armées pour obtenir un régiment d'artillerie lourde. Celui-ci mettait à la disposition de la 6ᵉ armée le 83ᵉ d'artillerie, régiment à tracteurs, comprenant : un groupe de 155 long, un groupe de 120 long, un groupe de 100 T. R., un groupe de 220.

Mais, avec le temps nécessaire pour amener ce régiment, qui se trouvait à l'instruction au camp de Saint-Riquier (75 kilomètres du front), pour installer les batteries et effectuer les réglages gênés par le brouillard, ce n'est que le 3 février que cette artillerie put ouvrir le feu.

L'ensemble des dispositions ainsi prises parait à tout danger immédiat et allait permettre de reprendre, par une action méthodique, le terrain cédé à l'ennemi.

Le rapport ci-dessous, adressé au général Foch, commandant le groupe d'armées, relate les phases principales du combat jusqu'au 7 février.

6ᵉ ARMÉE
—
ÉTAT - MAJOR
—
3ᵉ *Bureau*   Au Q. G., le 7 février 1916, 20 heures.
—
Nᵒ 4783/3.

**Rapport sur les événements survenus dans la région de Frise
les 28 et 29 janvier 1916 (1).**

I. — Disposition des troupes dans le sous-secteur de Frise.

Infanterie :

Groupement du colonel Valzy, commandant le 129ᵉ d'infanterie : cinq compagnies du 129ᵉ, huit compagnies du 322ᵉ territorial, réparties ainsi qu'il suit :

a) *Première ligne* (tranchée de tir et tranchée de soutien) : une compagnie du 129ᵉ (partie nord-ouest de Frise jusqu'au cimetière), trois compagnies du 129ᵉ (du cimetière à la route Cappy - Herbécourt), quatre compagnies du 322ᵉ T. (de la route Cappy - Herbécourt à la route Cappy - Dompierre);

---

(1) Nous avons tenu à reproduire ce rapport *in extenso*, parce qu'il établit nettement la situation de la 6ᵉ armée au début de 1916, et aussi pour que ceux que nous avons eu l'honneur de commander sachent bien qu'il n'était pas dans nos habitudes de laisser retomber sur nos sous-ordres la responsabilité des incidents qui survenaient dans leurs secteurs, mais que nous nous faisions un devoir de mettre en évidence les causes réelles de ces incidents, où qu'il fallût remonter pour les dégager.

b) *Ligne de contre-attaque :* une compagnie du 322ᵉ T. (point d'appui du bois de la Vache) avec une section de mitrailleuses, une compagnie du 129ᵉ (redoute du bois Vierge), une compagnie du 322ᵉ T. (ouvrage de l'Arbre-en-Boule);

c) *Réserve de sous-secteur :* deux compagnies du 322ᵉ T. (Eclusier). *Réserve de secteur :* un bataillon du 129ᵉ (Chuignes). *Réserve d'armée :* 274ᵉ régiment d'infanterie (deux bataillons, Caix).

Artillerie :

1° 75 : trois batteries, réparties ainsi qu'il suit : une batterie au nord de la cote 85, une batterie entre la route Cappy - Herbécourt et la route Cappy - Dompierre, une batterie à l'est du bois Olympe. *Chaque batterie a de 1.200 à 1.500 mètres de front à battre.*

2° 95 : trois batteries réparties ainsi qu'il suit : une batterie à l'ouest d'Eclusier, une batterie sud-ouest du carrefour des routes Cappy - Herbécourt et Eclusier - Herbécourt, une batterie sud-est d'Eclusier.

II. — Journée du 28 janvier.

Depuis plusieurs jours l'activité de l'artillerie ennemie avait augmenté assez sensiblement sur le front Dompierre - Frise ; de nouvelles batteries de campagne et de 210, placées hors de la portée de notre 75, s'étaient révélées.

Le 28, à 7 h. 30, les Allemands déclenchèrent une violente canonnade d'obus de tous calibres sur le front compris entre Maucourt et la Somme. Cette canonnade s'étendait au nord de la Somme dans la zone anglaise. Le bombardement était dirigé non seulement sur les tranchées de première ligne, mais sur les lignes de soutien, de contre-attaque, les boyaux, les batteries, les voies et les nœuds de communication, les localités en arrière; l'ennemi faisait un large emploi d'obus lacrymogènes.

A partir de 10 heures, le tir s'intensifiait sur la région comprise entre la route Cappy - Dompierre et la Somme; le bois Haché et le bois de la Vache recevaient quarante obus à la minute; les ponts sur la Somme et sur le canal étaient particulièrement visés.

Dès 14 heures, toutes les communications téléphoniques étaient coupées et les liaisons ne pouvaient plus se faire que par coureurs. Celles-ci devenaient même bientôt impossibles en raison de la grande quantité de gaz lacrymogènes que le tir avait accumulée dans les parties basses et les boyaux.

A 14 h. 55, l'ennemi allongeait son tir.

Vers 16 h. 15, le colonel du 129ᵉ, commandant le secteur, dont le poste de commandement était violemment bombardé, voyait arriver le capitaine commandant la compagnie du 322ᵉ T. placée au bois de la Vache, qui lui rendait compte qu'étant sorti de son abri, situé à la lisière ouest du bois, il avait vu celui-ci occupé par l'ennemi et ne savait ce qu'était devenue sa compagnie.

Sept patrouilles étaient alors envoyées successivement vers Frise; six d'entre elles ne revinrent pas, la septième rendit compte que l'ennemi occupait le chemin de halage au nord du bois de la Vache.

Peu après, le colonel commandant le 129e apprenait que l'ennemi avait occupé également le bois Signal. Le bataillon du 129e aux abords de Frise et deux compagnies du 322e T. avaient donc disparu. Il semble que la manœuvre de l'ennemi a consisté en une percée du bois Haché vers le bois de la Vache, percée qui a complètement isolé et permis de prendre à revers le bataillon du 129e dont on a entendu les fusils et les mitrailleuses.

Pendant ce temps, ordre écrit avait été donné aux deux compagnies du 322e T., d'Eclusier, d'occuper le réduit du village et les ouvrages au sud. Cet ordre écrit dut être renouvelé pour être exécuté; la conduite de ces deux compagnies fut peu brillante, un grand nombre d'hommes s'enfuyant.

Dès que cette situation fut connue, le général commandant la 5e division mit deux compagnies du 129e en réserve à Chuignes à la disposition du colonel commandant le 129e pour reprendre dès le soir le bois Signal et le bois de la Vache; les deux autres compagnies lui furent également données à 18 heures. De ces compagnies, l'une reçut comme objectif le bois de la Vache, une autre le bois Signal; une troisième eut pour mission de prendre à revers le bois Signal en partant de la redoute du bois de la Vierge; la quatrième fut placée en réserve au bois Sans-Nom. Ralenties par l'obscurité, elles ne purent s'engager que vers 22 heures et furent contenues par le feu des mitrailleuses, sauf celle de droite qui progressa à la grenade dans le bois Signal.

A 16 h. 30, le général commandant l'armée poussait à la disposition du 3e C. A. les trois groupes de 75 de l'AD/2e D. I. C. qui venaient d'arriver à Villers-Bretonneux en vue de la relève du 3e C. A.

A 19 heures, le général commandant la 5e D. I. recevait du général commandant le 3e C. A. la libre disposition du 274e qui, immédiatement alerté, se mettait en marche à 20 h. 30. Ce régiment gagnait Chuignes en passant par Harbonnières et Chuignolles; il y arrivait vers minuit.

On saisit là sur le vif le danger que présentait la pauvreté des réserves due à l'extrême extension du front. Si, en effet, l'ennemi avait poussé à l'ouest du bois de la Vache, il eût pu atteindre sans résistance Cappy à la tombée de la nuit.

III. — JOURNÉE DU 29 JANVIER.

Le 274e, qui avait reçu comme mission du général commandant la 5e D. I. d'exécuter une attaque à la fin de la nuit sur le bois Signal et sur le bois de la Vache, quitta Chuignes vers minuit et, en longeant le canal, puis par les boyaux, gagna le ravin au sud-est d'Eclusier; il ne put se trouver en place qu'entre 7 heures et 8 heures, enveloppé d'un brouillard profond qui rendait impossible la désignation des objectifs. L'attaque fut déclenchée à 8 h. 30; les unités sortirent des boyaux, mais ne purent progresser que d'environ 150 mètres.

A 9 heures, la situation était la suivante :

Deux compagnies du 274e entre le bois de la Vache et le canal;

Une compagnie du 129e face au bois de la Vache;

Deux compagnies du 274ᵉ entre le bois de la Vache et le bois Signal;

Une compagnie du 129ᵉ face au bois Signal;

Une compagnie du 274ᵉ entre le bois Signal et le boyau Signal;

Une compagnie du 129ᵉ dans le boyau Signal.

L'ennemi, depuis le lever du jour, avait continué à bombarder violemment, avec emploi d'obus lacrymogènes, la région s'étendant depuis la Somme jusqu'à la route Dompierre - Fontaine-les-Cappy.

Le général commandant la 6ᵉ armée avait mis, le 28 au soir, à la disposition du général commandant le 3ᵉ C. A., une brigade de la 2ᵉ D. I. C. arrivée dans la journée à Villers-Bretonneux et qu'il avait fait transporter de nuit, en auto, dans la région de Proyart, tandis qu'il poussait en réserve d'armée, à Villers-Bretonneux, la 2ᵉ brigade de cette D. I.

Le général commandant le 3ᵉ C. A., sentant le peu de solidité des compagnies du 322ᵉ T. encore en ligne, en profitait pour prescrire la relève des compagnies de ce régiment restées dans les tranchées. Cette relève devait avoir lieu à partir de 12 heures. L'opération fut extrêmement ralentie par le fait que les unités du 322ᵉ T., à la reprise du bombardement, abandonnèrent petit à petit leurs tranchées sans attendre l'arrivée des coloniaux; il s'ensuivit, dans les boyaux, sous un bombardement violent, un désordre inexprimable. A 15 heures, les Allemands débouchèrent entre Dompierre et le boyau Signal sans rencontrer de résistance, cisaillèrent les fils de fer et occupèrent la tranchée de première ligne et la tranchée de soutien. La compagnie du 129ᵉ du boyau Signal, prenant l'attaque d'enfilade, l'arrêta en lui faisant subir des pertes assez sensibles. Néanmoins, les Allemands s'infiltrèrent entre le boyau du Centre et le boyau de Petite-Ceinture jusqu'à la ligne de contre-attaque, où ils furent arrêtés par les coloniaux. Une compagnie du 322ᵉ T. et une partie d'une compagnie du 24ᵉ colonial avaient disparu dans la bagarre.

A la nuit, la compagnie du 129ᵉ, qui avait vaillamment gardé le boyau Signal et qui se trouvait complètement en pointe, reçut l'ordre de l'évacuer afin de ne pas être coupée et fut ramenée vers la redoute du bois Vierge.

Dans les journées des 30, 31 janvier, 1ᵉʳ et 2 février, en attendant que l'A. L. soit en place et que l'état de l'atmosphère permette de reconquérir le terrain perdu, le combat a été mené avec succès à la grenade. Les jours suivants, ce combat s'est poursuivi concurremment avec l'action d'artillerie et, le 7 février, nous occupons la tranchée de soutien au sud-ouest du bois Haché, ayant repris 1.200 mètres de terrain à l'ennemi. En profondeur, nous avons gagné vers l'est de 300 à 400 mètres; nous sommes au milieu du bois de la Vache, à la pointe est du Chapeau-de-Gendarme et, plus à l'est encore, dans la tranchée de soutien.

Cet incident fâcheux s'explique par diverses causes qui ne sont pas spéciales à la région de Frise, mais résultent de la composition et de la répartition des forces sur tout le front de la 6ᵉ armée. Celle-ci a, en effet, à garder un front de 108 kilomètres avec trois corps d'armée (36 kilomètres pour le 3ᵉ C. A., 40 kilomètres pour le 13ᵉ C. A., 32 kilomètres pour le 35ᵉ C. A.). Chacun de ces corps

d'armée a seulement deux divisions d'active et une division de
R. A. T.

Dans ces conditions :

1º Les barrages d'artillerie sont tout à fait insuffisants. *L'état A
ci-joint* (1) fait ressortir nettement que, sur le front des 3ᵉ, 13ᵉ et
35ᵉ C. A., les batteries de 75 ont à battre chacune une bande de
terrain qui atteint généralement et dépasse même souvent 1.000 à
1.100 mètres. D'aussi faibles barrages, même en superposant le tir
des batteries, ne peuvent mettre obstacle à une offensive, fût-elle
limitée. Cette extension du front a également une répercussion sur
l'A. L., forcément trop diluée pour pouvoir contrebattre l'artillerie
adverse. *J'ai déjà eu l'honneur d'attirer l'attention sur ces points
dans plusieurs de mes lettres et notamment avec une insistance
particulière dans ma lettre nº 3861/3 du 17 octobre.*

2º Les réserve de C. A. ou d'armée sont très éloignées et ont à
parcourir des distances de douze à quinze kilomètres pour être à
pied-d'œuvre, c'est-à-dire qu'elles arrivent forcément trop tard.

Elles sont en outre extrêmement faibles et, même à supposer
qu'elles arrivent à temps, elles ne peuvent opposer une résistance
sérieuse à l'ennemi, encore moins entreprendre une contre-attaque
dans de bonnes conditions. Les réserves partielles même sont trop
faibles pour tenir efficacement les lignes de contre-attaque.

Il résulte de là que le dispositif de défense n'a aucune profondeur
et on peut se demander ce qui serait arrivé le 28 et le 29 janvier
si, d'une part, par une coïncidence heureuse, la 2ᵉ D. I. C. ne s'était
pas trouvée pour une relève, avec son artillerie, dans la région
de Villers-Bretonneux et si, d'autre part, l'ennemi avait tenté une
offensive de plus grande envergure et poussé en avant avec plus
de hardiesse.

3º Cette organisation défensive en un mince cordon est encore affaiblie par le fait que les travaux auxquels ne peut pas suffire l'effectif des travailleurs demeurent constamment inachevés et, par endroits même, dans un mauvais état d'entretien. Et, pour tout compléter, ces ouvrages insuffisants sont tenus par des divisions R.
A. T. de très mauvaise qualité qu'un remplacement de plus de
50 p. 100 des cadres n'a pu améliorer. Elles ne sont pas susceptibles d'offrir une résistance efficace en cas d'attaque ennemie et ne
présentent même pas une solidité suffisante sous un gros bombardement. *Les raisons en ont été exposées dans ma lettre 10868 du
10 octobre et dans ma transmission nº 12033 du 18 octobre d'une
lettre du général commandant le 13³ C. A.*

Nous devons éviter le retour d'incidents tel que celui qui fait
l'objet du présent rapport, dont les conséquences, mieux exploitées
par l'ennemi, eussent pu être graves. Il faut pour cela chercher le
remède aux faiblesses que je viens de signaler.

La faible densité des troupes en profondeur, justifiée en septembre 1915 sur le front de certaines armées et de la 6ᵉ en particulier,
alors que l'attention des Allemands était attirée sur d'autres points,
n'est plus justifiée maintenant que nos armées sont partout sur la

____

(1) Nous n'avons pas le duplicatum de cet état.

défensive et que les Allemands peuvent porter leur effort où ils veulent.

Si l'on veut à la fois réaliser une organisation défensive puissante et pousser l'instruction des troupes, il est indispensable de placer un plus grand nombre de corps d'armée en ligne et, sans augmenter le nombre des divisions en première ligne, de donner partout à notre dispositif la profondeur qui lui fait entièrement défaut. Chaque C. A. ainsi échelonné occuperait un front de douze à quinze kilomètres seulement et aurait toujours à l'arrière au moins une division au repos. On obtiendrait alors les avantages suivants :

a) Facilité de commandement. Les commandants de C. A. ne peuvent actuellement surveiller efficacement l'organisation d'un front de trente-cinq kilomètres comme celui qu'ils commandent. En cas d'attaque, les liaisons sont difficiles et les mesures exigées par les circonstances sont prises trop tard;

b) Augmentation de la densité des barrages d'artillerie constitués par l'artillerie des divisions sur le front et par l'artillerie de corps; renforcement immédiat en artillerie par les artilleries divisionnaires des divisions de réserve connaissant le secteur; possibilité d'avoir partout un nombre de batteries lourdes suffisant pour répondre immédiatement aux batteries ennemies (A. L. des corps d'armée, A. L. d'armée, batteries de position);

c) Augmentation des réserves et proximité de celles-ci; réserves de secteur destinées à garnir des lignes de contre-attaque et réserves de contre-offensive toujours disponibles sans qu'il soit besoin, comme cela a eu lieu lors de l'offensive de Frise, de mettre en mouvement une grande partie de unités stationnées dans la zone de l'armée;

d) Même facilité d'instruction qu'aujourd'hui pour les divisions en arrière du front, qui pourraient être envoyées dans les camps à tour de rôle;

e) Même facilité d'embarquement pour ces mêmes divisions en cas de besoin.

En résumé, le dispositif défensif actuel place les corps d'armée échelonnés. Il diffère ainsi radicalement du dispositif offensif généralement admis. Il rend nécessaire, en cas de projet d'attaque, le bouleversement de notre front dans des conditions qui ne peuvent pas échapper à l'attention de l'ennemi. Dans le cas où l'initiative de l'attaque est prise par l'ennemi, il a pour conséquence fatale l'emmêlement de toutes les grandes unités et l'engagement de troupes dans des secteurs qu'elles ignorent. En outre, dans les périodes de calme, il rompt au moment des grandes relèves la permanence du commandement et n'assure pas la suite dans les idées.

Le dispositif proposé, au contraire, en plaçant les C. A. accolés, rapproche le dispositif défensif du dispositif offensif, prépare celui-ci non seulement par sa forme, mais encore par la possibilité de mettre en œuvre, sans attirer l'attention de l'ennemi, de puissants moyens pour l'exécution de travaux préalables. Il se prête en outre à un développement plus favorable de la bataille défensive.

Enfin, les relèves se faisant à l'intérieur du C. A., il rend permanente la haute direction des travaux et permet à toutes les divisions en deuxième ligne de bien connaître la partie du front sur laquelle elles peuvent être appelées à agir.

Général Dubois.

Le combat se poursuivit à la grenade du 7 au 13 février, l'artillerie couvrant de projectiles le terrain tenu par l'ennemi, et l'infanterie reprenant successivement le boyau du Signal, les tranchées adjacentes et le bois du Signal. Un barrage fut, en outre, établi en arrière de la 7e compagnie du 51e d'infanterie prussienne, bloquée dans un saillant au sud-ouest du bois de la Vache. Cette compagnie lutta désespérément pendant sept jours et, malgré plusieurs sommations, ne se rendit qu'après avoir eu tous ses officiers tués ou blessés et avoir perdu la moitié de son effectif. Cet épisode montre quelles étaient encore, après dix-neuf mois de guerre, la combativité de l'armée allemande et la solidité de sa discipline. Ce n'est que le 13 février que cette troupe mit bas les armes, nous abandonnant un canon-revolver et plusieurs mitrailleuses. Nous en profitions pour reprendre le même jour, par une attaque énergique, le bois de la Vache et les tranchées qui le reliaient à la Somme.

A ce moment se posa la question de savoir s'il fallait pousser l'opération jusqu'à la réoccupation de Frise.

Le commandant de l'armée, jugeant inutile de sacrifier des hommes pour reprendre un point qui ne présentait aucun intérêt tactique, fit part de son intention au commandant du groupe d'armées et lui demanda son approbation. Celui-ci lui répondit qu'il n'interviendrait pas dans cette question, qu'il laissait le commandant de l'armée libre de prendre telle solution qu'il jugerait convenable après entente avec le général Allenby, qui commandait l'armée anglaise au nord de la Somme. Cet officier général se rallia pleinement à la manière de voir du commandant de la 6e armée. Dans ces conditions, ce dernier ne poussa pas plus loin la contre-attaque et prescrivit de s'installer définitivement sur la ligne constituée par la lisière est du bois de la Vache prolongée jusqu'à la Somme, la lisière est du bois du Signal et le boyau du Signal.

On apprit par les prisonniers que le but de l'attaque avait été d'occuper une ligne à l'ouest du bois de la Vache et du bois du Signal pour avoir des vues sur les positions de la rive nord de la Somme. Primitivement, elle avait dû être déclenchée le 18 janvier en employant les gaz asphyxiants; toute une organisation avait été faite dans ce but. Mais la persistance des vents défavorables avait fait renoncer à ce projet.

On sut par eux que l'attaque fut menée par la XI⁰ division prussienne comprenant les 10⁰ et 11⁰ régiments de grenadiers, les 38⁰ et 51⁰ d'infanterie et renforcée en outre du 80⁰ d'infanterie (XVIII⁰ corps), de deux compagnies du 6⁰ bavarois et d'une compagnie du 6⁰ bataillon de pionniers. Les 11⁰ grenadiers, 38⁰, 51⁰ et 80⁰ d'infanterie alimentèrent le combat; le 10⁰ grenadiers tint les tranchées au sud du secteur d'attaque avec un bataillon en réserve.

On sut également que les pertes allemandes, qui avaient été très faibles au début de l'action par suite de notre absence de résistance, avaient au contraire été très élevées dans les journées suivantes du fait de notre artillerie.

En somme, le combat de Frise ne fut autre chose qu'un violent incident de tranchées, sans conséquences stratégiques ni tactiques et qui ne dut son développement qu'à la fâcheuse attitude du 322⁰. Cette attitude avait eu sa répercussion jusque sur une batterie de 95 (28⁰ d'artillerie), servie par des R. A. T. qui abandonnèrent leurs pièces pendant plusieurs heures, bien qu'à aucun moment celles-ci n'eussent été menacées. Par un ordre en date du 1ᵉʳ février 1916, le général Nivelle stigmatisa la conduite de ces unités en des termes aussi sévères que mérités.

Les communiqués français et allemands du 29 janvier présentèrent le combat de Frise sous son véritable aspect. Ils étaient ainsi libellés :

COMMUNIQUÉ FRANÇAIS.

Paris, 29 janvier, 15 heures.

Au sud de la Somme, l'ennemi, après un violent bombardement, a attaqué hier nos positions sur un front de plusieurs kilomètres à partir de la boucle de la Somme, à Frise, et plus au sud. Dans toute la partie sud, son attaque a échoué complètement. Elle n'a réussi que sur les bords mêmes de la Somme, contre le village de Frise, adossé à la rivière et qui était tenu par une de nos grand'gardes.

L'attaque ennemie est actuellement enrayée et les premières contre-attaques effectuées ont permis de reprendre quelques-unes des tranchées enlevées par les Allemands.

Dans la région de Lihons l'ennemi a dirigé une attaque qui a été immédiatement arrêtée.

COMMUNIQUÉ ALLEMAND.

Berlin, 29 janvier.

Au sud de la Somme, nous avons enlevé le village de Frise et environ mille mètres de la position contiguë au sud. Les Français ont laissé douze officiers et neuf cent vingt-sept hommes non blessés, ainsi que treize mitrailleuses et quatre lance-bombes entre nos mains.

Plus au sud, vers Lihons, un détachement d'éclaireurs a pénétré jusque dans la seconde ligne ennemie, a fait quelques prisonniers et est rentré indemne dans sa position.

Il semble qu'en présence de ces données concordantes cet incident eût dû rester limité à ses justes proportions. Il n'en fut rien. Et grand fut notre étonnement quand, recevant quinze jours plus tard deux membres influents du Parlement venus en mission à l'armée, nous entendîmes l'un d'eux nous dire que les Allemands étaient arrivés jusqu'à Cappy. Ceci montre à quel point les moindres événements survenus entre la Somme et l'Oise émotionnaient certains milieux parlementaires et y étaient amplifiés.

L'affaire de Frise eut du moins une conséquence heureuse : au point de vue tactique, elle rappela une vérité de tous les temps, momentanément méconnue, à savoir le danger, dans la défensive, des dispositifs en cordons minces et l'absolue nécessité d'un échelonnement en profondeur suffisamment rapproché. Comme suite, le grand quartier général retira du front les divisions R. A. T. et mit à la disposition du commandant de la 6ᵉ armée les 1ᵉʳ et 2ᵉ corps coloniaux, forts chacun de trois divisions.

Le front de Paris se trouva ainsi solidement tenu.

De plus, ce combat, bien qu'il ne fût qu'un incident local, donna lieu à une constatation importante.

Ce jour-là, les Allemands inaugurèrent sur un front restreint la méthode des bombardements courts, mais violents, basés sur l'emploi simultané et intensif des obus explosifs et des obus à gaz asphyxiants, méthode à laquelle ils devaient donner, dans leurs attaques ultérieures, un si grand développement. On sait notamment l'extension formidable qu'elle reçut dans leurs offensives de 1918.

A ce point de vue, Frise marque une date dans l'évolution de la tactique allemande, qui substituait aux attaques massives du début de la guerre, faites à coups d'hommes, les attaques par surprise, si fécondes en résultats quand elles réussissent.

Quelques jours plus tard, le 21 février, éclatait le coup de tonnerre de Verdun. Ce fut, pour nous à la 6e armée, un étonnement profond de voir l'offensive ennemie se produire sur cette forteresse.

Verdun, en dépit de certaines défectuosités, était peut-être la partie la plus forte de notre front : sans compter les forts et l'enceinte de Vauban, avec sa formidable citadelle en partie creusée dans le roc, ce secteur présentait quatre lignes de défenses successives (1). Verdun, par sa position excentrique et éloignée de Paris, n'était pas un objectif stratégique et, si la bataille qui s'y engagea en 1917 a pris une si grande place dans les esprits, c'est, semble-t-il, moins à cause du danger qui en résultait qu'en raison de l'extrême violence et de la

---

(1) Le général Roques, ministre de la guerre, a fait connaître, lors du comité secret du 16 juin 1916, qu'il y avait quatre positions défensives organisées en avant des défenses immédiates de la place :

Une *première position* passant par le ruisseau de Forges, Brabant, le bois d'Hautmont, le bois des Caures, l'Herbebois;

Une *deuxième position* se prolongeant du bois d'Avocourt sur la côte 304, le Mort-Homme, la côte de l'Oie, Champneuville, Bezonvaux;

Une *troisième position* constituée par le bois Bourru, Marre, Bras, la côte du Talou, le bois d'Hardaumont;

Une *quatrième position* jalonnée par la côte de Froide-Terre, les villages de Douaumont et de Vaux et les Hauts-de-Meuse.

Cette organisation défensive avait en outre été renforcée par ordre du général de Castelnau au moyen de lignes intermédiaires tracées à contre-pente :

1° Entre la première et la deuxième position, de Samogneux à Beaumont, en passant par la ferme d'Anglemont;

2° Entre la troisième et la quatrième position, sur les pentes sud de la côte du Poivre et de la cote 378, venant se souder au fort de Douaumont.

(*Journal officiel de la République française*, comité secret du 16 juin 1916, page 33.)

durée de la lutte qui fut livrée sur cette partie restreinte du front, et aussi en raison du magnifique héroïsme qu'y déployèrent nos troupes pendant tant de dures journées. Verdun, bien qu'il manquât au début d'effectifs, en avait cependant plus que le front de Paris. Il était pourvu en outre d'une artillerie lourde relativement importante (1).

Comparativement, le front de l'Oise à la Somme était infiniment moins fort, malgré les trois positions qui y avaient été organisées. Et, ce qui était plus grave, il ne disposait, en dehors du mince cordon qui tenait la première position, d'aucune troupe pour garnir en profondeur les deuxième et troisième positions. Ce front n'avait même, à proprement parler, pas d'artillerie lourde.

Aussi nous nous demandions ce qui avait pu amener les Allemands à prendre comme objectif un point aussi fort que Verdun. Eurent-ils dans leurs moyens d'attaque une confiance exagérée et voulurent-ils donner, comme on l'a prétendu, une auréole au kronprinz qui commandait dans ce secteur? Ou bien, surestimant la puissance de leur artillerie lourde, espérèrent-ils produire un effet moral à la fois en France et en Allemagne en enlevant par une attaque brusquée une forteresse qui était la plus puissante de notre pays, en même temps que la plus proche de leur frontière? Dans ce cas, il apparaît que l'effet moral eût été bien autrement profond si leur attaque avait été dirigée sur Compiègne (75 kilomètres de Paris) ou sur Amiens, où ils eussent coupé nos communications avec les Anglais.

Si l'on se place dans ces deux dernières hypothèses, on est amené à reconnaître qu'en attaquant sur l'Oise ou sur la Somme, ils eussent vraisemblablement progressé très rapidement, car ils auraient trouvé devant eux des fortifications à peu près vides de défenseurs. On ne peut perdre de vue, en outre, que leur point de départ n'eût pas été Saint-Quentin, comme en 1918, mais un front situé à 14 kilomètres seulement

---

(1) Au moment de l'attaque, les forces disponibles dans la région fortifiée comprenaient :

a) 168 bataillons, dont 80 en première et deuxième ligne (72ᵉ, 51ᵉ, 67ᵉ, 4ᵉ, 14ᵉ, 16ᵉ, 19ᵉ, 37ᵉ D. I.) et 88 en réserve;

b) 388 pièces d'artillerie de campagne et 244 pièces d'artillerie lourde.

(*Journal officiel*, comité secret du 16 juin 1916, pages 38 et 39.)

de Compiègne et à 30 kilomètres d'Amiens. La rapidité et la profondeur de leur avance en 1918 montrent quelle eût pu être, en 1916, l'importance de leur premier bond et quels eussent pu être leurs progrès, avant que nous ayons eu le temps de leur opposer un barrage sérieux.

On peut donc affirmer qu'en ne faisant à Frise qu'une attaque locale et en produisant leur offensive à Verdun, les Allemands ont commis une lourde erreur. Et les graves événements qui se sont déroulés en 1918 entre la Somme et l'Oise et qui amenèrent l'ennemi aux portes d'Amiens et de Compiègne prouvent combien étaient justifiées en 1915 les préoccupations du commandant de la 6e armée, quand il signalait au haut commandement la faiblesse et la médiocrité des effectifs qui couvraient les approches de Paris et le danger de ne pas avoir sur ce front des troupes solides et en nombre suffisant.

Attaque par les gaz asphyxiants
sur le front
Parvillers - Rosières-en-Santerre - Vauvillers.

(21 février 1916)

A dater du 14 février, le secteur au sud de la Somme était redevenu calme. Mais un nouvel incident allait s'y produire à court délai.

L'ennemi n'ayant pu, par suite des vents contraires, utiliser les appareils à émission de gaz asphyxiants qu'il avait primitivement installés dans le secteur de Frise, les avait transportés au nord de l'Avre devant celles de nos tranchées qui s'étendaient depuis l'est de Parvillers jusqu'à Vauvillers.

Ce secteur était tenu par la 6ᵉ division d'infanterie (général Jacquot) et par la 16ᵉ division coloniale (général Bonnier).

La 6ᵉ division était répartie comme suit :

La 12ᵉ brigade (général de Thuy) tenait, avec le 288ᵉ territorial (colonel Kersérho), le 119ᵉ (lieutenant-colonel Husband) et le 5ᵉ d'infanterie (lieutenant-colonel Le Beurrier) le front qui s'étendait du sud au nord, depuis l'Avre jusqu'au chemin de Rouvroy à Parvillers. Le poste de commandement de la brigade était au Bouchoir.

La 11ᵉ brigade (général Pont) occupait, avec le 24ᵉ (colonel Pinaud) et le 28ᵉ (lieutenant-colonel Roller) le front qui allait du chemin de Rouvroy - Parvillers jusqu'aux dernières maisons sud de Maucourt. Le poste de commandement de la brigade était au château de Warvillers.

La 16ᵉ division coloniale avait une de ses brigades de Maucourt inclus à Vauvillers, l'autre brigade se prolongeant au nord.

Depuis plusieurs jours, on signalait une certaine activité dans les tranchées allemandes et, le 20 février, le poste d'écoute spécial avait surpris une conversation téléphonique faisant prévoir que les Allemands préparaient quelque chose pour le lendemain, mais sans que l'on sût exactement de quoi il s'agissait. Des ordres furent immédiatement donnés, faisant appel à la plus grande vigilance.

Le 21 février, à 5 heures du matin, c'est-à-dire deux heures avant le lever du jour, les Allemands ouvrirent subitement sur nos positions de première ligne un violent feu d'artillerie qui donna tout d'abord l'impression d'une préparation d'attaque. Ce feu s'étendit bientôt en arrière, sur nos communications, de manière à isoler le secteur attaqué. Les troupes se trouvèrent ainsi alertées par le canon, prêtes à repousser une agression qui paraissait probable.

Un quart d'heure plus tard, les guetteurs entendirent comme un vent violent dans les arbres, accompagné de sifflements. C'était une attaque par les gaz.

Fort heureusement, des dispositions très complètes avaient été prises pour donner l'alarme en pareille occurrence : des sirènes, des claksons, des cloches étaient installés de distance en distance. Tous ces appareils entrèrent immédiatement en action, en même temps que le téléphone et les clairons alertaient les éléments placés à l'arrière. Des feux de paille étaient allumés en première ligne pour dissiper les gaz et l'artillerie déclenchait un tir de barrage sur les tranchées d'où ils provenaient. Deux bataillons de soutien étaient en outre rapprochés pour procéder, le cas échéant, à une contre-attaque.

L'émission dura environ un quart d'heure. Après un arrêt d'une heure, durant lequel l'artillerie allemande ne cessa de bombarder nos lignes, une seconde émission eut lieu, suivie d'une troisième à un intervalle à peu près égal.

Après la troisième émission, des groupes d'assaut s'élancèrent des tranchées allemandes pour aborder nos lignes, mais ils tombèrent sous nos feux d'infanterie, d'artillerie et de mitrailleuses. Sur tout le front de l'armée, les mitrailleuses étaient échelonnées jusqu'à 1.500 mètres en arrière et leur tir était repéré à l'avance de manière à faire des concentrations de feux en cas d'attaque. Ce tir fut particulièrement efficace.

L'attaque échoua complètement sur le front de la 6e division, où l'ennemi rebroussa chemin, laissant de nombreux morts sur le terrain.

Elle échoua également devant la 16e division coloniale, sauf en un point où un groupe d'assaut bavarois réussit à prendre pied dans une centaine de mètres de nos tranchées. Mais il en fut rapidement expulsé par une contre-attaque devant laquelle il s'enfuit, laissant entre nos mains des morts, des blessés et quelques prisonniers.

Les émissions s'étaient produites sur un front de dix kilomètres, s'étendant de Parvillers jusqu'au sud de Vauvillers. Elles avaient par suite affecté toute la 11e brigade et la brigade coloniale qui la prolongeait au nord. Elles avaient eu un caractère d'extrême violence. Elles furent de plus aidées par un temps exceptionnellement favorable et un vent d'est assez sensible. Les effets s'en firent sentir très loin en arrière, notamment jusqu'à Amiens, soit à trente kilomètres. Dans cette ville, l'odeur fut tellement appréciable qu'on l'attribua d'abord à un bombardement d'avions qui avait eu lieu pendant la nuit, mais l'oxydation de certains objets de cuivre et surtout les dépôts de chlore dans les appareils récepteurs que notre service de défense contre les gaz, remarquablement dirigé par le médecin-major Paul, avait disposés de distance en distance et dans Amiens même, ne laissèrent aucun doute. On n'eut à déplorer aucune victime parmi les civils, ceux-ci ayant évacué tous les villages dans un rayon de six kilomètres du front et ayant, d'autre part, été pourvus de masques protecteurs.

Cette attaque nous coûta, tant par l'effet du bombardement que par celui des gaz, 750 hommes hors de combat, dont 180 morts. Sauf une soixantaine d'hommes atteints par le bombardement, les autres furent victimes d'intoxications. C'étaient des isolés qui, partis pour les corvées du matin, mirent leurs masques trop tardivement, des hommes qui perdirent les leurs dans l'obscurité ou qui les ôtèrent trop vite dans l'intervalle des émissions, ou bien encore des officiers et des gradés qui, emportés par leur dévouement, ne songèrent à se préserver eux-mêmes qu'après avoir couru d'abris en abris alerter leurs hommes et voir si toutes les précautions étaient prises.

En présence de l'effet particulièrement violent de ces gaz, on crut d'abord à un gaz nouveau très nocif. On parlait à ce moment de l'emploi par les Allemands de l'oxychlorure de carbone, du chloroformiate de méthyle et du sulfure d'éthyle chloré, dont ils firent par la suite une véritable débauche dans leurs bombardements. Mais, comme nous l'avons dit plus haut, les constatations faites par notre service spécial établirent qu'il s'agissait uniquement de gaz chlorés émis en quantités considérables et à une dose extrêmement élevée.

L'effet en fut si pénétrant qu'en certains points les masques en furent presque saturés et qu'il fallut relever le soir un ou deux bataillons dont les hommes se trouvaient fatigués et affaiblis. Les troupes n'en avaient pas moins gardé tout leur sang-froid et leur moral et avaient eu la plus belle contenance, comme le prouve la façon dont les Allemands furent repoussés sans même avoir pu atteindre notre ligne avancée.

A première vue, le nombre des intoxications peut paraître élevé. Mais si l'on considère que l'émission de gaz se fit sur un front de dix kilomètres tenu par des troupes appartenant à deux divisions et représentant, soutiens compris, environ 15.000 hommes, si l'on tient compte du fait que la grande majorité des intoxiqués reprirent leur place dans le rang au bout de quatre à six semaines et que la perte totale, y compris les victimes du bombardement, se réduisit à 180 morts si l'on rapproche ces pertes de celles que des attaques analogues firent subir à la même époque en plusieurs parties du front, notamment en Champagne et en Belgique, où l'on compta plusieurs milliers d'hommes hors de combat, on peut dire que l'on se tira de cette traîtrise de nuit avec le minimum de pertes possible.

Ce résultat fut dû aux précautions prises à tous les échelons par le commandement qui, par des théories, des inspections et de fréquentes alertes, entretenait les hommes dans la manière de placer les masques dont ils n'avaient encore jamais fait usage; à la sollicitude des cadres qui, dès l'alerte, se multiplièrent pour vérifier si toutes les proscriptions étaient observées, et aussi à l'excellente discipline des troupes, dociles aux indications de leurs chefs et empressées à les suivre.

Aussi, bien que ce ne fut là qu'un combat de peu d'importance, le commandant de l'armée tint à féliciter les deux divisions qui avaient si bien subi cette dangereuse épreuve et à les donner en exemple à leurs camarades du reste de l'armée.

Il le fit en ces termes :

6ᵉ ARMÉE   Au Q. G., à Clermont, le 22 février 1918.
—

Ordre général nº 924.

Le général commandant l'armée exprime sa satisfaction aux unités des 6ᵉ division d'infanterie et 16ᵉ division d'infanterie coloniale, qui ont été sous le coup d'une émission de gaz, pour la vigilance dont leurs fractions avancées ont fait preuve et qui a permis d'enrayer l'attaque allemande du 21 février.

Général Dubois.

La destinée voulut que le commandant de l'armée quittât son commandement quelques jours plus tard.

Cet ordre se trouve, par suite, être le dernier qu'il ait adressé à son armée.

En le relisant, c'est pour lui une grande satisfaction de penser que ses dernières paroles furent, comme toutes celles qu'il avait eu à prononcer pendant près de deux ans, des paroles d'éloges et de remerciements aux vaillantes troupes qui ne lui causèrent jamais la moindre déception et auxquelles il dut, au contraire, les plus belles et les plus nobles émotions de sa vie.

IV

QUELQUES RÉFLEXIONS.

Au cours de ce récit, nous nous sommes attaché à exposer les faits avec tous les documents à l'appui, en nous bornant à en faire ressortir très brièvement les conséquences au point de vue stratégique et tactique et en nous abstenant de toute critique pouvant atteindre les personnes.

Le même sentiment nous anime en présentant les quelques réflexions qui suivent.

On ne traverse pas des événements considérables comme ceux que nous avons vécus pendant deux années au front sans qu'il s'en dégage des enseignements multiples au point de vue de la puissance militaire du pays.

Ce sont ces enseignements que nous voulons mettre en lumière.

Nous ne nous arrêterons qu'à ceux qui constituent les principes vitaux de l'organisation des armées et qui, par suite, sont susceptibles d'avoir une répercussion sur la grandeur et même sur l'existence du Pays.

Nous laisserons même de côté tout ce qui touche à l'artillerie lourde, à l'approvisionnement en munitions, à l'aviation, bien que ces questions dominent en quelque sorte toute la guerre. Nous ne pourrions d'ailleurs que rappeler l'influence que nos graves lacunes en ces matières eurent sur les premiers combats et sur l'extraordinaire durée de la guerre, ainsi que les conséquences — hélas! si douloureuses au point de vue des pertes — de la tardive entrée en action de ce matériel indispensable. Tout cela ressort suffisamment du récit qui précède pour que nous n'ayons pas besoin d'y insister. D'autre part, nous étant imposé comme règle de n'apporter dans cette étude que des faits appuyés sur des documents authentiques, nous ne disposons pas, pas plus pour l'avant-guerre que pour le cours des opérations, des textes officiels nécessaires pour traiter cette importante question avec la précision et la certitude voulues. Nous en laissons le soin aux techniciens mieux documentés pour l'exposer avec l'ampleur que comporte sa gravité et pour en tirer les conclusions qui en découlent.

Nos réflexions ne porteront donc que sur des points peu nombreux et, comme nous nous contenterons pour chaque point d'un court exposé sans entrer dans la discussion, elles seront en même temps fort brèves.

LA LOI DE TROIS ANS.

On se souvient des discussions passionnées auxquelles donna lieu le service de trois ans et quelle peine on eut à le faire accepter. Après l'épreuve de la guerre, on peut maintenant affirmer que la loi qui le rétablit fut une véritable loi de salut pour le pays.

Quand la guerre éclata, en août 1914, cette loi, qui avait une année d'existence, avait porté la majeure partie de ses fruits en ce qui concernait l'armée active. Nos effectifs comprenaient sous les drapeaux trois classes instruites et bien entraînées. Les régiments comptaient en moyenne 2.300 hommes, ce qui réduisit à 800 hommes le complément que chacun d'eux dut demander à la réserve. Les cadres de sous-officiers et de caporaux non rengagés avaient généralement deux ans, ou tout au moins un an de fonctions, et étaient complètement instruits. Il en résulta que nous abordâmes les combats si inégaux du début de la campagne avec des unités ayant une cohésion parfaite. Et c'est à cette cohésion, c'est à ces excellents cadres subalternes que nous dûmes, après nos graves échecs de la bataille des frontières, de garder nos troupes en mains et de pouvoir les reprendre pour remporter, quinze jours plus tard, la victoire de la Marne.

Pour ceux qui eurent sous leurs ordres, dans cette période critique, à la fois des régiments actifs et des régiments de réserve, le doute n'est pas possible.

En ce qui nous concerne personnellement, nous eûmes, comme on l'a vu par l'ordre général n° 3 du général Foch en date du 31 août 1914, à participer à la reconstitution de la 52ᵉ division de réserve dans les journées qui précédèrent la bataille de la Marne. Elle avait été effroyablement désorganisée et disloquée par les batailles de la Semoy et de la Meuse. A la bataille de la Semoy, ce fut la panique d'un régiment, à

Willerzie, à la suite d'une attaque de nuit (1). A la bataille de
la Meuse, ce fut encore une panique inexplicable des unités
qui gardaient le pont entre Mézières et Fumay (2) et un engagement confus des autres unités. La désorganisation provenant
des situations critiques où elle s'était trouvée était telle que,
le 30 août, elle avait été à peu près hors d'état d'exécuter l'ordre d'engagement donné le 29 par le général Foch qui, à partir
de ce moment, la retira du front de combat et la transféra derrière le 9ᵉ corps pour permettre de la réorganiser.

Des constatations que nous avons faites à cette époque il
ressort que les réservistes issus du service de deux ans, si on
les prenait individuellement, étaient bien dressés, mais que,
considérés en troupe, ils manquaient de solidité et de cohésion.
La raison en était que les cadres sous-officiers et caporaux
étaient, à proprement parler, inexistants, et qu'une partie des
cadres officiers manquaient d'expérience et même de pratique
de commandement.

Sous le régime de la loi de deux ans, comme la presque totalité des caporaux étaient promus au bout d'un an, au moment
du départ de la classe précédente, et qu'à l'exception de quelques vacances de sous-officiers rengagés on ne pouvait faire
de nominations de sous-officiers qu'au bout de la deuxième année, tout au moins pour la majorité des vacances, on se trouvait dans l'obligation de combler les vides dans la réserve avec
les caporaux que l'on libérait; ceux-ci n'avaient, par suite, jamais exercé le commandement d'une demi-section. Ce faisant,
on écrémait le cadre des caporaux de ses meilleurs éléments et
il fallait les remplacer par des soldats passant également dans
la réserve, dont certains n'avaient pas été jugés aptes à être
promus pendant leur service actif et qui, eux non plus,
n'avaient jamais exercé le commandement d'une escouade. Ces
mesures étaient même insuffisantes pour remplir toutes les .

---

(1) Voir Libermann, page 10 : *Ce qu'a vu un officier de chasseurs.*

(2) Libermann, page 33, *idem.*
   Cette panique, aggravée par le fait que ce régiment avait ses unités disséminées en différents points de la Meuse, fut telle que quatre jours plus
tard nous recevions la visite du vaillant soldat qui le commandait, le lieutenant-colonel Guyot de Salins, tombé peu de temps après au champ d'honneur, qui, n'ayant encore pu rallier que quelques compagnies, venait demander notre concours pour récupérer ceux de ses hommes qui se trouvaient
dans nos lignes.

vacances et on n'y arrivait qu'en faisant, à la fin des périodes d'instruction, des promotions qui portaient sur les meilleurs réservistes, mais qui n'en donnaient pas moins des gradés manquant de la pratique de leur métier.

En ce qui concerne les officiers, une loi très sage avait constitué dans chaque régiment actif un cadre complémentaire qui fournissait au régiment de réserve correspondant un commandant et trois capitaines par bataillon. Mais il n'en était pas de même pour les chefs de section et la moitié de ceux-ci étaient très incomplètement préparés à leur rôle du temps de guerre. Cela tenait à ce que, au lieu de leur imposer l'accomplissement des stages aux périodes de grande activité militaire, une série de circulaires ministérielles, inspirées par des raisons autres que le service et qui étaient autant d'actes de faiblesse, leur avait donné les plus grandes facilités pour choisir l'époque de ces stages et même pour les accomplir dans un corps autre que celui où ils comptaient en cas de mobilisation. L'une d'elles n'était-elle pas allée jusqu'à leur permettre de fractionner ce stage de vingt-huit jours et de le faire en plusieurs fois, aux époques qui se conciliaient le mieux avec les intérêts ou les convenances de chaque officier? Cette insuffisance d'une partie des cadres subalternes fut, au début de la guerre, la grande cause de faiblesse de nos formations de réserve. C'est à elle qu'il faut attribuer les déceptions que donnèrent à cette époque celles de nos divisions de réserve que les circonstances placèrent en des situations critiques. Le dévouement et la bravoure des officiers ne suffirent pas à compenser une expérience due à l'insuffisance de leur préparation du temps de paix. Un an plus tard, ces mêmes divisions, ayant formé leur personnel à l'école de la guerre, valurent celles de l'armée active. Cette quasi-inexistence de véritables cadres subalternes dans la réserve fut le vice capital de la loi de deux ans telle qu'elle fut appliquée en France.

Ce simple rapprochement entre les résultats donnés sur le champ de bataille par les deux lois sous lesquelles s'étaient formés nos divers contingents montre combien fut bienfaisante l'action de la loi de trois ans. Elle l'eût été bien davantage encore si, plus ancienne, elle avait pu faire sentir ses effets sur nos troupes de réserve.

Elle eut aussi un autre résultat très important. Les batailles de 1914 nous mirent hors de combat 50 p. 100 de nos officiers et de nos sous-officiers. Il fallut les remplacer séance tenante, au jour le jour, avec les ressources que l'on avait sous la main. Ces ressources, ce fut la loi de trois ans qui nous les fournit avec les sous-officiers et caporaux qu'elle nous avait donné la possibilité de former dans la période de 1912 à 1914. Ceux-ci, promus sur place, permirent d'attendre que les diverses écoles créées à l'intérieur fussent à même d'assurer le remplacement des morts et des blessés.

Que de fois, dans cette période critique d'août à novembre 1914, n'avons-nous pas entendu les chefs de corps s'écrier : « Qu'aurions-nous fait si nous n'avions pas eu les ressources que nous a données le service de trois ans? »

Aussi la reconnaissance du pays doit aller à ceux qui nous dotèrent de cette loi tutélaire. Président du conseil et Ministre de la guerre courageux et patriotes qui se dépensèrent pour la faire adopter, généraux qui les y aidèrent, représentants de la nation qui, en la votant, s'élevèrent aux plus hautes prévisions de l'intérêt du pays, tous ont bien mérité de la patrie; ils ont eu, eux aussi, leur part dans la victoire de la Marne.

L'ÉDUCATION PATRIOTIQUE DU SOLDAT.

Parmi les nombreuses lacunes de la préparation à la guerre, il en fut une particulièrement grave : l'absence d'éducation patriotique du soldat français.

Pendant les quinze années qui précédèrent la guerre, on multiplia les conférences dans les régiments : conférences contre l'alcoolisme, conférences agricoles, conférences coloniales, tous les sujets furent traités, sauf un, celui qui concernait le danger allemand, celui qui intéressait l'existence même de la patrie. Et cependant nos recrues nous arrivaient dépourvues de toute notion sur cette question vitale.

Nous en avions eu la première fois l'impression, comme commandant d'un régiment de cavalerie du Midi, dans une région fort éloignée de la frontière, il est vrai, mais où la population est d'une rare vivacité d'intelligence, où le recrutement se composait d'hommes alertes et vibrants. Nous eûmes, dans nos inspections, la surprise et la tristesse de constater l'ignorance

absolue de nos cavaliers en ce qui concernait les dangers que
la France avait courus depuis un siècle du fait de l'Allemagne.
Cette ignorance s'étendait jusqu'aux faits les plus notoires
de l'invasion de 1870. Elle allait même chez beaucoup jusqu'à
ne pas savoir que nos ennemis d'alors étaient déjà les Allemands, jusqu'à nous dire, les uns que nos adversaires avaient
été les Russes, d'autres que nous avions combattu les Anglais.
Nous réagîmes comme il convenait et, un mois plus tard, ces
hommes particulièrement bien doués surent ce qu'un bon
Français n'eût jamais dû ignorer.

La même surprise nous attendait, mais à un degré beaucoup moindre, lorsque nous prîmes le commandement du
9ᵉ corps. Là, on était moins loin de la frontière, on savait que
la guerre de 1870 s'était faite contre l'Allemagne, mais on en
ignorait les faits les plus importants, notamment — est-ce
croyable? — l'occupation d'une partie de la 9ᵉ région, l'occupation de Tours et de Saumur par l'ennemi. Sur les seize régiments de toutes armes que comprenait le corps d'armée,
nous n'en trouvâmes qu'un seul, le 32ᵉ d'infanterie, où l'invasion de la Touraine et de l'Anjou était connue de tous. Nous
crûmes d'abord que l'on s'y était renseigné sur les questions
que nous posions au cours de nos inspections. Il n'en était
rien. Les quelques notions que l'on avait dans ce régiment
provenaient de l'initiative du chef de corps qui, les jours de
repos, envoyait ses recrues visiter les monuments et les points
intéressants de la garnison. En parcourant l'hôtel de ville, on
leur avait montré l'obus non chargé que les Allemands
avaient, en 1870, tiré comme « coup de semonce » avant d'entrer dans Tours.

Même parmi les sous-officiers, *même parmi les instituteurs
présents sous les drapeaux* et que nous interrogions séparé-
ment, les faits principaux de la guerre de 1870 étaient peu ou
mal connus. Quant aux invasions de 1792, de 1814, de 1815,
elles étaient ignorées à ce point qu'un seul gradé dans tout le
corps d'armée nous répondit d'une façon satisfaisante. Il est
vrai que c'était un ancien répétiteur du collège Chaptal.

Une pareille indifférence nous frappait d'autant plus qu'ori-
ginaire de l'Est nous avions subi l'invasion de 1870, qu'entré
à la vie militaire deux ans après la guerre nous avions vu s'ac-
cumuler sur la France toutes les menaces allemandes : l'inso-

lente intervention de 1875, l'affaire Schnœbelé, les incidents
d'Algésiras, de Casablanca, d'Agadir, pour ne citer que les
principaux.

Cet incroyable aveuglement, cette inconscience du danger
nous paraissaient tout à fait inquiétants. Nous les rappro-
chions de la mentalité allemande.

Nous nous rappelions les affirmations impérialistes de l'historien Treischtke, déclarant que la guerre est la raison fon-
damentale d'un Etat, reprochant à Gneisenau de n'avoir pas
occupé la Belgique en 1830, traitant les Français de 1870 de
barbares à demi-civilisés.

Nous nous rappelions le livre « Si j'étais Empereur », de
Daniel Fryman, écrivant : « Il faudra écraser la France. Nous
exigerons en outre qu'on nous cède autant de territoires français qu'il nous en faudra pour être toujours en sûreté. Ces
territoires seront évacués par tous les habitants. »

Nous nous rappelions les cartes publiées dès 1861 en Allemagne et qui représentaient sous les couleurs allemandes, non
seulement l'Alsace-Lorraine, mais aussi la Franche-Comté,
tandis que le Dauphiné et Nice étaient attribués à l'Italie.

Nous nous rappelions l'atlas de Stieler publié en 1869, ré-
pandu dans le monde entier, devenu classique en bien des
pays, et qui rattachait à l'Allemagne la Suisse, la Belgique,
les Pays-Bas, le Danemark, la Hollande et une partie de la
France.

Nous nous rappelions la brochure de Sommerfeld partage-
ant la France entre l'Allemagne et l'Italie, la première s'an-
nexant tout le nord de notre pays jusqu'à la ligne Lyon - Bor-
deaux.

Nous nous rappelions enfin les théories du général von Bernhardi, faisant appel à une violence sans scrupules, procla-
mant la seule supériorité de la force, le mépris des accords
internationaux et déclarant que le pays vaincu serait saigné
à blanc.

Aussi, comparant cette mentalité allemande à l'état d'esprit
des nôtres qui risquaient d'aller au combat sans savoir pourquoi ils se battaient, ni même quelles terribles conséquences
pouvait avoir pour la France une guerre malheureuse, un de
nos premiers actes de commandement, en 1913, fut de rédiger

l'instruction qui suit et que de fréquentes théories firent pénétrer dans l'esprit des hommes :

Note pour expliquer aux hommes de troupe du 9ᵉ corps la nécessité où s'est trouvée la France d'augmenter ses effectifs et de revenir au service de trois ans.

La présente note a pour but d'expliquer et de démontrer, par le simple exposé de faits indiscutables, la nécessité du service de trois ans que le Parlement vient de voter.

Tous les Français soumis au service militaire doivent comprendre pourquoi cette mesure indispensable à la sécurité de la France a été imposée au pays.

I. — Exposé historique.

C'est par la guerre et uniquement par la guerre que la Prusse a grandi depuis le milieu du xviiiᵉ siècle et que l'électeur de Brandebourg est devenu roi de Prusse et empereur d'Allemagne.

Sans remonter plus haut que la Révolution, l'histoire prouve que la Prusse a attaqué notre pays chaque fois qu'elle a été ou qu'elle s'est crue la plus forte.

En 1792, elle croit que l'émigration a désorganisé nos forces militaires; elle devient l'âme de la coalition formée par l'Europe contre la France et tente d'étouffer nos libertés naissantes. Son armée, commandée par le duc de Brunswick, envahit notre territoire. La victoire de l'armée républicaine à Valmy rejette les Prussiens hors de nos frontières.

Les succès des armées de la République et de l'Empire imposent pendant quelques années à la Prusse une attitude pacifique. Cependant, en 1806, les généraux formés par Frédéric II, voyant nos forces disséminées sur une grande étendue de territoire, se croient de taille à se mesurer avec l'armée française et la guerre éclate à nouveau. Napoléon, par les victoires décisives d'Iéna et d'Auerstædt, disperse les troupes prussiennes dont les débris capitulent à Prenzlow avec Hohenlohe et à Lübeck avec Blücher. Il entre à Berlin après une campagne de quelques semaines et impose la paix au roi de Prusse.

Cette nation se recueille pendant sept ans; elle se refait une armée et, dès qu'elle croit l'occasion favorable, elle rentre en scène. Elle voit la Grande Armée, décimée par la campagne de Russie, battre en retraite à travers l'Allemagne; elle se dit que cette fois elle vaincra sans peine les débris épuisés de nos troupes; elle soulève l'Allemagne contre nous en 1813 et redevient l'agent le plus actif de la coalition européenne. L'armée française, formée de conscrits, inférieure en nombre aux forces alliées, est battue à Leipzig.

En 1814, la France est à nouveau envahie. Malgré des prodiges d'habileté de la part de Napoléon, malgré des prodiges d'héroïsme de nos soldats, les armées françaises, luttant à un contre huit, succombent en dépit des magnifiques victoires de Montmirail, de Vauchamps, de Montereau. Les alliés entrent à Paris et la paix nous fait perdre toutes les conquêtes de la République et de l'Empire. Notre pays reçoit une frontière qui laisse une porte ouverte aux invasions.

En 1815, le retour de Napoléon provoque une nouvelle coalition où la Prusse se montre une fois de plus notre ennemie la plus acharnée. Son armée, commandée par Blücher, est d'abord battue à Ligny, mais deux jours plus tard, à Waterloo, l'arrivée de l'armée prussienne empêche Napoléon d'enfoncer l'armée anglaise. Cette fois encore nous sommes accablés par le nombre.

Une deuxième fois les alliés rentrent à Paris. Blücher veut démembrer la France; l'intervention de l'empereur de Russie Alexandre Ier sauve notre indépendance.

Toutefois, au traité de paix du 30 novembre 1815, la France voit sa frontière du nord-est de nouveau mutilée et ouverte aux sources de l'Oise. Elle perd en outre la Savoie.

Ainsi, après avoir lutté contre les armées de la République, la Prusse a porté à l'Empire affaibli les derniers coups et amené sa chute.

En 1870, la France a reconquis en Europe une situation prépondérante. Toutefois, derrière une imposante façade, les lézardes sont nombreuses : la campagne du Mexique a affaibli notre armée; nos réserves, représentées par la garde mobile, non seulement n'ont ni cadres ni organisation, mais ne sont même pas instruites. C'est à peine si notre armée active compte 300.000 hommes présents sous les drapeaux. La Prusse, parfaitement informée des faiblesses de notre situation militaire, se sent la plus forte et juge que le moment est favorable. Elle veut faire la guerre qu'elle a longuement préparée. Craignant que l'occasion ne lui échappe, son chancelier, le comte de Bismarck, falsifie un télégramme diplomatique pour la rendre inévitable.

On sait ce que nous a coûté notre organisation militaire insuffisante à cette époque. Nos armées de première ligne, luttant contre des forces doubles et parfois triples, sont écrasées sous le nombre. Quant aux armées improvisées par le magnifique effort de la Défense nationale, formées de réservistes et de mobiles inexpérimentés et insuffisamment encadrés, leur courage a sauvé l'honneur, mais il a été impuissant à ramener la victoire sous nos drapeaux.

La moitié de notre sol a été durement foulée par le vainqueur, dont les troupes ont occupé l'Indre-et-Loire jusqu'à Tours et le Maine-et-Loire jusqu'à Saumur. Nous avons perdu deux de nos plus belles provinces et payé cinq milliards.

Ainsi, dans l'espace d'environ un siècle, la France a eu à soutenir six grandes guerres contre la Prusse ou l'Allemagne; elle a vu quatre fois son sol envahi; elle a eu à trois reprises sa frontière mutilée et les attaques de l'adversaire ont toujours coïncidé avec un affaiblissement de notre puissance militaire.

C'est là un passé qu'aucun Français ne doit oublier; ce sont là des souvenirs qui nous montrent que la France doit avoir une armée aussi forte que possible, si elle veut rester libre et indépendante, si elle veut simplement vivre.

Nos revers de 1870 ont permis au roi de Prusse de constituer l'empire d'Allemagne. Ce n'est plus une Allemagne divisée en plusieurs états indépendants que nous avons maintenant pour voisine, mais un puissant empire de 68 millions d'habitants dont l'ambition mondiale croît en même temps que sa puissance économique et militaire; son état d'esprit est en partie caractérisé par le fait qu'il a fait de l'anniversaire de Sedan une fête nationale et qu'il vient de célébrer le centenaire de nos défaites de 1813 avec un éclat exceptionnel.

Les événements qui se sont produits depuis 1870 prouvent que cet empire constitue pour l'avenir de notre pays un danger contre lequel nous devons nous garder. « A cinq reprises (1875, 1887, incidents d'Algésiras, de Casablanca et d'Agadir) nous avons prêté le flanc à l'adversaire, nous avons été aux portes d'un conflit. » (M. Clemenceau.)

Il en résulte que tout accroissement des forces militaires allemandes est pour la France un danger.

Or, depuis 1870, cet accroissement a été continuel. Il a même pris depuis les événements du Maroc un brusque développement qui mérite de retenir l'attention de tous les Français.

II. — Augmentation des forces allemandes (1).

Jusqu'en 1905, les effectifs de l'armée allemande ont suivi une progression à peu près proportionnelle à l'augmentation de la population.

Préoccupé des charges financières du pays, que la création d'une marine puissante alourdissait sensiblement, le gouvernement allemand se contentait d'effectifs légèrement supérieurs aux nôtres.

Ils sont indiqués dans le tableau suivant, qui comprend les engagés volontaires et les sous-officiers pour en rendre les chiffres comparables aux nôtres :

1873.	410.000
1885.	450.000
1893 (service de deux ans dans l'infanterie).	520.000
1905.	550.000

L'augmentation moyenne annuelle est de 4.400 hommes.

A partir de 1905, la progression des augmentations des effectifs allemands est impressionnante.

		Augmentation annuelle.
1906.	550.000	10.000
1910.	595.000	25.000
1912.	645.000	55.000
1913.	700.000	130.000
1914.	830.000	130.000

C'est, en un mot, une mise progressive sur le pied de guerre des effectifs du temps de paix.

---

(1) La plupart des chiffres de cette note ont été pris dans l'exposé fait au Sénat par M. le général Pau, commissaire du gouvernement, lors de la discussion de la loi de trois ans.

III. — Effectifs de l'armée française.

Avant 1905, nous avons pu maintenir nos effectifs à des chiffres à peu près équivalents à ceux des Allemands; l'écart augmentait d'année en année, mais n'était pas devenu inquiétant; il y a lieu de remarquer toutefois que, depuis 1889, un grand nombre de soldats ne faisaient qu'un an de service à cause des nombreux cas de dispense introduits dans la loi; l'armée, l'infanterie surtout, manquait d'homogénéité. La loi de deux ans (1905), qui supprimait toutes ces dispenses, devait nous donner 565.000 hommes du service armé pour les troupes stationnées en France et dans l'Afrique du Nord.

L'équilibre entre nos forces et celles de nos adversaires éventuels eût donc été à peu près conservé. Mais il a été définitivement rompu par les lois militaires allemandes de 1912 et de 1913.

En outre, non seulement les effectifs prévus par la loi de 1905 n'ont pu être augmentés, mais au contraire ils ont diminué; d'une part, la décroissance de la natalité affaiblit d'année en année les ressources fournies par le contingent (235.000 en 1901, 218.000 en 1911); d'autre part, le chiffre des engagés et rengagés qui, d'après la loi, devait s'ajouter aux deux classes incorporées, n'a jamais pu être atteint.

En conséquence, de 1905 à 1913, nos effectifs ont diminué de quelques milliers d'hommes pendant que les forces allemandes augmentaient de près de 300.000 hommes.

La situation qui en résultait pour notre pays présentait une telle gravité qu'elle mérite d'être résumée.

IV. — Comparaison entre la situation d'ensemble des deux armées.

Une remarque initiale s'impose : les énormes ressources du recrutement allemand permettent de constituer une réserve d'hommes grâce à laquelle les effectifs sont toujours maintenus au complet d'un bout de l'année à l'autre; les régiments reçoivent même une majoration de 8 p. 100 au moment de l'appel de la classe. Chez nous, au contraire, ils fondent par le jeu des pertes de toute nature (réforme, décès, etc...) dans une proportion d'au moins 6 p. 100. En tenant compte de cette remarque, les effectifs des armées allemande et française pouvaient se comparer ainsi qu'il suit :

Armée allemande. — Effectif : 703.000 hommes de troupe. Effectif devant résulter en 1914 du vote de la loi militaire : 830.000 hommes.

Armée française. — Effectif : 530.000 hommes de troupe; mais, sur ce chiffre, 50.000 hommes stationnés dans l'Afrique du Nord ne peuvent pas regagner d'une façon certaine et en temps opportun le territoire national au cas d'une conflagration européenne.

C'est donc, au total, 480.000 hommes que nous aurions pu opposer avec la loi de 1905 aux 830.000 hommes de l'armée allemande.

Sans doute le nombre n'est pas tout à la guerre, mais 830.000 hommes contre 480.000, c'est presque la proportion de deux contre un, c'est-à-dire celle du début de la guerre de 1870 où 518.000 Allemands n'avaient en face d'eux que 250.000 soldats français.

Il est vrai qu'à la mobilisation les troupes actives sont complétées par des réservistes; on pourrait donc croire qu'une utilisation judicieuse des ressources de la nation armée est capable de combler cette énorme inégalité numérique de 350.000 hommes.

Il est facile de démontrer que l'afflux d'un trop grand nombre d'hommes et de gradés de complément dans les troupes de première ligne diminue leur qualité et que « deux armées doivent être sensiblement équivalentes sur le pied de paix pour pouvoir s'équilibrer en temps de guerre ». (M. Doumer.)

Le souvenir du sacrifice inutile des mobiles et des mobilisés de 1870 prouve qu'on n'improvise pas des soldats.

Comparons les effectifs de paix dans les unités des deux armées sous le régime de la loi de deux ans.

Comparaison entre les effectifs de paix des unités dans les deux armées avant la loi de trois ans.

Les Allemands n'ont créé, par leurs dernières lois militaires, que très peu d'unités nouvelles (compagnies cyclistes et compagnies de mitrailleuses); l'administration militaire a utilisé les ressources mises à sa disposition pour accroître en hommes et en chevaux les effectifs des unités existantes, de façon à diminuer l'écart entre l'effectif de paix et le complet de guerre.

Nos unités avaient donc sur le pied de paix un nombre d'hommes et de chevaux très inférieur à celui de nos voisins, comme le montre le tableau suivant :

	FRANCE.		ALLEMAGNE.	
	HOMMES	CHE-VAUX.	HOMMES	CHE-VAUX.
Compagnie d'infanterie renforcée.............	150	»	160 / 190(1)	» / »
Compagnie d'infanterie ordinaire....	110	»	140 / 160(1)	» / »
Escadron de cavalerie renforcé..............	150	138	152	145
Escadron de cavalerie ordinaire........	130	126		
Batterie d'artillerie renforcée.............. ..	130	98	143	100
Batterie d'artillerie ordinaire.................	98	57	124	75

(1) Après la loi de 1913.

Il résultait de cette situation une grosse infériorité pour notre armée au point de vue de l'instruction et de la mobilisation.

a) *Instruction.* — Les anciens disponibles n'étaient pas en assez grand nombre pour que des exercices destinés à perfectionner leur instruction pussent être organisés; ceux qui n'avaient pas d'emplois spéciaux manœuvraient avec les recrues; la deuxième année n'était donc pas utilisée comme elle aurait pu l'être. Les officiers et les gradés pouvaient trop rarement s'exercer au commandement d'une unité comparable à celle qu'ils auraient à conduire en campagne. Pour avoir des effectifs sérieux, il fallait réunir en une seule plusieurs unités, ce qui est toujours un procédé fâcheux. Ces inconvénients affectaient l'armée entière, mais il y en avait de spéciaux aux troupes montées.

Dans la cavalerie, il était difficile d'entretenir en bon état le nombre des chevaux nécessaire à la mobilisation de l'unité; les cavaliers confirmés se trouvaient trop peu nombreux pour assurer dans de bonnes conditions le dressage des jeunes chevaux et la constitution des groupes de spécialistes. Dans l'artillerie, ni l'école de la batterie montée, ni l'école de groupe ne pouvaient se faire sans recourir aux unités voisines; l'instruction des hommes et des gradés en souffrait ainsi que la cohésion des batteries.

b) *Mobilisation.* — Les inconvénients de la faiblesse des effectifs de paix étaient encore plus sérieux pour la mobilisation.

Plus le nombre des réservistes et des chevaux de complément à incorporer pour parfaire le complet de guerre est considérable, plus la mobilisation est longue et compliquée, plus aussi l'amalgame est difficile à assurer. Cinquante réservistes qui viennent renforcer une unité de deux cents hommes sont immédiatement encadrés, assimilés. Ils disparaissent, pour ainsi dire, dans l'ensemble de la compagnie qui compte cinquante hommes de plus et qui conserve sa légèreté et son allant. Avec cent réservistes par compagnie, la cohésion est encore conservée, mais il n'en est plus de même, du moins pour les troupes de première ligne, quand les réservistes forment la majorité. Il faut remarquer, en outre, que la proportion des réservistes augmentant, il faut les prendre dans un plus grand nombre de classes. Or, tous les hommes de complément n'ont pas une valeur militaire égale. Toutes questions de patriotisme, de courage, de bonne volonté mises à part, le réserviste de vingt-quatre ans vaut mieux que celui de vingt-huit; il est plus souple et plus alerte; son instruction militaire est meilleure parce qu'elle est plus récente; souvent, il n'est pas marié, il n'a pas encore d'enfants. Le réserviste jeune partirait à la mobilisation dans de meilleures conditions physiques et morales que son aîné; sa place est dans les formations de première ligne où il faut réduire le plus possible le nombre des réservistes plus âgés.

C'est cette idée qui semble avoir guidé les Allemands dans leur organisation nouvelle. Ils s'efforcent visiblement : 1º de simplifier, donc d'accélérer la mobilisation de leur armée en première ligne; 2º de développer à l'extrême l'ardeur offensive. Leur armée sera composée, en grosse majorité, de soldats de l'active parfaitement disciplinés, soigneusement instruits et fortement encadrés. Pour le complément, les Allemands feront appel seulement aux réservistes de la dernière classe chez lesquels l'empreinte militaire n'aura pas eu le temps de s'effacer et qui, une fois habillés et armés, redeviendront de véritables soldats de l'active.

Selon le mot prêté à Guillaume II : « Dans cette armée, il n'y aura pas de pères de famille. »

Le ministre de la guerre allemand, allant plus loin encore dans cette voie, a dit : « Nous ne serons plus forcés de conduire à l'ennemi, dès le début de la campagne, des hommes ayant femme et enfants. »

V. — Offensive brusquée. — La couverture.

Grâce à cette augmentation d'effectifs, les Allemands peuvent gagner sur nous vingt-quatre ou trente-six heures pour leur mobilisation. Cette avance, ils l'utiliseront sans aucun doute pour prendre les premiers l'offensive.

Il est même très possible que cette offensive prenne le caractère d'une attaque brusquée par les corps de la frontière. Immédiatement après la déclaration de guerre, ils envahiront notre territoire; ils s'efforceront de bousculer nos troupes de couverture, de troubler notre concentration en nous obligeant à la reporter en arrière. Par un succès obtenu dès l'ouverture des hostilités, ils espèrent impressionner l'opinion publique et jeter le trouble dans le pays.

Nos troupes de couverture, dont les effectifs, faute d'hommes, étaient insuffisamment renforcées, ont bien pour mission de résister à cette attaque; mais, avant la loi nouvelle, elles eussent été très inférieures en nombre. Sous la protection de cette attaque brusquée, la concentration allemande se fût opérée en toute sécurité; les Allemands pouvaient gagner ainsi une avance de plusieurs jours et prendre l'offensive avec toutes leurs forces réunies avant que notre propre concentration ne fût achevée. Les Allemands ne font pas mystère de ce plan. Le général de Bernhardi, un de leurs écrivains militaires les plus connus, le résume ainsi : « De nos deux adversaires, le Français et le Russe, il nous faut accabler l'un avant que l'autre ait songé à intervenir. Nous ne le pouvons que par une attaque brusquée, brutale, inattendue contre la France. C'est dans une semblable manœuvre qu'est le salut de l'Allemagne. »

Nous sommes prévenus; à nous de prendre les dispositions nécessaires pour déjouer ce plan.

VI. — Nécessité du service de trois ans.

La comparaison entre la situation des deux armées montre que l'heure des demi-mesures était passée et qu'un gros effort était absolument indispensable à l'existence du pays. Une nation ne peut vivre, travailler, s'enrichir sous la menace constante de l'invasion. Quel devait être cet effort? La discussion de la loi a été suffisamment approfondie pour que tous les systèmes aient pu être étudiés, notamment le service de trente mois.

Cette solution ne pouvait répondre aux nécessités de la situation. En effet, l'une des faiblesses de notre armée était le petit nombre d'hommes mobilisables pendant la période d'hiver. Une classe seulement pouvait entrer en ligne. Pour les troupes de couverture, le danger était d'autant plus grand que les forces allemandes de la frontière avaient été renforcées notablement en cadres, en hommes et en chevaux.

Le service de trente mois aurait pu parer au danger de l'hiver, mais il le faisait renaître au printemps, quand l'armée allemande est tout entière instruite. L'armée française aurait vu reparaître sa faiblesse, son effectif inférieur de 350.000 hommes à celui des Allemands, et cela à l'époque de l'année où les chances de guerre sont au maximum.

Il n'y avait donc pas place pour un régime intermédiaire entre le service de deux ans et celui de trois ans; c'est ce qu'ont dit à l'unanimité les membres du conseil supérieur de la guerre; c'est ce qu'a soutenu le gouvernement devant le Parlement.

Les représentants du pays, pour assurer la défense nationale, ont voté patriotiquement le service de trois, ans, soutenus par l'opinion publique qui, éclairée par la discussion approfondie de la loi, en a compris l'absolue nécessité.

D'ailleurs, l'incorporation du contingent à 20 ans libérera la classe à 23 ans, comme précédemment, ce qui permettra aux jeunes gens de commencer leur carrière civile dans les mêmes conditions qu'avec la loi de deux ans.

Situation de la France vis-à-vis de l'Allemagne après la mise en vigueur de la loi de trois ans.

Notre armée active sera augmentée d'au moins 180.000 hommes et elle sera encore inférieure d'environ 150.000 hommes à l'armée allemande. C'est la conséquence fatale de notre natalité affaiblie. L'Allemagne, qui n'avait en 1872 que 3.000.000 d'habitants de plus que la France, a maintenant un excédent de 28.000.000.

Mais l'alliance de la Russie obligerait en temps de guerre nos adversaires à couvrir leur frontière orientale et compenserait cette infériorité numérique.

En outre, la prolongation du temps de service nous donnera des soldats mieux instruits, plus entraînés, meilleurs tireurs, supérieurs en un mot comme valeur individuelle aux soldats allemands. Nos troupes de première ligne seront plus jeunes et auront plus d'allant et d'ardeur offensive. Les réservistes conserveront mieux et plus longtemps l'empreinte d'une instruction militaire plus parfaite. L'armée française ne sera pas égale à l'armée allemande, mais elle lui sera équivalente, grâce à sa qualité. Aussi, lors de la prochaine guerre qui sera décisive pour l'avenir de la France, guerre auprès de laquelle, selon la parole du prince de Bismarck, celle de 1870 n'aura été qu'un jeu d'enfant et qui, d'après le général de Bernhardi, aura le caractère d'une lutte sauvage après laquelle le pays vaincu sera « saigné à blanc », tous ceux qui seront appelés à combattre pour l'existence de la patrie, hommes de l'active, réservistes, territoriaux, pourront envisager avec confiance l'issue de la lutte. Grâce aux effectifs que nous a donnés la loi de trois ans, grâce à la supériorité de notre instruction militaire, ils iront à la bataille dans de meilleures conditions pour faire preuve des qualités traditionnelles de notre race et n'auront qu'à fixer les yeux sur nos drapeaux où sont inscrits les noms de Valmy, d'Iéna, d'Auerstaedt, de Lutzen, de Hanau, de Montmirail, pour suivre la voie que leur ont tracée leurs aïeux toutes les fois qu'ils ont eu les armées prussiennes ou allemandes en face d'eux.

Tours, le 20 août 1913.

Le Général commandant le 9ᵉ corps d'armée,
Général Dubois.

A cette instruction s'ajoutèrent des entretiens où les officiers rappelaient les principaux faits de la guerre de 1870, et notamment l'occupation de Tours.

Nous avons la conviction que cet enseignement patriotique fut pour beaucoup dans la solidité et la très belle attitude du 9ᵉ corps dès les premiers engagements. Eclairés sur le danger qui menaçait la France, nos vaillants soldats eurent à cœur de préserver leurs foyers d'une nouvelle invasion.

Au cours de la guerre, cette absence de notions patriotiques se fit également sentir dans les renforts que les dépôts nous envoyaient de l'intérieur, à tel point que, dès le mois de décembre 1914, nous étions amenés à publier (P. Landais, imprimeur à Dunkerque) un petit opuscule, qui fut distribué dans les tranchées d'Ypres à tous les chefs de section pour leur permettre, dans les périodes de repos, de compléter l'éducation de leurs hommes.

Nous avions, d'ailleurs, été devancés dans cette voie, dès le mois de novembre, par le remarquable entraîneur d'hommes qu'était le général de Maud'huy, commandant le 18ᵉ corps, qui, lui aussi, avait jugé nécessaire de faire paraître une instruction montrant à ses soldats l'étendue du danger allemand et développant leurs sentiments patriotiques.

Dans notre commandement de la 6ᵉ armée, nous avons fait une fois de plus la même lamentable constatation d'une ignorance absolue chez la généralité de nos soldats, appartenant aux diverses régions de la France, sur tout ce qui touchait aux invasions antérieures, à l'armée allemande et à la situation générale de l'Allemagne. Nous fîmes imprimer en mai 1915 une nouvelle brochure que nous distribuâmes, à raison de 2.000 exemplaires, à tous nos officiers, et qu'à titre documentaire nous reproduisons aux annexes du présent volume (1).

____

(1) Annexe nº 1, *L'Allemagne et son armée*. Fasquelle, éditeur.

C'est ainsi que nous eûmes à réparer sous le feu de l'ennemi les graves lacunes de l'éducation française d'avant-guerre.

Puisse ce passé servir d'exemple aux générations futures! Nous avons lieu de l'espérer, car les professeurs et les instituteurs qui firent la guerre, et qui la firent avec tant de courage et de dévouement patriotique, seront là pour redire pendant des années les durs combats auxquels ils ont pris part et les affreuses dévastations dont ils furent les témoins. Au reste, au cours même de la guerre, un mouvement s'est produit dans ce sens parmi ceux d'entre eux que leur âge maintenait à l'arrière, et on peut citer en exemple la patriotique campagne que firent pendant les vacances de 1917, sous les auspices de la Ligue nationale contre la propagande ennemie, avec l'appui du Ministre de l'instruction publique, les professeurs du lycée de Cannes qui multiplièrent les conférences dans tous les villages des Alpes-Maritimes (1).

Souhaitons que l'idéologie pacifiste ne vienne plus obscurcir dans l'avenir ce réveil de l'esprit national qui n'est **autre** chose qu'une manifestation de l'instinct de conservation.

Souhaitons aussi que les parents ne se désintéressent pas de cette partie essentielle de l'éducation de leurs enfants, et que, de générations en générations, ils leur apprennent les périls effroyables que trop d'indifférence a fait courir à la France, et ce qu'il a fallu de vaillance et de sacrifices pour les écarter.

N'oublions jamais.

L'oubli nous a coûté des centaines de milliers de morts.

L'oubli a failli nous coûter notre existence nationale.

N'oublions jamais.

LE SERVICE D'ÉTAT-MAJOR.

On se souvient qu'en 1870 on para l'état-major allemand de toutes les qualités, que l'on reporta, en quelque sorte, sur lui tout le mérite des victoires allemandes. Par contre, avec la mentalité habituelle des peuples vaincus qui cherchent des

______

(1) *L'école et la guerre*, extrait de la revue *La Renaissance*.

boucs émissaires pour masquer leurs erreurs, on rejeta sur notre état-major la responsabilité de nos désastres. Comme si un organe isolé pouvait être seul responsable de l'organisation de tout un pays! On poussa même l'injustice jusqu'à oublier que cet état-major avait tenté vainement de nous donner les effectifs de guerre qui nous avaient manqué en essayant d'organiser la garde mobile et que, s'il avait échoué, c'est à la résistance du pays et de ses représentants que cela était dû. On s'en prit, non aux personnes, ce qui eût été trop inique, mais au système qui était évidemment enserré dans un cadre trop étroit et qui présentait en outre de réelles défectuosités. Pour y remédier, à l'école trop restreinte et trop fermée qui recrutait nos officiers d'état-major, on substitua l'Ecole de guerre actuelle, largement ouverte, qui, au début, put paraître une imitation de l'Académie de guerre allemande, mais qui, à partir de 1883, sous l'impulsion de ces tacticiens éminents qui s'appellent Maillard, Langlois, Bonnal, Foch, Fayolle, de Maud'huy, Pétain et tant d'autres, prit un essor qui en fit le premier centre intellectuel, militairement parlant, qui ait jamais existé.

C'est du cadre de ses professeurs que sortirent nombre de nos grands chefs, notamment Foch, Pétain, Fayolle, Debeney, Lanrezac, Guillaumat. C'est également parmi les brevetés que se recrutèrent une grande partie des autres généraux.

Quant aux officiers d'état-major que forma cette école, ce sont eux qui préparèrent la mobilisation et le transport de nos armées, opérations délicates et compliquées qui s'effectuèrent en 1914 avec un tel succès qu'on peut les citer comme un chef-d'œuvre. Si l'on doit à la décision et à l'énergie des commandants de grandes unités d'avoir vu nos armées et nos corps d'armée se tirer à peu près indemnes de la douloureuse surprise stratégique d'août 1914, on le doit aussi à nos excellents officiers d'état-major traduisant les décisions de leurs chefs en des ordres de détail remarquablement coordonnés, bien qu'improvisés sous le feu, et allant en assurer l'exécution aux points les plus critiques. Ce sont encore leurs reconnaissances, la sûreté de leur coup d'œil dans les missions remplies au cours de nos grandes batailles qui permirent d'assurer la direction du combat avec les énormes fronts de la guerre moderne. Pour ne citer que notre 9ᵉ corps, les tombes du capi-

taine Hennequin, mortellement atteint à la bataille de Rethel,
du commandant Jette, qui repose le long des marais de Saint-
Gond, du capitaine Zerfuss, tué près de Fère-Champenoise,
jalonnent la ligne de nos grands combats. Tous furent frappés
au cours de missions qui les conduisirent aux points les plus
chauds de la bataille.

Après un pareil ensemble de services, on eût pensé qu'il
n'y aurait eu, à l'adresse de nos officiers d'état-major, que des
paroles de reconnaissance. Et cependant il s'est trouvé, au
bout de quelques mois de campagne, des voix pour demander
leur renvoi dans la troupe. Par une étrange contradiction,
c'étaient les mêmes voix qui avaient demandé — et cela à
juste raison — que l'on spécialisât les médecins, les artilleurs,
les aviateurs, etc... Et quand il s'agissait de la plus complexe
et de la plus difficile des spécialités, on la voulait ouverte à
tous. C'est ainsi qu'alors que l'on mettait, en temps de paix,
quatre ans en France, cinq ans en Allemagne pour former un
officier d'état-major, on en improvisa en vingt-cinq jours dans
un cours qui fonctionna à Amiens en 1915 et dont la durée fut
par la suite portée à trois mois. Et l'on s'étonnait quelques
mois plus tard de constater des erreurs ou des retards dans
les évacuations ou les ravitaillements, alors que ces importants services se trouvaient souvent en des mains inexpertes.
Heureux encore si ces mesures désorganisatrices ne furent
pas parfois payées de vies humaines!

Il eût pourtant suffi de laisser simplement fonctionner la loi
qui exigeait le passage de l'officier d'état-major dans la troupe
une fois dans chaque grade. Cette mesure, appliquée sans à-
coups, eût conservé à nos états-majors une solidité que l'on
put craindre par moments de voir ébranler.

Contrairement à ce que pensent certaines gens, ignorants de
la complexité des choses militaires, un ordre de service ne
suffit pas pour faire un officier d'état-major. Nos amis américains, quelque soin qu'ils eussent mis à recruter leurs officiers
d'état-major, en firent l'expérience lors de la bataille de Saint-
Mihiel où leurs ravitaillements et leurs évacuations se firent
avec de grandes difficultés. Mais, en gens pratiques, ils n'hé-
sitèrent pas à nous demander le concours de quelques officiers
brevetés que l'on mit à leur disposition. Il y a dans cette dé-

marche américaine une leçon de choses pour ceux qui, chez nous, mirent si légèrement en cause notre état-major.

Nous avons tenu à nous arrêter sur cette question du service d'état-major, autant pour rendre hautement aux officiers de ce service l'hommage qui leur est dû que pour montrer le danger de toucher, en temps de guerre, à des organes qui constituent l'ossature même de l'armée (1).

---

(1) Une publication posthume, parue en 1920, reproduit les impressions et les notes de guerre de M. Abel Ferry, député des Vosges, tué à l'ennemi. On le voit, notamment dans la préface, s'en prendre *aux états-majors* de l'insuffisance de notre matériel et du retard apporté dans la création d'une artillerie lourde. Par voie de conséquence, il les rend responsables de la durée de la guerre et du surcroît des pertes qui en résulta.

Une pareille affirmation témoigne d'une véritable ignorance des conditions de la guerre et de ses réalités. Elle constitue à la fois une grave erreur et une souveraine injustice.

L'explication de cette erreur se trouve dans le titre même de l'ouvrage : *La guerre vue d'en bas et d'en haut.* Placé aux deux pôles extrêmes de la guerre, M. Abel Ferry a vu les choses, d'abord comme chef de section sous un angle trop fermé, puis comme député ou membre du gouvernement sous un angle trop ouvert : il lui a, par suite, manqué certaines vues d'ensemble qui lui auraient donné une idée plus exacte des faits.

Nous avons exposé (tome I, p. 249) quelles étaient, au début des opérations, nos ressources en canons lourds et en munitions. D'autres diront dans quelle mesure la responsabilité de cette déplorable situation doit se répartir entre le généralissime désigné, les techniciens, le gouvernement et surtout les *ministres des finances et le Parlement*, dispensateurs des crédits.

Cette réserve faite, nous tenons, en ce qui concerne la période des opérations, à relever ce qu'il y a d'inexact dans l'assertion du regretté M. Abel Ferry. S'il avait connu les demandes verbales ou écrites que les échelons subordonnés (groupe d'armées, armées, corps d'armée, divisions) ne cessèrent d'adresser au haut commandement dès les premières batailles pour obtenir l'artillerie lourde, les munitions et le matériel qui nous manquaient; s'il avait eu sous les yeux les projets d'attaques, qui, tous sans exception, étaient basés sur un emploi intensif du canon lourd; s'il avait vu les études faites par nos officiers d'état-major, sur l'initiative de leurs chefs, études où l'on allait jusqu'à demander qu'à défaut de modèles français on copiât les 105 et les 150 allemands tombés entre nos mains, il eût certainement émis un tout autre jugement. Il se fût sans doute demandé pourquoi le G. Q. G., laissant ces demandes sans suite, attendit jusqu'au 30 mai 1916 pour arrêter son plan de création d'une artillerie lourde. Fût-ce appréciation erronée sur la durée probable de la guerre, illusions stratégiques sur le résultat possible des interventions russes, roumaines, italiennes, particularisme qui ne recherchait la solution que par les établissements de l'Etat et manquait de confiance dans l'industrie privée? Fût-ce pour toute autre cause, psychologique, technique ou d'ordre général? Les échelons subordonnés, même les plus rapprochés du haut commandement, ne l'ont jamais su. Quoi qu'il en soit, si M. Abel Ferry avait eu sous les yeux la documentation nécessaire — et c'est sur elle que l'Histoire établira son jugement — il eût peut-être mis en cause le G. Q. G., ce qu'on a appelé par la suite le commandement suprême, de qui seul dépendaient les initiatives en matière d'organisation, mais il n'eût certainement pas incriminé ce qu'il a désigné sous l'appellation imprécise, trop générale et tout à fait impropre, de *les états-majors*.

Il y a là une allégation absolument erronée et tout à fait injuste. Nous nous

LES RESPONSABILITÉS DU COMMANDEMENT.

Jamais, dans aucun pays, dans aucune guerre, on ne vit une consommation de généraux comme celle qui fut faite en France dans cette grande guerre. A aucune époque on n'en vit un pareil nombre dépossédés de leur commandement, et cela sans qu'ils en aient connu, non seulement les raisons vérita-bles, mais même le prétexte.

Dès le premier mois de la guerre, le nombre des généraux frappé fut tel — et parmi eux quelques-uns des plus marquants — qu'il apparut de suite que c'était véritablement un système que l'on inaugurait.

Une circulaire alla jusqu'à réglementer ce système en supprimant les garanties antérieures accordées aux officiers, c'est-à-dire le droit pour eux de connaître les motifs de leur disgrâce. On eût pu cependant se borner à ne les leur communiquer qu'après leur retour à l'arrière.

Une interview célèbre, parue dans la *Dépêche de Toulouse* (1) du 30 janvier 1915, s'efforça, d'autre part, de justifier cette manière de faire.

Par la suite, ces renvois à l'arrière prirent encore plus d'extension. On vit notamment, sans que l'on en ait jamais connu le motif, éloigner du front pendant plus d'un an et employer à l'arrière le grand Capitaine qui devait être le libérateur de la France. On peut même dire qu'il n'est, pour ainsi dire, pas un de nos chefs les plus en vue qui n'en ait senti passer la menace. Heureux ceux que de hautes influences, intervenant à temps, sauvèrent *in extremis!*

De pareils procédés ne furent pas sans causer un étonne-

faisons un devoir, nous que les circonstances ont fait vivre de la vie des états-majors et qui les avons vus à l'œuvre, d'apporter à une semblable erreur une rectification qui est en même temps une protestation, mais sans que cela entame en rien le respect dû à un homme tombé glorieusement en accomplissant pleinement son devoir de Français.

(1) Il s'agit d'une interview du général en chef. La *Dépêche de Toulouse* ayant refusé d'admettre les suppressions qu'y fit la censure fut saisie, mais trop tardivement. Plusieurs milliers d'exemplaires, qui circulèrent dans toute la France et jusqu'aux armées, étaient vendus quand intervint la saisie. Un de ces exemplaires fut adressé au *New-York American* par son correspondant parisien. Ce journal la reproduisit textuellement, en y joignant le récit, avec détails des plus circonstanciés, du conflit survenu entre la *Dépêche* et la censure.

ment pénible dans l'armée comme dans le Pays. Le ministre
de la guerre, qui, de par ses fonctions, savait à quoi s'en tenir,
se fit l'interprète de ces sentiments et put prononcer à la tribune de la Chambre des députés, sans soulever la moindre
protestation, les graves paroles que voici :

Un de nos plus brillants officiers pouvait écrire, quelques jours
avant de tomber héroïquement, que la recherche des boucs émissaires tendait à devenir systématique dans l'armée française.

Cela ne peut pas durer; l'arbitraire doit prendre fin. (*Journal officiel de la République française*, séance de la Chambre des députés
du 17 juillet 1917, page 1698.)

Vaine phraséologie; malgré cette flétrissure, le système
continua à être appliqué.

Un an plus tard, la déposition faite devant la haute cour de
justice, à l'occasion du procès Malvy, par un ancien ministre,
M. Daniel Vincent, apprenait au pays que les généraux et
l'état-major étaient véhémentement discutés (sur quelles données? sur quelles bases?) dans le huis-clos d'un groupement
politique qui avait une influence considérable dans l'Etat.

Cette déposition était ainsi conçue :

Dans le groupe radical-socialiste, auquel j'appartiens, lorsque les
généraux et l'état-major étaient l'objet de critiques véhémentes,
M. Malvy a tenu à venir s'expliquer sur les rapports du gouvernement et du commandement. M. Malvy nous exposa son point de vue
qui était celui-ci : « Si un chef est mauvais, on le remplace; s'il a
de la valeur, on le maintient contre toutes attaques (1). »

Autre déclaration non moins grave :

M. le Président de la République, chef de l'armée, déposant
devant le 3° conseil de guerre au procès du sénateur Humbert,
faisait connaître que cet homme politique, vice-président de
la commission de l'armée au Sénat, lui avait dénoncé des généraux qui commandaient au front.

Pourquoi, déclara M. Poincaré, M. Humbert qui, en octobre 1915,
m'écrivait pour dénoncer les généraux qu'il jugeait incapables la
longue lettre à laquelle j'ai répondu et qui est aux débats, pourquoi
n'a-t-il jamais écrit un seul mot au sujet de Lenoir et de Desouches?

______

(1) Compte rendu des débats du procès Malvy, reproduit dans le *Petit
Parisien* du 31 juillet 1918.

Enfin, il ressort des déclarations très réservées et enveloppées d'atténuations que M. Briand, président du Conseil, et le général Roques, ministre de la guerre, firent à la séance secrète du 16 juin 1916 que « les modifications profondes » faites en 1916 dans le haut commandement n'émanèrent pas de l'initiative du général en chef, mais lui furent demandées par le gouvernement. Il est même de notoriété publique — certains députés ne s'en sont pas cachés — qu'elles ont été provoquées par des interventions parlementaires.

Toutes ces manœuvres occultes contre le Commandement, inspirées par des motifs politiques, basées même parfois sur des dénonciations anonymes, eurent surtout pour but de déplacer les responsabilités et de masquer aux yeux du public notre impréparation à la guerre. Or, cette impréparation fut due à l'insuffisance des crédits budgétaires. Un chiffre l'établit péremptoirement :

De 1880 à 1913, a dit M. André Lefèvre à la tribune de la Chambre, l'Allemagne a dépensé 4 milliards 700 millions pour son matériel de guerre; nous avons dépensé 2 milliards 700 millions, soit, pour cette période, 2 milliards de moins pour nous préparer. (*Journal officiel de la République française*, séance du 14 octobre 1919, page 4991.)

Il convient d'autant plus de ne pas l'oublier que cette impréparation fut la cause initiale de l'extraordinaire durée de la guerre et des pertes qui en furent la conséquence.

Tel fut le régime sous lequel les généraux, dépourvus de moyens matériels, pris d'autre part entre un commandement suprême qui laissait retomber les responsabilités sur ses inférieurs et des intrigues politiques anonymes dont ils ignoraient parfois jusqu'à l'existence, eurent à exercer leur commandement pendant la plus grande partie de la guerre.

Sans contester le droit, et même l'obligation, pour le haut commandement de se séparer des chefs qui se montrent inférieurs à leur tâche (1), on ne saurait admettre qu'un droit, qui

---

(1) C'est un devoir pénible qui s'est imposé à nous-même à deux reprises, quand nous commandions une armée, mais nous nous sommes toujours entouré de toutes les garanties en exigeant de chaque échelon hiérarchique *un avis écrit et sérieusement motivé.*

Par contre, nous avons eu à écarter parfois des suggestions, soit ver-

touche à l'honneur même des officiers en cause, puisse s'exercer sans garanties et avoir un caractère de généralité qui laisse planer sur les décisions prises les plus sérieuses suspicions (1).

On essaya même d'entraîner le haut commandement anglais dans la même voie. Mais l'irréprochable gentleman qu'était le maréchal French ne s'y prêta pas et, pour qu'aucun doute ne pût subsister, il exposa avec une netteté particulière, dans une instruction qui reçut la publicité de la presse anglaise et qui fut notamment reproduite par le *Times*, comment il entendait les responsabilités du commandement.

Nous empruntons à cette instruction l'extrait ci-dessous, qui fait grand honneur à son signataire :

> Le généralissime indique la marche générale, désigne un but à atteindre à chaque chef d'armée sous ses ordres et fixe la tâche de chaque masse de troupes, puis il laisse à ses lieutenants l'ordonnance des batailles.
>
> S'il se produit un événement sujet à critique en temps ordinaire, il ne faut pas s'attendre à en trouver une critique dans ses ordres, mais on peut être certain que, lorsqu'il y a eu des fautes commises, elles auront été signalées aux lieutenants. Il peut y avoir des fautes dans une guerre comme celle-ci, mais la recherche des boucs émissaires est le refuge d'un commandement faible; une armée est un instrument d'autant plus formidable lorsque chacun sait que le généralissime couvrira de sa responsabilité toutes les erreurs de jugement, pourvu que chaque attaque soit conduite avec vigueur.
>
> Un général qui prend sur lui le bénéfice du succès et rejette les échecs sur ses subordonnés ne va jamais bien loin.

C'est ainsi que, quand on suit les opérations de l'armée anglaise pendant les cinq années de la guerre, on retrouve à la

---

bales, soit même transmises par officiers de liaison, visant des officiers généraux dont nous avons obtenu le maintien en fonctions, et nous avons eu la satisfaction de voir la suite de la guerre justifier nos appréciations sur leur compte.

Nous estimons que tous les généraux qui ont été l'objet d'un renvoi à l'arrière devraient recevoir actuellement encore, s'ils en faisaient la demande, communication de leur dossier. Mais nous entendons par là *le dossier complet, revêtu de l'avis de tous les chefs hiérarchiques*, et non pas une pièce particulière prélevée dans ce dossier ou un résumé établi à distance par le G. Q. G.

(1) Cette absence de garanties ouvrit la porte aux plus coupables irrégularités. Pour ne citer qu'un exemple : un arrêt du Conseil d'Etat en date du 11 juillet 1919 a cassé le décret du 8 décembre 1915 qui avait mis à la retraite le général B..., commandant une division de cavalerie, et l'a réintégré dans le cadre d'activité. Le dossier, soumis par le Ministre à cette haute juridiction, révéla que non seulement la loi avait été violée en ce qui concernait cet officier général, mais, ce qui est plus grave encore, que le fait invoqué à l'appui de la mesure qui l'avait frappé était *inexistant*.

fin de la campagne, à de très rares exceptions près, quelles qu'aient été les vicissitudes des opérations, les noms des généraux qui commandaient sur la Marne et à Ypres : Douglas Haig, Plummer, Rawlinson, Allenby, Gough, Byng, pour ne citer que les plus en vue.

Nous n'insisterons pas davantage.

Nous avons mis face à face deux systèmes : au lecteur de juger de quel côté fut la justice... et aussi la dignité du Commandement.

L'AVANCEMENT.

Un des problèmes les plus délicats qui se soient posés au cours de la guerre fut celui de l'avancement.

Nos règlements et nos lois avaient envisagé l'avancement en campagne d'après l'expérience des guerres antérieures. Dans ces guerres, les armées et les corps d'armée gardaient pendant toute la durée des opérations la même composition; les officiers restaient sous les ordres des mêmes chefs; ils en étaient parfaitement connus. Ceux-ci faisaient par suite leurs propositions pour l'avancement en toute connaissance de cause.

Dans notre grande guerre, ce fut l'inverse. On vit les corps d'armée, souvent même les divisions, passer d'une armée à une autre, changer dans une même année plusieurs fois de commandement. Par surcroît, les généraux eux-mêmes, à tous les échelons, se succédaient avec une telle rapidité que beaucoup d'entre eux n'arrivaient à avoir qu'une connaissance imparfaite de leur personnel, surtout dans les premiers mois de leur commandement. Chose plus grave : ils se trouvaient parfois dans l'impossibilité de savoir avec exactitude ce que leurs sous-ordres avaient fait au cours de la guerre.

Chaque officier était bien suivi par son « feuillet de campagne », mais les règles qui avaient fixé la tenue de ce document essentiel avaient été inspirées par les habitudes du temps de paix. Les officiers y étaient notés à dates fixes, une ou deux fois par an, et ces notes, par suite des mutations et des mouvements incessants des unités, se trouvaient très souvent données, non par les chefs qui les avaient vus au combat, mais par des chefs qui venaient de les recevoir et ne les connaissaient pas. Par suite, elles avaient un caractère extrêmement général et presque uniformément élogieux.

De là des erreurs inévitables et une prépondérance forcée de l'ancienneté dans bien des cas, ancienneté fort relative et qui jouait de façon tout à fait inégale selon les divers groupements : les divisions de réserve, par exemple, comptaient généralement des candidats très anciens par rapport aux divisions actives qui avaient, surtout dans les deux premières années de la guerre, été éprouvées par de plus fréquents combats. Enfin, chose triste à dire, les officiers les plus lésés par ce système étaient les blessés, qui en subissaient un préjudice d'autant plus grand que leurs blessures avaient été plus graves et leur absence du front plus prolongée. Un système d'affectation très défectueux faisait même que, quand ils reprenaient leur place dans le rang, c'était, non pas dans la division ou le corps d'armée où on les avait vus précédemment à l'œuvre, mais généralement dans une unité où ils étaient inconnus.

De cet état de choses résultait que l'avancement était souvent, pour les commandants de grandes unités, un problème presque insoluble. Nous en citerons l'exemple suivant, qui est tout à fait typique : comme commandant d'armée, nous eûmes à présenter pour le commandement d'un corps d'armée trois divisionnaires de la plus haute valeur. Ils appartenaient à trois corps d'armée différents qui les proposaient chacun avec le numéro 1. L'un était sous nos ordres depuis de longs mois, nous l'avions vu à l'œuvre et son passé militaire nous était parfaitement connu. Le deuxième n'était sous nos ordres que depuis trois semaines; il avait pris part à de nombreux engagements, mais il n'en avait été fait que très incomplètement mention sur son feuillet de campagne. Le troisième ne faisait également partie de notre armée que depuis très peu de temps; il était aussi inconnu de son commandement de corps d'armée que de nous-même et son feuillet de campagne ne comportait que des appréciations très générales sous la forme la plus élogieuse.

C'est ainsi que l'avancement se présentait souvent sous l'aspect de véritables cas de conscience, très difficiles à résoudre.

Rien n'eût été cependant plus aisé que de parer à cette insuffisance de renseignements : il eût suffi de faire établir pour chaque officier ce que l'on peut appeler son *curriculum belli.*

Ce document eût été tenu par le supérieur direct de l'officier, qui y eût inscrit, dans les quinze jours qui suivaient chaque bataille, en laissant de côté toute considération générale, la part que l'officier y avait prise et les résultats qu'il y avait obtenus.

Ce document, en quelque sorte énumératif des services de guerre, eût été joint au feuillet de campagne qu'il eût utilement complété.

Nous estimons même que ce *curriculum belli* devrait être établi dès maintenant pour servir de base à l'avancement du temps de paix de ceux qui ont fait la guerre et pour permettre de réparer les erreurs qui ont pu se commettre, et surtout le préjudice qu'ont subi nombre de blessés.

Certes, l'avancement comporte et comportera toujours une part de chance. La destinée de l'homme a toujours voulu que, pour réussir, il faille qu'il se trouve au bon endroit et qu'il s'y trouve au bon moment. Mais là doit se limiter la chance. Les autres causes d'erreur doivent être exclues dans la limite du possible et, quand on n'a pu les exclure, l'erreur doit être réparée.

On a cherché au cours de la guerre à améliorer les conditions d'avancement par des abaissements successifs des limites d'âge. Une première réduction de ces limites les a fixées à 62 ans pour les divisionnaires, 60 ans pour les brigadiers, 59 ans pour les colonels. Un an plus tard, ces chiffres ont encore été ramenés à 60 ans pour les divisionnaires, 59 pour les brigadiers, 58 pour les colonels, et le rajeunissement a été étendu à tous les grades jusqu'à celui de capitaine compris.

En raison de la durée de la guerre, il était équitable et légitime d'accélérer l'avancement de tous les officiers. La mesure en elle-même était donc bonne, mais elle fut excessive. On eût dû, au lieu d'un renvoi en masse basé sur une limite d'âge absolue, procéder par sélection. En agissant comme on l'a fait, on a privé l'armée de certains éléments d'élite qui n'étaient pas de trop dans la crise si grave qu'a traversée le pays.

L'expérience prouve que chaque génération fournit 12 à 15 p. 100 de sujets qui émergent parmi leurs contemporains. C'est du moins la proportion que donne une promotion de Polytechnique ou une promotion de Saint-Cyr. Une sélection sévère, exclusivement basée sur les services de guerre, eût permis de conserver une partie de ces éléments de choix.

C'eût été au grand avantage de l'armée, et l'avancement, déjà
si accéléré par les pertes au feu, n'en eût subi aucun retard
appréciable.

On nous dira que cette sélection eût été difficile, qu'une expérience regrettable du temps de paix — la communication
des notes — avait fait voir la difficulté de trouver des hommes
ayant assez de caractère pour exprimer carrément leur avis
et des inférieurs assez conscients d'eux-mêmes pour s'incliner
devant les appréciations de leurs chefs. A cela nous répondrons que, si les rapports de la vie journalière, les relations
d'homme à homme, de famille à famille, rendaient impossible
en temps de paix une notation basée sur la communication
des notes, que, s'il était impossible, à moins de blesser gravement les gens, de les différencier ouvertement au point de vue
de l'intelligence et des dons naturels qui ne peuvent ni s'ac-
quérir, ni se modifier, il n'en eût pas été de même en campagne d'une simple décision qui eût consisté à dire : « Il faut
vous conformer à la règle générale », ou : « Vous êtes proposé
pour un maintien à titre exceptionnel ». Au surplus, ce sont
les commandants de grandes unités qui eussent eu à trancher
la question et nous ne pouvons pas admettre que des chefs qui
ont fait montre d'assez de caractère pour engager des opérations entraînant les plus grosses responsabilités, ne fût-ce
qu'au point de vue des vies humaines sacrifiées, n'en eussent
pas eu suffisamment pour apporter dans la sélection des meilleurs cadres toute la rigueur nécessaire.

Nous croyons donc que le renvoi en bloc de tous les officiers d'une même génération a été une erreur et qu'une sélection bien comprise eût mieux servi les intérêts du pays. Et ce
n'est pas seulement de notre part une opinion personnelle,
mais nous nous faisons en ceci l'écho des appréciations de
nombreux jeunes officiers qui ont exprimé devant nous le regret du départ pour raison d'âge de tel colonel ou de tel général qui avaient gagné leur confiance dans les moments critiques et qu'ils trouvaient incomplètement remplacés par d'autres chefs qui n'avaient sur les précédents que l'avantage d'être
nés un an ou deux ans plus tard.

Nous bornerons à ces quelques grosses questions les réflexions, nous pourrions même dire les constatations que l'expérience de la guerre nous a amené à faire.

Certains, qui croient que l'ère des guerres est définitivement close, pourront leur trouver un caractère uniquement rétrospectif. Illusion généreuse que nous regrettons de ne pouvoir partager.

Nous n'oublierons jamais, en effet, que, peu d'années avant 1914, traitant avec un ministre de la guerre, homme d'une intelligence remarquable et très pondéré, une question de service qui touchait au cas de guerre, nous l'entendîmes, tout en faisant droit à notre demande, ajouter : « Nous n'aurons jamais la guerre et, si elle éclate, ce sera un bouleversement tel qu'elle ne durera pas six semaines. » Quel démenti lui eussent donné les événements, s'il avait vécu jusque-là!

Certes, les grandes guerres seront de plus en plus rares et de plus en plus espacées dans le temps. Les désordres qu'elles amènent dans la vie des nations, les effroyables responsabilités qu'elles entraînent, les progrès de la science qui les rendront de plus en plus meurtrières, le caractère de généralité qu'elles semblent devoir revêtir, influeront sur les gouvernements qui auraient à les déclencher. Néanmoins, tant qu'il y aura des intérêts en opposition il y aura des guerres, et les intérêts économiques qui font vivre et agir les masses seront peut-être un jour plus exigeants encore que ne l'ont été dans les siècles passés les ambitions de certains hommes. L'abaissement actuel de l'Allemagne n'est pas une garantie absolue. N'a-t-on pas vu la Prusse, que l'on croyait à jamais abattue en 1806, rentrer en scène dès 1813 et reconstituer sa puissance militaire au point de redevenir, soixante ans plus tard, un danger pour le monde entier? N'en a-t-il pas toujours été ainsi depuis deux mille ans pour les nations d'Occident, périodiquement assaillies par les invasions germaniques?

Et nous-mêmes, que l'Allemagne croyait avoir définitivement écrasés en 1815, n'étions-nous pas, quarante ans plus tard, en situation de lui parler d'égal à égal? Ne nous sommes-nous pas relevés à nouveau après nos désastres de 1870?

La guerre, hélas! restera toujours l'*ultima ratio* des nations en conflit d'intérêts.

Cette affirmation peut surprendre au lendemain d'une lutte mondiale qui, dans l'esprit de certains, fut peut-être plus encore la guerre à la guerre que la guerre à l'Allemagne. C'est cependant le sentiment de ceux qui l'ont faite, qui l'ont vue de près. Et, parmi ceux-là, on ne saurait invoquer une autorité plus élevée que celle de l'éminent archevêque de Malines, le cardinal Mercier, qui personnifia la résistance morale du peuple belge, qui restera une des plus grandes figures de la guerre et qui, dans sa haute sagesse, à l'occasion d'un mandement adressé à son peuple en novembre 1916 pour l'engager à supporter vaillamment ses dures épreuves, en profitait pour le mettre en garde contre les illusions dangereuses du pacifisme :

> Les guerres, criait-il courageusement à la face des Allemands envahisseurs, sont inévitables, et aussi longtemps qu'il y aura sur terre des hommes coupables de laisser prévaloir chez eux la passion sur la raison, la raison sur le vouloir divin, le pacifisme universel sera une chimère. C'est trop peu dire : vouloir la paix pour la paix, la paix à tout prix, ce serait accepter avec une égale indifférence le droit et l'injustice, la vérité et le mensonge; ce serait une lâcheté et une impiété.

Solennel avertissement qui dépasse la nation belge et qui s'adresse à tous les peuples qui veulent rester indépendants et libres.

Aussi nous répéterons une fois de plus : *N'oublions jamais* (1).

---

(1) A ceux qui se laisseraient aller à l'illusion d'une paix durable avec l'Allemagne, rappelons qu'à peine l'armistice signé, le 11 novembre 1918, le docteur Solf, sous-secrétaire d'Etat aux affaires étrangères, protestait auprès du président Wilson par un radio du 12 novembre, disant que « les conditions de l'armistice feraient naître dans le peuple allemand un sentiment contraire à celui qui doit garantir une paix durable ».

A la même date (12 novembre), la *Gazette populaire de Cologne* écrivait : « Les Français qui, à eux seuls, ont été impuissants contre nos vaillantes troupes, remportent aujourd'hui une belle vengeance. La perte de Metz sera sensible à tous les cœurs allemands, mais l'avenir leur réserve peut-être un vengeur. »

Et la *Gazette de la Croix*, de Berlin : « Dans dix jours, le drapeau français flottera au faîte de la cathédrale de Strasbourg, à la joie des cœurs français, à la douleur des amis de l'Allemagne. Notre pays se ressaisira-t-il un jour et reprendra-t-il courage? Nous voulons l'espérer et nous répétons avec la vieille chanson : « Tu as été un jour Allemand, tu redeviendras Allemand un jour. »

Un mois plus tard, un radiotélégramme de Nauen était ainsi conçu : « Si l'autonomie était accordée à l'Alsace-Lorraine, l'Allemagne pourrait l'oublier. Mais la violence exercée par la France laisse apparaître comme inévitable une troisième guerre pour l'Alsace-Lorraine. »

ÉPILOGUE.

Et maintenant, mes camarades de combat, mon récit est terminé.

En écrivant ce livre, j'ai voulu apporter au Pays et à l'Histoire le témoignage de votre magnifique bravoure qui, aux heures les plus difficiles, n'a jamais connu le plus petit échec, le moindre fléchissement.

Dans la terrible surprise d'août 1914, sans vous laisser impressionner par le recul des corps qui combattaient à vos côtés, vous êtes restés inébranlables à votre place de combat, ne battant en retraite que sur un ordre écrit, en imposant à l'ennemi à tel point qu'il ne vous poursuivit même pas.

A la bataille de Signy-l'Abbaye - Rethel, ayant à faire face à toute une armée, vous avez brisé sa tentative d'enveloppement, vous avez fait échouer une manœuvre stratégique dont la réussite eût été notre perte.

A la bataille de la Marne, indifférents au repli du corps d'armée voisin, vous avez supporté sans faiblir l'effort de trois corps d'armée allemands lancés pour rompre le front français. Vous avez brisé toutes leurs attaques. Et, après cinq jours des combats les plus durs, vous avez encore été les premiers à la contre-attaque, les premiers à la poursuite.

A la bataille d'Ypres, après vous être emparés par une offensive victorieuse des positions qui commandaient le champ de bataille, vous avez à nouveau lutté contre trois corps d'armée, contenant pendant vingt-trois jours tous leurs assauts, arrêtant toutes leurs offensives et, par l'aide incessamment répétée que vous alliez porter, aux instants critiques, tantôt à nos camarades français, tantôt à nos amis anglais, vous avez eu la part décisive dans l'échec allemand.

Plus tard, sur le front de Paris, par un labeur obstiné, vous avez créé l'obstacle sur lequel devait se briser la ruée de 1918 et vous avez préparé ainsi la libération de la patrie.

Ces victoires, vous les avez remportées sur un ennemi formidablement armé, puissamment outillé, abondamment pourvu des engins les plus modernes et les plus perfectionnés, sur un ennemi admirablement préparé à la guerre, remarquablement encadré; sur un ennemi auquel ses victoires de 1866 et de 1870 avaient donné la conviction qu'il était invincible; sur un ennemi dont le moral avait encore été surexcité par ses succès d'août 1914 et par l'invasion qui en avait été la conséquence.

Et, cependant, tous ces combats, les plus durs peut-être de la guerre, vous les avez livrés sans artillerie lourde, avec des munitions limitées, sans l'aide si efficace des avions, sans le concours des chars d'assaut qui, *révolutionnant la tactique*, devaient plus tard si grandement faciliter l'action de notre infanterie (1).

------

(1) Dans la belle et victorieuse contre-attaque exécutée le 18 juillet 1918 par la 10ᵉ armée (Mangin) et la 6ᵉ armée (Degoutte) au sud-ouest de Soissons, la 10ᵉ armée, pour ouvrir le chemin à son infanterie, disposait, sur un front de 27 kilomètres, de 470 batteries de tous calibres, de 375 chars d'assaut et de 40 escadrilles d'aviation. La 6ᵉ armée, pour un front de 20 kilomètres, comptait 230 batteries, 170 chars et 28 escadrilles.

Dans une déclaration faite le 19 juin 1920 et que l'on trouvera aux annexes, le maréchal Foch a donné les précisions suivantes en ce qui concerne notre matériel de guerre pendant la campagne :
« Le nombre des canons en service aux armées, malgré une usure formidable, est passé :
» Pour l'artillerie de campagne, de 3.840 en 1914 à 5.000 en 1918;
» Pour l'artillerie lourde, de 308 en 1914 à 5.500 en 1918, de modèles perfectionnés.
» L'artillerie d'assaut n'existait pas à la mobilisation. A l'armistice, elle comprend 2.500 chars légers, 100 chars lourds.
» La fabrication des munitions, telle qu'elle était prévue avant la mobilisation, était de 13.600 coups de 75, 465 coups de 155 par jour.
» Ce chiffre était bientôt reconnu insuffisant et la fabrication s'élevait, en 1917, à 356.000 obus de 75, 41.000 de 155, usinés par jour.
» Le développement de l'aviation était non moins remarquable : de 200 avions en 1914, nous étions passés à 3.174 avions en 1918, en service sur le front. »
(Voir l'annexe n° 3.)

Ces chiffres établissent indiscutablement quelle fut la différence des moyens dans la première et dans la dernière partie de la guerre. Il est facile d'en déduire à quel degré les procédés tactiques en furent influencés.

L'insuffisance de notre organisation eut, en outre, la plus douloureuse des répercussions sur les pertes.
Il ressort d'un rapport que M. Abel Ferry, député des Vosges, fut chargé d'établir par la commission de l'armée, et dont les éléments furent fournis par le ministère de la guerre, qu'alors que les pertes en tués et disparus — blessés non compris — s'élevèrent pour la bataille de la Somme (juin à octo-

Votre courage, votre ténacité, votre abnégation, **votre** esprit de sacrifice ont compensé nos infériorités et ont eu raison de tout.

Ces victoires, qu'avec le recul du temps l'Histoire mettra sans doute au premier rang parmi celles de cette grande guerre, n'ont pas seulement, en réparant l'erreur de notre concentration, arrêté l'invasion, mais elles ont vraiment sauvé la France. C'est à elles que l'on a dû de pouvoir créer le matériel qui nous manquait; c'est grâce à elles que nos amis anglais, américains, italiens et autres ont eu le temps de s'organiser et la possibilité d'entrer utilement en ligne. Elles ont eu une influence décisive sur l'issue de la guerre.

Quand vos esprits se reporteront sur ces grands et tragiques événements, pensez que, si votre chef vous a parfois demandé de durs efforts, ce fut pour le salut de la Patrie, pour la grandeur et l'existence même de la France. A tous ses appels vous avez répondu avec un inlassable courage. La victoire a toujours suivi vos drapeaux; le succès a toujours couronné votre vaillance. Ce fut votre récompense, et ce sera votre éternel honneur.

Pour moi, qui appartiens à une génération entrée à la vie militaire au lendemain de 1870, avec l'ambition d'effacer nos désastres, qui ai travaillé pendant quarante ans à aider à forger l'instrument de notre victoire, je vous dois la joie d'avoir vu réalisés tous les espoirs de ma jeunesse.

C'est la fierté de ma vie d'avoir été appelé à commander des hommes tels que vous.

Ma pensée reconnaissante vous suivra sans cesse et jusqu'à ma dernière heure.

Général DUBOIS.

Avril 1919.

---

bre 1916) à 52.115 hommes, qu'alors qu'elles furent de 148.930 hommes pour les sept mois de la bataille de Verdun (21 février au 30 septembre 1916), elles atteignirent, pour les six premières semaines de la guerre (août-septembre 1914), 313.000 hommes! (Voir *La guerre vue d'en bas et d'en haut*, par A. FERRY, pages 120 et suivantes.)

313.000 morts et disparus! Ce chiffre impressionnant montre combien dures et coûteuses furent les grandes batailles de 1914 et quel admirable esprit de sacrifice il fallut aux combattants pour compenser le manque d'artillerie lourde et l'insuffisance des munitions et du matériel.

Que tous ceux dont l'incurie criminelle nous amena à la bataille dans de pareilles conditions portent la responsabilité de ces morts devant le Pays, devant l'Histoire et devant Dieu!

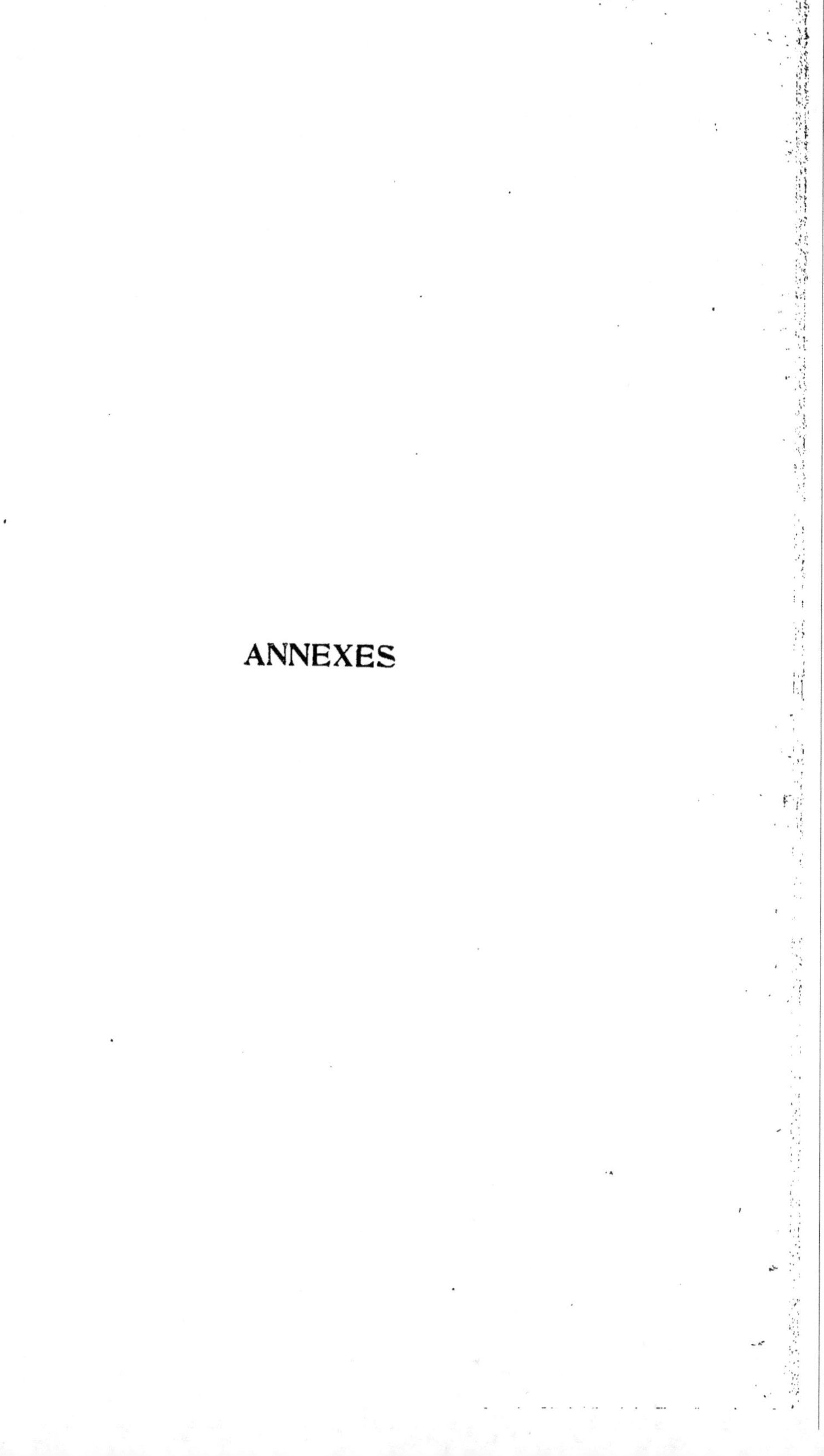

ANNEXES

ANNEXE N° 1.

Nota. — Ainsi qu'il a été exposé page 240, ce document n'est autre chose qu'un opuscule qui fut distribué aux troupes de la 6ᵉ armée pour les éclairer, pour combattre le défaitisme et surélever leur moral.

Les renseignements relatifs à la situation de l'armée allemande en mars 1915 et à la situation économique et financière de l'Allemagne ont été empruntés aux bulletins de renseignements que le G. Q. G. (2ᵉ Bureau) adressait journellement aux commandants de grandes unités.

L'ALLEMAGNE ET SON ARMÉE.
(Fin 1915.)

On trouvera réunis dans le présent document un certain nombre de faits relatifs :

1° Aux violations du droit des gens et aux crimes commis par ordre par l'armée allemande à l'égard des populations civiles;

2° Aux violations des conventions internationales commises à l'égard de nos blessés et de nos prisonniers;

3° A la situation militaire actuelle de l'Allemagne;

4° A sa situation économique.

Tous ces faits sont d'une exactitude absolue et ont été établis, soit par des rapports officiels, soit par des documents certains.

Les officiers, sous-officiers et soldats de la 6ᵉ armée y trouveront de nouvelles raisons de combattre avec toute leur énergie un ennemi déloyal et barbare. Ils pourront se convaincre que les efforts que nous avons faits jusqu'ici ont déjà amené des résultats inappréciables et que l'Allemagne marche rapidement vers la défaite définitive.

Les officiers profiteront de toutes les occasions qui se présentent pour faire connaître à leurs hommes ces faits qui devront faire l'objet d'entretiens constamment renouvelés, soit dans les périodes de repos, soit quand les unités sont en seconde ligne. Ils devront même compléter ces données en attirant journellement l'attention de leurs hommes sur les informations des journaux relatives aux questions traitées dans la présente brochure.

Violations du droit des gens et crimes commis envers les populations civiles.

Dès le début de la guerre, les troupes allemandes se sont signalées par des atrocités systématiques; aussi le gouvernement français, lorsque les Allemands ont battu en retraite, a-t-il constitué une commission d'enquête chargée d'établir un rapport sur les crimes commis sur le territoire dès maintenant libéré de l'occupation allemande.

Extraits du rapport publié au Journal officiel de la République française *par la commission d'enquête.*

Clermont-en-Argonne a été pillé entièrement les 4 et 5 septembre par les 121e et 122e régiments wurtembergeois. Après le pillage, le feu fut mis aux maisons systématiquement. Au début de l'incendie, un habitant, M. Mouternach, croyant à un accident, courut à la pompe municipale. Mais il fut empêché de s'en servir par les officiers des deux régiments. Pendant que la ville flambait, les soldats dansaient dans l'église au son de l'orgue, puis l'incendièrent.

Lunéville a été occupé par les Allemands du 21 août au 11 septembre. Du 21 au 25, ils pillèrent. Le 25, ils commencèrent à massacrer, comme toujours, sous prétexte que des habitants avaient tiré sur les troupes allemandes. Ils commencèrent par M. Weil et sa fille âgée de 16 ans, qu'ils assassinèrent chez eux et dont ils jetèrent les cadavres dans la rue. Dans la tannerie Worms, ils massacrèrent et dévalisèrent Balastre père et fils. Plus loin, ils tuèrent le sieur Steiner et blessèrent sa femme près de lui. Ils assassinèrent le sieur Kahn, tuèrent dans son lit sa mère âgée de 88 ans et incendièrent sa maison. MM. Bender et Vernier furent tués alors qu'ils se tenaient tranquillement sur le pas de leur porte.

Vers 3 heures, les Allemands envahirent la maison de Mme Dujou, ouvrirent le ventre de son fils, âgé de 14 ans, tuèrent le sieur Gaumier, tirèrent sur la fille de Mme Dujou, âgée de 33 ans, un coup de feu qui lui brûla la figure, et mirent le feu à la maison.

De *Nomény*, il ne reste rien. C'est le 20 août que les Allemands pénétrèrent dans la ville.

Les sieurs Sanson, Pierson, Lallumard, Adam, Meunier, Schneider, Raymont, Dupourel, Hajot père et fils, sont assassinés à coups de fusils dans la rue. Killiem a la gorge ouverte à coups de sabre. Petit-Jean, 86 ans, est massacré dans son fauteuil. L'adjoint au maire, le pharmacien, sont massacrés pendant qu'ils préparent les denrées réquisitionnées par les Allemands. Dans la boucherie François, les Allemands tirent à bout portant sur les deux employés Stub et Couchal et les achèvent à coups de baïonnettes. Ils mettent le feu à la maison Vasse, se portent en face de la porte et abattent à coups de fusil les habitants que l'incendie fait sortir de la cave; quatre hommes : MM. Meutre, Kieffer, Strieffort, Guillaume; deux femmes : Mmes Kieffer, Mentré, et sept enfants : Léon Mentré et sa sœur (8 ans), le jeune Kieffer (10 ans) et sa sœur (3 ans), les jeunes Vasse et Simonin (17 ans) et la sœur de Simonin (3 ans). Tous ces malheureux qui n'ont pas été tués immédiatement sont achevés à bout portant.

M. Bievelot a pu dresser la liste des habitants assassinés. Elle comprend cinquante noms.

L'incendie fut ensuite allumé. Pas une maison n'a échappé.

Gerbéviller, comme *Nomény*, a été victime de la fureur allemande. Le 24 août, l'ennemi y avait été arrêté par une soixantaine de chasseurs à pied. Quand les Allemands pénétrèrent dans la ville, ils brûlèrent les édifices et massacrèrent les habitants. Sur quatre cent soixante-quinze maisons, vingt au plus sont encore habitables. Trente-six cadavres ont été identifiés jusqu'ici. Quinze ont été retrouvés au lieu dit *La Prele*, les mains liées derrière le dos.

A *Emberménil*, une jeune femme, Mme Masson, dont l'état de grossesse était très apparent, fut fusillée, le 5 novembre, par ordre du colonel du 4e régiment bavarois, parce qu'elle n'avait pu dire à une patrouille de ce régiment si les Français occupaient le village.

A *Senlis*, c'est le 2 septembre que les Allemands pénétrèrent dans la ville après un combat d'arrière-garde avec les troupes de la 6e armée. Prétextant que des civils avaient tiré sur eux, ils mirent le feu à deux quartiers, dont il ne reste rien.

Comme nos troupes résistaient encore aux abords de la ville, les Allemands firent marcher devant eux des habitants, dont MM. Levasseur, Pinchaux, Minoufflet, Leymarie, Mme Dauchy et sa fille âgée de 5 ans. Les trois premiers furent tués.

Le même jour, le sieur Simon est tué dans la rue ainsi que les nommés Mégret, Ramin, Vilcoq, Chambellant et Gaudet qui regardaient l'incendie du parc à fourrage.

A 3 heures, le maire, M. Odent, est arrêté à l'hôtel de ville sous prétexte que des civils ont tiré sur les Allemands. A 5 heures, on le conduit devant trois officiers et aussitôt il est fusillé. Les meurtriers creusent alors une fosse si peu profonde que les pieds du cadavre sortent de terre. Avant le maire, six autres habitants ont été fusillés. Ce sont : MM. Pommier, Barbier, Aubert, Cottereau, Rigault et Duvert.

Le territoire de *La Ferté-Gaucher* a été le théâtre de faits épouvantables.

Le 5 septembre, un sous-officier allemand, après s'être fait servir à manger chez M. X..., tenta de violer la bonne. Cette malheureuse ayant réussi à s'échapper après avoir été complètement déshabillée, le sous-officier la poursuivit dans toute la maison, tua d'un coup de fusil M. X... qui s'interposait, puis il livra cette jeune femme à ses hommes. Ce fut le tour ensuite d'une vieille fille habitant la même maison, qui était âgée de 54 ans. Elle dut, sous la menace du revolver, se déshabiller complètement et se livrer aux Allemands.

A *Montmirail*, un sous-officier allemand violait Mme Mandé, après avoir fait tuer par les hommes de sa section le père de la malheureuse qui cherchait à la défendre et sa petite-fille âgée de 10 ans qui, épouvantée, s'attachait à sa mère.

A *Loupy-le-Château*, pendant la nuit du 8 au 9 septembre, plusieurs femmes s'étaient réfugiées dans une cave. Une vieille fille de 71 ans, une femme de 44 ans et ses deux filles âgées de 13 et 8 ans y furent violées par les Allemands.

A *Deuxville*, Mlle X..., âgée de 23 ans, fut violée pendant la nuit du 23 au 24 août par neuf Allemands, sans qu'un officier logé dans la chambre au-dessus et qui entendit certainement les cris de la victime jugeât à propos d'intervenir.

A *Sempst*, en Belgique, à 3 heures de l'après-midi, trente Allemands sont entrés chez M. David-Jordan, y ont mangé, puis l'ont attaché à une table et, sous ses yeux ainsi que sous ceux de sa femme qu'ils maintenaient, cinq Allemands violèrent sa petit-fille âgée de 13 ans. Après quoi ils embrochèrent l'enfant sur une baïonnette, infligèrent le même supplice à son frère âgé de 9 ans, puis tuèrent à coups de revolver la mère qui criait.

Crimes commis envers les blessés.

La sauvagerie des Allemands s'est donné trop souvent libre cours sur nos blessés pour qu'on puisse dire à leur décharge, qu'il s'agit de crimes imputables à quelques égarés. La proportion des lâches criminels est si grande que la nation entière en peut être tenue pour responsable.

Voici parmi les crimes innombrables constatés, quelques faits pris comme exemple :

Extrait du carnet du sous-officier Kleml, tué :

... Nos pertes étaient énormes. Pourtant l'ennemi restait invisible. Enfin, on s'aperçut que les balles venaient d'en haut, d'arbres où des soldats français s'étaient juchés.

On les descend des arbres comme des écureuils, on les accueille chaudement, à coups de crosse et de baïonnette; ils n'ont plus besoin de médecins; nous ne combattons plus des ennemis loyaux, mais des brigands perfides. Par bonds, nous traversons la clairière. Ici, là, ils sont cachés dans les buissons et maintenant, sus à l'ennemi, on ne fera pas de quartier. On tire debout, à volonté; c'est tout au plus si quelques-uns tirent à genoux. Nous arrivons à une petite dépression de terrain; des pantalons rouges gisent là, morts ou blessés, en foule. Nous assommons et transperçons les blessés, car nous savons que ces canailles, quand nous sommes passés, nous tirent dans le dos. Là est couché tout de son long un Français, face contre terre, mais il fait le mort. Le coup de pied d'un robuste fusilier lui apprend que nous sommes là. Se retournant, il demande quartier, mais on lui dit : « C'est bien ainsi, bougre, que travaillent vos outils ! » et on le cloue au sol. A côté de moi, j'entends des craquements singuliers : ce sont des coups de crosse qu'un soldat du 154ᵉ assène vigoureusement sur le crâne chauve d'un Français; très sagement il s'est servi, pour ce travail, d'un fusil français de peur de briser le sien. Les hommes à l'âme particulièrement sensible font la grâce aux blessés français de les achever d'une balle, mais les autres distribuent tant qu'ils peuvent des coups d'estoc et de taille. Nos adversaires s'étaient battus bravement; c'étaient des troupes d'élite que nous avions devant nous; ils nous avaient laissés approcher jusqu'à trente et même dix mètres — trop près. Les sacs et les armes jetés en masse attestent qu'ils ont voulu fuir; mais à la vue des fantômes gris, l'épouvante leur a paralysé les pieds et sur le sentier étroit qu'ils prenaient la balle allemande leur a porté l'ordre : « Halte ! » A l'entrée de leurs abris de branchages, les voilà couchés, gémissants et qui demandent quartier. Mais qu'ils soient blessés légèrement ou grièvement, les braves fusiliers économisent à la patrie les soins coûteux qu'il lui faudrait donner à de nombreux ennemis.

Déposition du médecin principal Ferry :

A *Bar-le-Duc*, M. le médecin principal Ferry a rapporté des dépositions recueillies par lui, dans son service. Le sergent Lemerre, du ...ᵉ régiment d'infanterie, lui a déclaré que, blessé le 6 septembre, à Rembercourt, d'un éclat d'obus à la jambe, il avait été laissé sur le terrain, pendant huit jours, par les ambulanciers allemands qui le voyaient parfaitement. Le quatrième jour, sur l'ordre d'un officier qui parcourait le champ de bataille, son revolver à la main, ce sous-officier a été blessé de nouveau d'un coup de fusil par un soldat. Il a vu d'ailleurs, à plusieurs reprises, autour de lui, des brancardiers allemands tirer sur nos blessés.

Près de *Badonvillers*, le 22 août, dans la ferme de M. Houillou, un officier et quatre hommes achevèrent d'un coup de fusil dans l'oreille neuf blessés français que M. Houillou y avait recueillis.

Témoignage du soldat Mansion sur ce qu'il a vu sur le champ de bataille de Longuyon :

... Le soir tombait et je revenais à moi. A trente ou quarante mètres de moi, je vis un détachement de Bavarois. Je crus d'abord à des ambulanciers. J'allais appeler à l'aide, mais je m'aperçus soudain que tous ces hommes avaient un couteau à la main et ne se penchaient sur les nôtres que pour leur enfoncer le couteau dans la gorge ou dans la poitrine. Ils frappaient avec une telle sauvagerie que j'ai vu l'arme s'abaisser cinq et six fois de suite sur la même victime. Quand ils s'étaient assurés que l'homme était bien mort, ils ouvraient brutalement sa capote et retournaient ses poches, dont le contenu passait immédiatement dans les leurs.

Atterré, je pris la résolution de faire le mort. J'étais couvert de sang coagulé. Ma blessure avait saigné abondamment et, complètement vidé, je devais avoir une face de cadavre. Trois de ces brutes s'approchèrent de moi et commencèrent par me bourrer de coups de pied. Pas un tressaillement ne m'échappa. J'étais étendu sur le dos. L'un d'eux me prit alors par le bras, me souleva et, me faisant basculer sur le côté, me retourna. Je l'entendis grommeler en allemand des mots qui devaient vouloir dire : « Il a son compte. » Néanmoins, pour mieux s'en assurer, il me prit sous les épaules, me leva à la hauteur de son genou et me laissa retomber inerte. Cette fois encore, je restai immobile et muet. Tranquille alors, il me retourna de nouveau, arracha les boutons de ma capote, enleva le portefeuille que j'avais mis avec mon livret dans ma poche intérieure, fouilla les poches de ma culotte, ouvrit le col de ma chemise et me vola tout ce que j'avais sur moi : porte-monnaie, canif, lettres, et jusqu'à ma médaille d'identité. Ils s'éloignèrent enfin et je perdis à nouveau connaissance. Le lendemain, les brancardiers arrivèrent pour de bon. Je n'étais pas sans inquiétude sur le sort qui me serait réservé si je me livrais à eux, mais je me sentais si faible que j'en courus quand même la chance, et c'est ainsi que je pus être sauvé.

Les prisonniers.

Au début de la guerre, les lettres que nous adressaient les soldats français prisonniers en Allemagne nous ont fait croire que nos ennemis observaient à leur égard les conventions internationales.

Presque toutes ces lettres, en effet, contenaient une phrase indiquant que ces prisonniers étaient bien traités.

Mais peu à peu, par les prisonniers échappés, par les lettres rapportées par les médecins et infirmiers échangés, nous avons connu le sort réel réservé à nos prisonniers.

Enfin, depuis un mois environ, les Allemands, en raison des énormes difficultés qu'ils éprouvent à nourrir leur propre population, ont renvoyé en France une très grande partie de la population des régions envahies qu'ils avaient emmenée en Allemagne. Ces rapatriés qui ont partagé dans les camps la vie misérable des prisonniers militaires nous ont appris que seules étaient expédiées les lettres qui indiquaient que les prisonniers étaient bien traités. Souvent même les Allemands ont obligé, avec les pires menaces, les prisonniers à vanter les douceurs de la captivité. Ils croyaient ainsi amener nos soldats à déserter. Ils jugeaient nos hommes sur les leurs.

D'innombrables témoignages ont établi l'absolue authenticité des faits suivants :

Officiers. — Les officiers sont traités comme des criminels de droit commun, enfermés dans des bâtiments militaires, casernes, citadelles, transformés en prison à l'aide de grilles.

La nourriture se compose :

Le matin : café sans sucre;

A midi : un morceau de saucisse ou de viande avec des pommes de terre;

Le soir : une tasse de thé.

200 grammes de pain K par jour.

Ils payent, pour cette nourriture, 36 marks (45 francs) par mois; il leur est défendu de fumer. Ils n'ont pour toute distraction que deux heures de promenade par jour dans la cour, sous la surveillance des sentinelles.

Voici une lettre écrite par un officier de la 37° division, prisonnier, à son père, et qui a été apportée par un prisonnier civil libéré le 18 mars :

Physiquement, on vit, rien de plus. On nous vend trois ou quatre fois ce que cela vaut du pain de fécule de pommes de terre (il n'y a plus de farine) et du porc avarié à midi. Le soir, rien. On mange un morceau de ce pain avec du saucisson.

Mais c'est surtout au point de vue moral que la vie est dure. On est dans une atmosphère de haine. Fumer est interdit. On nous traite comme des criminels de droit commun. Nous sommes parqués dans des chambres presque sans jour, gardés par des soldats grossiers qui ne se gênent pas pour nous brutaliser. Ils sont accompagnés de chiens policiers qu'ils ont ordre de lâcher sur nous. Sous prétexte de voir si nous n'avons pas sur nous de l'or ou du tabac, d'infâmes policiers viennent nous fouiller. On a pris tous les bijoux en or, sauf les alliances.

Hommes de troupe et civils. — Les hommes de troupe, sous-officiers et soldats sont parqués dans des camps.

Ils couchent, soit sous la tente, soit dans des baraques en bois qui, au plus fort de l'hiver, n'ont pas été chauffées. Ils n'ont jamais eu qu'un seul couvre-pied. Comme couchage, ils ont de la paille ou des copeaux qui servent presque indéfiniment et où la vermine grouille.

La nourriture se compose uniformément :

Le matin, d'une décoction d'orge grillée sans sucre;

A midi, d'une soupe maigre et claire de légumes (betteraves, carottes, choux).

Dans les camps dont les commandants sont particulièrement humains, on ajoute à cette soupe, deux fois par semaine, de petits morceaux de déchets de boucherie (pis de vache, museau de bœuf, cœur et poumons).

Le soir, soupe claire à la farine d'orge ou de maïs.

Par jour, 200 grammes de pain K.

Non seulement cette nourriture est répugnante, mais elle est distribuée avec une parcimonie telle que tous les prisonniers déclarent qu'ils meurent de faim.

Les prisonniers sont, en général, employés dans la journée à des travaux d'utilité publique : entretien des chemins de fer, des routes, assèchement des marais, ou à des travaux agricoles au compte des communes : labours et semailles. Près des forteresses, ils sont employés à des travaux de terrassement.

Les camps sont aménagés dans des conditions si défectueuses au point de vue de l'hygiène que les médecins qui ont visité à leur retour en France les premiers convois de prisonniers civils libérés ont constaté qu'un nombre considérable de ces prisonniers avaient contracté les germes de la tuberculose.

La discipline dans ces camps est d'une rigueur implacable. Voici, à titre d'exemp'e, le règlement élaboré par le général von Bissing pour le camp qu'il commande :

I. — Chaque prisonnier doit respect et obéissance à tous les officiers et sous-officiers allemands, de même aux soldats allemands de garde ou surveillants de travaux.

Les prisonniers doivent les saluer, se lever à leur approche et se mettre au « garde-à-vous » jusqu'à ce qu'on leur ait commandé « repos ».

II. — La peine de mort sera appliquée : en cas de manque de respect aux militaires allemands en présence de plusieurs militaires; en cas de refus d'obéissance ou de non obéissance. Tout supérieur a le droit et le devoir d'employer ses armes pour obtenir l'obéissance.

III. — Toute tentative d'évasion sera sévèrement punie. Tout soldat de garde a le devoir d'employer ses armes immédiatement contre tout fugitif.

IV. — Il est sévèrement interdit, sous peine de punition grave, de séjourner à côté de la clôture du camp et de causer avec des civils.

Signé : Von Bissing.

D'autres prescriptions de détails fourmillent, dont la non observation amène des punitions sévères.

La punition la plus habituellement employée consiste à attacher le prisonnier par les mains et par les pieds à un poteau et à l'y laisser exposé aux intempéries pendant de longues heures.

Enfin, la brutalité naturelle aux Allemands se donne libre cours contre les prisonniers à qui les coups de crosse, les gifles et les coups de pied sont distribués sous le moindre prétexte.

Non seulement l'autorité militaire traite nos prisonniers de cette façon ignominieuse, mais encore elle prend des mesures rigoureuses pour empêcher toutes les manifestations de pitié qui pourraient se faire jour chez quelques civils.

Le gouverneur du camp de *Munster* a fait afficher, sur les murs de la ville, la proclamation suivante que le *Dusseldorfer Tageblatt* a publiée dans son numéro du 11 décembre :

Par ordre du jour récent, j'ai fait appel au public pour qu'on n'étale pas vis-à-vis des prisonniers de guerre une commisération déplacée et fausse. Ayez donc plus de conscience allemande !... Dois-je encore répéter cette remontrance ? On le dirait. D'après les rapports qui me sont soumis, on a encore offert aux prisonniers, malgré la défense faite, des friandises et du chocolat. Est-ce que votre âme compatissante, mais antiallemande, n'entend donc pas les cris de détresse de nos propres prisonniers ?

Malheureusement, il n'est pas possible d'isoler complètement du monde extérieur les prisonniers de mon district. Ce sont surtout des enfants et des fillettes qui se pressent sans cesse autour du campement de prisonniers; ils manquent complètement d'éducation. C'est aux parents et aux écoles qu'il appartient de changer tout cela. Si ces avertissements restent stériles on recourra à des punitions exemplaires pour réprimer ces façons d'agir antiallemandes. En vérité, il est grand temps. C'est du sentiment de la jeune génération que dépend l'avenir de notre patrie.

Signé : Von Bissing.

La lettre suivante, rapportée par un libéré, indique nettement quel est le sort de nos prisonniers.

Magdbourg, fin novembre 1914.

Mon cher oncle,

J'espère que cette lettre te parviendra et que tu auras ainsi des nouvelles non maquillées, car tu penses bien que, lorsque nous écrivons, nos lettres ne partent que si elles chantent la louange de nos gardiens.

Juge un peu si nous sommes bien nourris et logés : nous couchons sur le carreau sans couverture ni paille, nous crevons littéralement de faim et de froid; il y a 10 degrés au-dessous de zéro. Nous sommes nourris moins bien que des cochons, ce qui n'est pas étonnant, puisque eux-mêmes sont mal nourris; on nous donne deux fois par jour du son mouillé, espèce de pâte comme on en donne aux poules. Pour moi, qui ai si bon estomac, ça va, mais combien de Français, habitués à une bonne nourriture, pourront supporter ce régime ?

Nous faisons les corvées les plus pénibles et les plus sales. Si on « flanche », si l'on tarde à obéir, on est attaché à un poteau dehors, devant la foule, pendant quarante-huit heures. Deux y sont passés; nous ne les avons jamais vus revenir. Ils ont dû mourir de froid.

Ils nous disent que Paris a été pris ou plutôt qu'il s'est rendu immédiatement, suppliant qu'on ne démolisse pas les monuments, et que leurs troupes occupent toute la côte d'Ostende à Cherbourg, préparant une descente en Angleterre, par Calais. Ils ont ajouté l'autre jour : « Si les Français viennent ici, nous vous fusillerons tous auparavant. »

Comment peuvent-ils craindre que les Français arrivent ici, si Paris est occupé et s'ils tiennent jusqu'à Cherbourg? Comme tout ça sent le bluff !

Vive la France quand même ! Ne vous faites pas de bile. Ça finira bien un jour.

Surtout ne dis rien de ceci à maman. Elle s'alarmerait inutilement. Mais il faut dire aux copains qu'il vaut mille fois mieux se faire tuer sur place que de se rendre.

Malgré tout ce que j'ai encore à souffrir, je suis plein de courage et ma santé est de fer; j'espère vivre assez longtemps pour apprendre notre victoire et leur défaite. Je surmonterai tout. Embrasse toute la famille et vive la France !.

Mais si la situation des prisonniers français dans les camps de concentration est affreuse, bien souvent les Allemands n'ont pas attendu qu'ils y soient rendus pour les traiter avec une indigne lâcheté.

Le réserviste Delalœuf, du 290ᵉ régiment, pris au combat de *Valemolen*, le 15 novembre, et qui s'est échappé le 7 décembre des mains des Allemands, a déclaré ce qui suit :

Tous les hommes qui ont été faits prisonniers avec lui ont été employés pendant vingt jours à creuser des tranchées sous le feu, devant le front français et le front anglais. La plupart d'entre eux ont été tués pendant ce travail par les balles françaises ou anglaises. Ceux qui ont refusé d'exécuter ce travail ont été fusillés par les Allemands.

A la fin de novembre, du côté de *Langemark*, on vit s'approcher dans le jour naissant une colonne d'une compagnie environ, dont les deux ou trois premiers rangs étaient composés de zouaves qui avaient été faits prisonniers dans un bois. Cette colonne poussait le cri : « Nous sommes des camarades du 1ᵉʳ zouaves »; lorsque, à quarante mètres des tranchées, un zouave qui était au premier rang cria d'une voix forte : « Tirez donc, N... de D..., les Allemands sont derrière nous. »

On ouvrit le feu et on détruisit la colonne allemande. Pour cet acte héroïque, ce zouave, dont nous avons repris le corps après avoir repoussé l'attaque allemande, a été cité à l'ordre du jour de l'armée.

Tout récemment encore, à la fin de mars, pendant la longue bataille que nous avons livrée dans les *Vosges*, à la tête d'*Hartmanwiller*, une compagnie de chasseurs, au prix d'efforts héroïques, avait réussi à percer la ligne ennemie. Elle ne put malheureusement être renforcée à temps et, entourée de toutes parts, lorsqu'elle eut épuisé toutes ses munitions, perdu presque tous ses officiers et plus de la moitié de son effectif, une puissante contre-attaque allemande s'empara de ses débris. Les autres compagnies du bataillon, dont une partie tenait les premières tranchées conquises et creusait des boyaux pour rejoindre la 1ʳᵉ compagnie, virent nettement leurs camarades de cette compagnie monter, désarmés, sur la tranchée, travailler à la remettre en état pendant de longues heures. Après quoi, deux d'entre eux parurent, les mains liées, et tombèrent fusillés par un feu de salve allemand.

Ces faits montrent une fois de plus la traîtrise des Allemands qui, contrairement à toutes les lois de l'honneur, font décimer nos prisonniers pour s'éviter eux-mêmes des pertes par le feu.

On a trouvé sur un prisonnier de la 7ᵉ compagnie du 112ᵉ régiment badois, l'ordre suivant du général commandant la 56ᵉ brigade du XIVᵉ corps d'armée :

A partir d'aujourd'hui, il ne sera plus fait aucun prisonnier. Tous les prisonniers seront mis à mort. Les blessés, avec ou sans armes, seront mis à mort. Les prisonniers, même en grandes unités constituées, seront mis à mort. Aucun homme vivant ne doit rester derrière nous.

Cet ordre a été exécuté. Des interrogatoires de prisonniers allemands prouvent que de nombreux blessés français ont été achevés à coups de fusil.

Un prisonnier fait le 8 octobre et conduit le 11 à *Ostavern*, avait écrit le 5 octobre, sur son carnet, que les prisonniers faits par son régiment venaient dêtre fusillés.

Le sous-officier Sattler, du XIIIe corps prussien, écrit sur son carnet : « Les Français sont sournois et faux, nous en avons fusillé pendant la nuit neuf qui venaient d'être faits prisonniers. »

Le vicefeldwebel Braun, du 112e régiment, fait prisonnier le 23 novembre, a avoué que sur la route de *Lille* à *Douai*, les uhlans avaient tué soixante-cinq prisonniers anglais sur cent cinquante qui avaient été capturés. Le même sous-officier a déclaré que, le 28 octobre, un ordre du colonel du 112e prussien avait prescrit de ménager les prisonniers indiens, mais de tuer les autres.

Malgré l'indignité du traitement infligé à nos prisonniers, ils ne perdent pas courage comme en témoigne ce billet rapporté par un infirmier échangé contre un infirmier allemand, et qu'il avait caché dans la doublure de sa veste :

7 octobre.

A ceux qui trouveront ces quelques lignes, quels qu'ils soient, Français ou ennemis, je leur demande ou plutôt les prie, au nom de l'humanité, de dire à ma famille que j'ai fait mon devoir, que si je suis prisonnier ainsi que mes camarades, que si nous endurons des souffrances atroces, la faim, le froid et la dureté de certaines brutes monstrueuses, nous ne pensons qu'à la France.

Nous sommes très malheureux, très maltraités, mais nos souffrances ne sont rien, car nous serons victorieux, malgré les mensonges de ceux qui nous maltraitent. Puissent ces lignes arriver en France pour ma famille et les camarades. Je ne sais si cette feuille parviendra au pays. J'écris comme je pense, mes copains surveillent. Demain où serons-nous ? Qu'on avertisse chez moi que je vais bien, simplement. Un poilu se charge de ce billet, mais comment ? Enfin, vive la France.

Tous ces faits sont pleinement confirmés par les déclarations des blessés reconnus incapables de faire désormais campagne et qui viennent d'être échangés contre des blessés allemands.

Tous déclarent que les camps de concentration sont à proprement parler un enfer.

Les violences physiques des gardiens, les coups de poing sont de règle pour le moindre retard aux rassemblements. Un amputé fut à diverses reprises frappé à coups de nerf de bœuf dans un camp où les gardiens en étaient tous munis.

Comme nourriture une infusion d'orge grillée remplaçant le café, de la betterave, de la soupe au son, c'est-à-dire en réalité de la soupe au seigle mal écrasé, un peu — très peu — de pain noir et presque immangeable. Exceptionnellement, de la tétine de vache ou de porc en guise de viande. Au total, une alimentation répugnante et absolument insuffisante. Tous ont souffert de la faim.

Dans de pareilles conditions, on comprend l'effroyable mortalité qui sévit sur nos prisonniers.

En 1870 déjà, 40.000 d'entre eux sont morts en captivité, de froid et de privations. Avec la misère économique qui sévit en Allemagne, ces chiffres seront de beaucoup dépassés, dans la guerre actuelle.

En regard de toutes ces infamies, il convient de rappeler les procédés corrects que nous autres, Français, n'avons jamais cessé et ne cesserons pas d'employer vis-à-vis des prisonniers allemands, parce que nous mettons au-dessus de tout le respect du *droit des gens* et des *règles de l'honneur* dont notre armée ne s'est jamais départie, pas plus au cours de la présente guerre que pendant les guerres passées.

Au reste, le général commandant l'armée compte bien que, si nous nous refusons à exercer des représailles sur des prisonniers désarmés, les corps d'armée sous ses ordres sauront, du moins par les pertes qu'ils imposeront à l'ennemi au cours du combat, tirer une vengeance éclatante des procédés honteux et méprisables auxquels celui-ci recourt envers nos prisonniers.

Situation de l'armée allemande à la fin de mars 1915.

Au début de la guerre, l'état-major allemand avait mis sur pied 25 corps d'armée actifs et 21 de réserve, soit un total de 46 dont 11 face à la Russie.

Avec les Ersatz (1) réservistes, instruits pendant cinq à huit semaines, et les engagés volontaires des classes 1915 et 1916, ils réparèrent les pertes subies à la bataille de la Marne et formèrent 6 corps d'armée nouveaux qu'ils lancèrent contre nous à la bataille de l'Yser.

Les Allemands avaient donc à ce moment 52 corps d'armée. Au cours de l'automne, ils achevèrent d'appeler tout ce qui restait d'Ersatz réservistes et de Landwehrriens ainsi que le Landsturm 2e ban. Une partie des nouvelles formations fut envoyée contre nous, mais le plus grand nombre contribua à former l'armée de Hindenburg envoyée contre *Varsovie*. A ce moment, l'Allemagne eut la valeur de 69 corps d'armée sous les armes.

Après l'échec de Hindenburg sur la Bzura, les Allemands, résolus à tenter un nouvel effort par la Prusse orientale, constituèrent, avec celles des recrues de la classe 1914 qui n'avaient pas été employées à réparer les pertes des corps déjà existants, 4 nouveaux corps d'armée.

Ce sont ces nouveaux corps d'armée qui viennent d'échouer complètement dans la tentative sur *Prasnitz*.

A la fin de janvier, l'Allemagne avait donc 73 corps d'armée sous les armes. Mais elle a ainsi mis en ligne toute son armée active, toute sa réserve, toute son Ersatz réserve, toute sa Landwehr et tout son Landsturm instruit (réserve de la territoriale).

Elle ne dispose plus actuellement dans ses dépôts, en dehors des blessés encore mal guéris, que de la classe 1915, très diminuée par le grand nombre de volontaires qui ont devancé l'appel, et des hommes du Landsturm 1er ban non instruits dont la levée a commencé en février (2). Il est évident que ce Landsturm, qui comprend des

____

(1) Les Ersatz réservistes sont les hommes qui, reconnus bons pour le service par les conseils de revision, n'ont pu être incorporés faute de ressources budgétaires. Leur nombre, au début de la guerre, s'élevait à 900.000 hommes environ.

(2) Le Landsturm 1er ban est formé par les hommes qui, au moment du conseil de revision, n'ont pas été classés bons pour le service, sans cependant être réformés.

hommes d'âges très différents (de 17 à 39 ans) et qui n'ont jamais servi dans l'armée active, qui en outre sont, au point de vue physique, peu résistants, ne produira après quelques semaines d'instruction qu'une troupe extrêmement médiocre.

D'après les évaluations les plus favorables à l'Allemagne, le total de ces hommes n'atteint pas 500.000.

Avec ces faibles disponibilités, les Allemands devront :

1° Réparer les pertes considérables qu'ils ont subies en février et mars, tant au cours de la grande bataille qui s'est livrée en *Prusse orientale* et à *Prasnitz* qu'aux batailles meurtrières livrées en *Champagne;*

2° Recompléter les effectifs des corps actuellement sur le front dans le nord de la France et qui n'ont pu encore réparer les désastres subis pendant la bataille de l'*Yser*. C'est ainsi qu'au début de janvier, dans 11 corps d'armée, les compagnies n'avaient que 150 à 180 hommes au lieu de 250; dans sept autres, 200 hommes au lieu de 250; dans six autres, 170 à 175 hommes.

L'Allemagne ne pourra donc que maintenir avec peine l'effectif de ses troupes actuellement engagées pendant une campagne d'été. Elle ne peut, en tout cas, sous peine de voir ses effectifs diminuer d'une façon exagérée, songer à créer de nouvelles formations. Ces créations d'unités nouvelles seraient d'ailleurs rendues à peu près impossibles par la pénurie de cadres d'officiers.

En effet, les pertes en officiers ont été formidables. La moyenne des officiers de carrière est actuellement :

12 pour les régiments actifs;
9 pour les régiments de réserve anciens;
6 pour les régiments de réserve récents.

Une autre cause d'infériorité de l'armée allemande réside dans l'usure prématurée du matériel d'artillerie, usure qui a été nettement mise en lumière par l'examen des ceintures d'obus tirés sur notre front depuis février.

La qualité elle-même des projectiles est devenue très mauvaise.

Ainsi, au combat de *Laventie*, le 7 janvier, 95 p. 100 des obus allemands n'éclatent pas; à *Furnes*, en janvier, 35 p. 100; à *La Bassée*, le 14 décembre, 80 p. 100.

Enfin les Allemands sont à court de fusils, puisqu'une partie des renforts envoyés en *Champagne* sont arrivés sans fusils.

Au point de vue moral, l'armée allemande est fortement ébranlée tant en raison des pertes énormes qu'elle a subies que de ses échecs tactiques répétés.

Leurs pertes. — Exemples des pertes subies par quelques régiments :

Liste des pertes du ministère de la guerre allemand.

13ᵉ régiment,	en août et septembre........	3.250 hommes.
71ᵉ —	en août et octobre.........	2.620	—
99³ —	—	2.560	—
15ᵉ —	le 18 octobre.	1.823	—
123ᵉ —	le 16 novembre (*Ypres*).....	1.390	—

205ᵉ régiment, sur l'*Yser*. . . . .   2.400 hommes,
235ᵉ   —   — . . . .   1.230   —
244ᵉ   —   — . . . .   2.150   —
247ᵉ   —   — . . . .   1.900   —
248ᵉ   —   — . . . .   1.800   —
17ᵉ réserve bavarois à *Messines*. . . . .   2.201   —

Les listes officielles de pertes donnent, à la date du 20 mars, un total de 1.078.468 hommes pour la Prusse, tués, blessés ou disparus. A ce chiffre, il faut ajouter 448 listes de pertes bavaroises, saxonnes, wurtembergeoises, ce qui donne, en tenant compte de la proportion des populations prussiennes et non prussiennes, un total général de 1.800.000 hommes. Dans ce total ne sont pas comprises les pertes subies en *Champagne*, à *Neuve-Chapelle* et à *Prasnitz*.

Leurs échecs. — Depuis leur grande défaite de la *Marne*, les Allemands n'ont enregistré que des échecs :

Échec de l'attaque brusquée sur *Nancy;*

Échec de l'enveloppement de notre gauche, en novembre;

Échec de la marche vers *Calais*, sur l'*Yser;*

Échec de la percée sur *Ypres;*

Échecs répétés de la marche vers *Varsovie*, sur la *Bzura* et à *Prasnitz*.

Aussi la confiance que l'armée et la nation allemandes tenaient des souvenirs de 1870 et de la rapidité de leur marche en 1914, à travers la *Belgique* et jusque sur la *Marne*, a-t-elle complètement disparu.

L'échec du plan allemand est devenu sensible à tous.

Rien ne montre mieux cette dépression morale que les lettres saisies sur les prisonniers et les morts, et dont voici quelques extraits :

Ripont, 7 mars 1915.

J'ose à peine vous écrire ce qui se passe ici. Vous n'y croirez pas. Tant que nous sommes dans les tranchées, nous n'avons rien à manger ni à boire. La cuisine roulante ne peut s'approcher; le feu d'artillerie est épouvantable — partout des morts et des blessés — c'est épouvantable. Ce n'est plus de la guerre, c'est du massacre. L'artillerie française ne cesse de canonner nos tranchées, nous occasionnant de lourdes pertes. Si cela continue, Dieu sait ce qu'il adviendra de nous; la moitié de ma compagnie a déjà disparu. Au revoir, un tremblement nerveux nous agite, il y a de quoi devenir fou dans ce feu d'artillerie.

Lettre d'un homme du 29ᵉ régiment, 11ᵉ compagnie, le 11 mars :

Mon cher ami,

Je suis terriblement mal niché ici. La 12ᵉ compagnie ne compte plus que 30 hommes et 2 sous-officiers. La nôtre a encore 70 hommes et 10 sous-officiers et se trouve être la plus forte. Beaucoup sont devenus fous.

Carnet de route d'un prisonnier.

3 janvier.

... A l'ambulance, la nourriture était au-dessous de tout. Le matin, café sans sucre; à midi, deux assiettées de soupe et un petit morceau de viande; le soir, café ou thé, et c'est tout. Le traitement des blessés est à l'avenant.

Des hommes dont les blessures ne sont pas guéries doivent retourner au feu pour faire de la place à d'autres.

L'infanterie française aussi est terrible. Wilhelm m'a raconté qu'à la dernière attaque trois compagnies de son régiment, le 30e de réserve, avaient été prises de panique lorsqu'ils ont vu venir sur eux les Français avec, à leur tête, un tout jeune homme et qui les traitaient de tous les noms imaginables...

Gand, le 2 mars.

Mon cher ami,

Que devenez-vous de votre côté? Ici, tous les habitants occupant les maisons à moins de 200 mètres de la frontière hollandaise ont reçu l'ordre de déménager, parce qu'il y a trop de soldats allemands qui désertent. Nous ne croyons plus les officiers. Nous ne recevons plus qu'une demi-ration de pain et plus de solde. Les Polonais filent chaque fois qu'ils en ont l'occasion. Il y a à Sas-de-Gand des déserteurs allemands qui ont fait venir leurs femmes et leurs enfants pour émigrer en Amérique.

Ripont, le 1er mars 1915 (lettre qui n'avait
pu être mise à la poste.)

Mon cher père,

Quand tu m'as appris que tu voulais t'engager, comme volontaire, j'ai compris que tu considérais la guerre comme un jeu d'enfant. Chez nous, il y a déjà beaucoup d'engagés et de recrues tués. Reste chez toi. On a ici à chaque seconde la mort devant les yeux. Si tu voyais seulement comment les obus explosifs et les balles sifflent ! *Pour moi, j'ai déjà tué deux Français. Ils étaient déjà blessés; ils s'étaient cachés dans les buissons. J'ai tiré ma baïonnnette et je les ai fait passer dans l'autre monde...*

18 février 1915.

Nous sommes partis à *Challerange* où le général von Hœseler nous a fait un discours et nous a engagés à crier : Hurrah! pour l'empereur. De retour dans les tranchées, nous enterrons dans un fossé des cadavres. Je compte 50 Allemands et 6 Français. Les jours suivants nous ne touchons plus rien comme aliments.

Carnet d'un autre soldat du même régiment arrivé sur le front
en janvier.

Le 17 janvier, *ceux d'entre nous qui avaient des fusils* sont partis aux tranchées. On ne nous avait pas donné de fusils en partant de Cologne.

France, le 14 janvier 1915.

Ma chère Françoise,

Je ne veux pas tarder davantage à t'écrire. Je suis maintenant dans la tranchée, devant *Perthes*, à 160 mètres de l'ennemi. Mais je ne peux pas te décrire l'existence que l'on mène ici; le feu de l'artillerie est terrible. On reste toute la journée dans la tranchée attendant un obus qui vous mettra en pièces. Nous ne sommes ici que depuis quelques jours. La 1re compagnie du 92e a eu, dans les trois premiers jours, 45 morts et blessés, la 2e, 32. C'est terrible. Ceux qui ne sont pas tués par les obus sont tout ébranlés et étouffent; c'est affreux à voir; je n'avais encore rien vu de pareil pendant toute la guerre. Celui qui ramènera ses os d'ici ne pourra jamais assez remercier Dieu. Ce soir, l'infanterie ennemie a voulu nous sauter dessus au moment de la relève; ces animaux-là voulaient nous tuer;

ils n'ont pas réussi pour cette fois, mais c'est avec frayeur que nous attendons la journée de demain.

> France, le 9 février 1915 (écrit par un prisonnier
> du 74' qui n'a pas eu le temps de l'envoyer).

Ma chère femme,

Ma santé est bien mauvaise. Il y a trois semaines que je marche sans semelles. Mes bottes sont complètement percées et je n'ai pas eu les pieds secs un seul jour ou une seule nuit. Ici, il n'est pas question d'être malade : « Oiseau, bouffe ou crève. » Si je meurs, ce sera d'une mort misérable sans que personne s'occupe de moi. Ici, la situation est pire qu'en Russie, car ce que racontent les journaux est faux. Nous sommes traités comme des chiens, nous sommes envoyés ici comme de la chair à canon. Les Français canonnent au point que la terre tremble. Notre artillerie répond à peine. Partout où l'on porte ses regards, on ne voit que tombes et blessés. Heureux qui s'en tirera. Il est impossible de décrire ce qui se passe ici. C'est une lutte à outrance. Au moins, si cette lettre arrive entre tes mains, tu sauras ce qui se passe ici. Celui qui a le plus de droit est obligé de ramper. Les journaux vous dépeignent la situation comme belle; en réalité il n'en est pas ainsi.

> Lieselwitz, le 15 janvier 1915.

Je suis rétabli et avant peu le Landsturm sera rappelé. Les classes 87 à 94 sont déjà revisées et beaucoup d'entre eux sont déjà appelés. Nos communiqués disent toujours que les pertes de notre côté sont minimes, mais, mais...

> Warlaglowitz, le 14 février 1915.

Les classes 91 et 92 du Landsturm ont été incorporées, ça va bientôt être le tour de la classe 90.

> Pohlom, 23 janvier 1915.

Mon cher fils,

... Ici, dans notre village, il n'y a plus d'hommes, il ne reste que les enfants.

... Il y a eu encore une fois conseil de revision. Tout ce qui se tient droit est pris. Ici, au 8' corps, tous les hommes sont partis...

> Meuningen, 24 février 1915.

... Toute la ville est comme morte. Demain, 25 courant, et le 6 mars, plus de 400 hommes doivent encore partir, jeunes et vieux du Landsturm.

La presse neutre, de son côté, constate le découragement de l'armée allemande.

Le correspondant de la *Nieuwe Rotterdamsche Courant* écrit : « L'enthousiasme du début de la guerre est bien éteint, il a fait place, chez le paysan allemand, à une résignation voisine de l'abattement. »

Il faut également citer les propos tenus par un officier de réserve allemand qui, au cours de son récent séjour dans une grande ville belge, pérorant sur la situation des armées dans l'ouest, a dit : « Nous sommes trop faibles pour attaquer, trop forts pour reculer, trop fiers pour retourner en arrière. »

En général, la morgue des soldats germaniques a disparu; elle est remplacée par un visible découragement qui va en s'accroissant. (*Fournier.*)

A cette situation de l'armée allemande il faut opposer la nôtre.

Alors que les dépôts allemands ne contiennent à peu près que des hommes de la réserve, de la territoriale et des hommes non instruits, les disponibilités des nôtres s'élèvent actuellement à 1.200.000 hommes instruits (jeunes soldats, réservistes et territoriaux) qui, non seulement, nous permettront de maintenir nos effectifs au complet de guerre pendant de longs mois, mais nous ont permis de constituer un corps expéditionnaire important destiné à prendre *Constantinople.*

Alors que les Allemands éprouvent pour se procurer des officiers des difficultés insurmontables, nos principes démocratiques nous permettent de trouver dans les ressources pour ainsi dire inépuisables de la nation les officiers qui nous seront nécessaires.

En outre, depuis le commencement de la guerre, nous avons constitué l'artillerie lourde qui nous manquait et qui, aussi bien en quantité qu'en qualité, est supérieure à l'artillerie lourde allemande, de l'aveu même de nos ennemis.

De leur côté, les Anglais qui, au début de la guerre, n'avaient pu mettre en ligne que sept faibles divisions, ont pris des mesures énergiques pour lever, équiper, instruire et encadrer une armée considérable qui doit atteindre 3 millions d'hommes au mois de juin et dont une partie importante est déjà passée sur le continent.

L'armée belge a été reconstituée et est forte de 6 divisions d'infanterie et de 2 de cavalerie.

L'armée serbe, après sa glorieuse victoire, a été recomplétée et a pu, grâce à nous, reconstituer tout son approvisionnement en munitions; elle est prête à reprendre l'offensive. Enfin, la Russie continue à puiser dans l'immense réservoir de son recrutement dont elle n'a jusqu'ici épuisé que le vingtième.

Si donc on envisage l'avenir, on constate au point de vue matériel que les Allemands ne peuvent plus nous opposer des forces supérieures aux nôtres. Ils ne réaliseront donc pas dans l'avenir ce qu'ils n'ont pu réaliser dans le passé, alors qu'ils étaient d'un tiers plus nombreux que nous; au point de vue moral, la nation allemande qui, devant les échecs constants et répétés de son armée et son usure prodigieuse, a perdu l'espoir d'une victoire définitive et n'espère plus qu'une paix honorable, ne tardera pas, devant notre offensive et devant la détresse matérielle, à s'avouer vaincue.

La situation économique de l'Allemagne.

L'Allemagne se trouve actuellement dans une situation économique extrêmement grave et qui semble sans issue.

En effet, le blocus franco-anglais ne lui permet d'importer ni les 20 millions d'hectolitres de blé dont elle a besoin, chaque année, en dehors de sa propre récolte, ni l'avoine, ni les denrées complémentaires indispensables à l'alimentation de sa population et de son bétail. L'industrie, qui manque de matières premières, est arrêtée et, de ce fait, plus de la moitié de la population est dans une misère profonde. Enfin, les faibles réserves d'or de ce pays sont près de s'épuiser et l'Allemagne a commencé à émettre du papier monnaie insuffisamment garanti par l'encaisse métallique; c'est la banqueroute menaçante.

La question du pain. — Pour essayer de faire durer jusqu'à la prochaine récolte les stocks de blé et de seigle qui existent encore en Allemagne, le gouvernement a décidé, le 25 janvier 1915, que tous les grains et toute la farine seraient saisis par l'Etat et distribués en son nom aux habitants, suivant un tarif établi. En outre, il est interdit de faire du pain de froment ou de seigle pur. Dans tout l'Empire, le pain est actuellement fabriqué avec un mélange de farine de seigle et de froment, avec adjonction de 10 p. 100 de fécule de pomme de terre (pain K) ou 20 p. 100 de fécule (pain KK). Chaque habitant n'a droit, par jour, qu'à 200 grammes de ce pain et, pour qu'il n'y ait pas de fraude possible, chaque habitant reçoit à sa mairie une « carte de pain » divisée en petits carrés représentant les rations journalières. On paye la carte à la mairie et on paye le boulanger avec la carte.

Le prix de ce pain est extrêmement élevé : 60 pfennigs (75 centimes) le kilogramme, en moyenne.

La ration journalière est manifestement insuffisante et des protestations véhémentes se sont fait jour, sans que le gouvernement en ait tenu compte. La fabrication **des gâteaux**, même dans les ménages, est interdite sous les peines les plus sévères.

La situation est aussi grave en Autriche où le gouvernement n'a pas osé prendre des mesures aussi draconiennes qu'en Allemagne; aussi la disette s'y accentue-t-elle plus vite encore qu'en Allemagne. A *Vienne*, le 20 mars, 150 boulangers ont fermé boutique. Des scènes violentes se produisent journellement devant les boulangeries restées ouvertes.

La question des pommes de terre. — La récolte de 1914 n'a donné que 47 millions de tonnes au lieu de 52. Les pommes de terre ont été séquestrées par l'Etat, comme le blé. Le recensement en a été fait du 15 au 17 mars. On a constaté qu'il n'y avait plus actuellement que 6 millions de tonnes disponibles, dont 1 million est indispensable pour la fabrication du pain K. L'Allemagne a donc déjà consommé les neuf dixièmes de sa récolte. La disette est menaçante.

Pour parer au danger, le gouvernement a décidé que, pour réserver les pommes de terre encore existantes à la nourriture des habitants, les quatre cinquièmes des porcs seraient abattus.

C'est, en effet, avec des pommes de terre que l'Allemagne engraissait les 22 millions de porcs qu'elle possède. Le professeur Pannwitz a déclaré devant la commission du Reichstag : « Les choses en sont venues à ce point que la nation exige que l'on fasse disparaître les porcs qui sont, pour elle, plus dangereux que les Anglais, les Français et les Russes réunis. »

Les pommes de terre se payent actuellement 25 francs les 100 kilogrammes.

La question de la viande. — La viande subit une crise aiguë, tant au point de vue quantité qu'au point de vue du prix. Au début de mars, le grand marché de *Vienne* n'a pu satisfaire les demandes et les prix ont augmenté en une semaine de 30 francs par 100 kilos de bête sur pied.

La *Hongrie* et la *Transylvanie*, qui étaient les deux grands centres producteurs, ont diminué leurs envois de 50 p. 100 pendant le mois de février.

On en est arrivé à expédier vers l'intérieur les chevaux de l'armée tués à la guerre pour alimenter les boucheries hippophagiques.

Le sucre. — A partir du 1er mars, le sucre, les mélasses et tous les dérivés du sucre servant à l'alimentation du bétail sont devenus monopole d'Etat. Une commission fixera les quantités de sucre à raffiner pour la consommation ménagère et les produits dérivés seront répartis entre les communes et associations agricoles.

Les agriculteurs ne pourront cultiver en betteraves que le tiers de la surface consacrée à cette culture l'année dernière.

Cette ordonnance est entrée en vigueur le 4 mars.

La bière. — A dater du 1er avril, les brasseurs ne pourront plus employer par trimestre que 60 p. 100 du malt employé pendant les périodes correspondantes de 1912-1913. Les brasseurs ont déjà augmenté de 25 p. 100 le prix de la bière au tonneau.

Le lait. — La disette de lait est imminente, tant à cause de la disparition du bétail que de la hausse du prix des fourrages.

La question de l'avoine et des fourrages. — Depuis le 16 février, l'avoine a été saisie.

On n'accorde plus, depuis le 1er mars, que 1 kgr. 500 d'avoine par jour pour chaque cheval. Il est interdit de faire manger de l'avoine aux autres animaux. Les municipalités procèdent chaque quinzaine au recensement des chevaux et l'avoine n'est délivrée que pour les chevaux recensés.

Entre le 15 et le 28 février le prix de l'avoine a augmenté de 7 fr. 50 par 100 kilogrammes.

Les réserves de fourrages sont actuellement, elles aussi, près d'être épuisées; on nourrit les chevaux avec des déchets de paille de seigle mélangés avec du sel et du son. Beaucoup de chevaux périssent chaque jour dans les batteries, les escadrons et les convois allemands. Il paraît difficile d'atteindre la prochaine récolte.

La nourriture du bétail cause de telles inquiétudes que le gouvernement a été jusqu'à ordonner de tuer les lapins, afin de consacrer ce qu'ils mangeaient à la nourriture du bétail.

Toutes les mesures générales qui viennent d'être indiquées seront insuffisantes. La presse, dans des articles quotidiens, se fait l'écho de l'anxiété générale. Cette inquiétude se traduit par les propositions les plus bizarres que, malgré leur inefficacité manifeste, l'on s'empresse de mettre en pratique.

C'est ainsi qu'à *Charlottenbourg* la municipalité interdit, sous peine d'amende, de mélanger dans la même caisse à ordures les épluchures de légumes avec les cendres et les balayures, les épluchures devant être recueillies pour servir à la nourriture du bétail!

Dans certaines villes, enfin, on interdit aux blanchisseuses d'empeser le linge parce que l'amidon est tiré du blé et que tout le blé doit être transformé en pain.

Dans toutes les villes, on donne de grandes réunions où des professeurs patentés indiquent aux femmes la façon la plus économique de faire la cuisine. Le gouvernement a été jusqu'à composer les menus recommandés aux femmes allemandes et dont voici quelques exemples :

Pour une mère et trois enfants :

Lundi : 1 kil. 500 de pommes de terre, trois harengs saurs, un quart de livre de lard, un oignon, cinquante grammes de suif de veau, un demi-litre de lait.

Mardi : deux livres de betteraves, une demi-livre de ventre de porc, cinquante grammes de graisse, deux livres de pommes de terre.

Etc...

Il est impossible de ne pas être frappé de l'unanimité avec laquelle la presse allemande invite la population au calme, au courage et à la résignation, en présence de toutes ces mesures extraordinaires. Tous les journaux insistent journellement sur les difficultés croissantes avec lesquelles le peuple allemand sera aux prises au point de vue alimentaire et répètent que l'Allemagne est dans la situation d'une ville assiégée.

Les grandes privations qu'endure la population ouvrière et agricole allemande sont mises en lumière par les lettres trouvées sur les morts et les prisonniers. En voici quelques extraits :

Hernsdorf, le 25 février 1915.

... Déjà tout le blé est saisi; on ne doit plus cuire de pain sans y ajouter des pommes de terre, on ne doit plus donner de grain aux porcs. Nous les nourrissons avec de la farine de riz qui coûte 23 marks (29 francs) le sac. Il faut aussi ménager l'avoine. Les chevaux n'ont droit qu'à 1 kil. 250 par jour...

17 février 1915.

... Le pain de 1 kil. 500 coûte 62 pfennigs (78 centimes) et l'on ne peut l'acheter où l'on veut. On vous donne un ticket avec lequel il faut aller chez le boulanger qui vous est indiqué et sur lequel est inscrit le nombre de personnes faisant partie du ménage. On a droit par jour à 200 grammes de pain et 50 grammes de farine. On n'a plus de levain. Le savon coûte 50 pfennigs (75 centimes) la livre. Comment cela finira-t-il ? Le 12 et le 13 février, les instituteurs et institutrices sont allés de maison en maison en demandant combien on avait de farine et de pommes de terre. Huit jours avant, le gendarme avait déjà fait le tour en demandant ce qu'on avait. Ceux qui ont fait de fausses déclarations ont été condamnés à six mois de prison ou 1.500 marks d'amende (1.875 francs).

Tannendorf, le 13 février 1915.

Ici l'on parle déjà de nous prendre le seigle, ce qui reste de farine, les cochons et les vaches. Qu'allons-nous devenir? Nous n'avons droit qu'à 14 livres de farine par mois, ce qui ne fait pas une demi-livre par jour. On prendra tout à ceux qui en auraient davantage et ceux qui ne donneraient pas d'indications exactes ou qui cacheraient quelque chose seront punis de six mois de prison ou 1.500 marks d'amende.

Pforzheim, le 4 février 1915.

En ce qui me concerne, je te dirai que les idées sont noires. Cette semaine, tout le métal a été réquisitionné. J'ai bien des commandes, mais le métal nécessaire au travail manque. Je crois qu'il faut envisager un avenir très pénible. Comment vivre quand le travail est rendu impossible et que la vie est si chère?...

Leipzig, le 24 février 1915.

La semaine passée, on a distribué à chaque famille des bons de pain. Je touche par semaine 3 livres de pain que je paye 60 pfennigs (0 fr. 75). Elza en touche 2 livres moyennant 40 pfennigs (0 fr. 50). Ce pain est parti comme rien. Jeudi j'avais déjà tout mangé; vendredi, samedi et dimanche, je n'ai pas eu de pain. Ce n'est que mardi que je pourrai en avoir de nouveau. Le prix des pommes de terre qui était autrefois de 10 pfennigs (0 fr. 12) est monté à 35 pfennigs (0 fr. 45) et atteint maintenant 70 pfennigs (0 fr. 85). Qu'arrivera-t-il? C'est terrible.

Berlin, le 20 février 1915 (trouvé dans un colis postal).

Contrairement à ce que je t'ai écrit par la poste, il règne ici une grande misère. Les gens doivent se contenter du quart de la nourriture normale et, de plus, elle est mauvaise. Chaque matin, on trouve sur les murs de la ville des affiches par lesquelles les femmes protestent contre la situation qui leur est faite par l'orgueil de l'empereur.

Ketsch, 23 février 1915.

Chez nous la situation est si mauvaise qu'on ne peut plus avoir pour son argent ni pommes de terre ni pain. La livre de farine coûte déjà 30 pfennigs (38 centimes); je n'ai droit avec mon enfant qu'à une livre de farine. La livre de viande coûte 1 mark 20 (1 fr. 50 la livre, 3 francs le kilog). On ne peut plus en acheter. Tant de misère vous donne envie de pleurer toute la journée.

Szerwianka, le 11 février 1915.

... Tu me dis, mon chéri, que ce ne sont que des mesures de précautions, mais on y voit combien notre pays est serré en fait d'approvisionnements. Qu'est-ce que cela sera plus tard, si ça doit durer encore longtemps! Nous vivons dans un temps où il y a de quoi devenir fou. Si ça ne change pas, eh bien j'irai te rejoindre, que tu le veuilles ou non; peut-être une balle nous tuera-t-elle tous deux et alors nous n'aurons plus à penser à rien et nous serons délivrés...

Rybeck, le 29 décembre 1914.

... Ah! si j'avais su, comme je serais restée jeune fille! Voilà qu'à présent il faut aller mendier partout pour obtenir quelques centimes. Que Dieu nous aide et fasse terminer cette guerre, car avec une telle cherté de vie il n'y a plus moyen d'y tenir et tout le monde dit que ça va encore augmenter. Les enfants n'ont plus ni vêtements ni chaussures. Il y a de quoi désespérer.

Le gouvernement allemand a essayé d'éviter aussi longtemps que possible aux troupes en campagne les conséquences de la disette qui sévit à l'intérieur du pays, mais il a été obligé de se résoudre dès le mois de février à diminuer les rations. La ration de pain a été réduite d'un tiers et tous les interrogatoires des prisonniers ont prouvé que le pain qui était distribué pour deux hommes autrefois constitue actuellement la ration pour trois hommes.

En outre, les soldats allemands n'ont plus qu'un vrai repas avec de la viande par jour, vers midi. La nourriture journalière se compose actuellement : le matin, vers 6 heures, un demi-litre de café non sucré. A midi, rata de riz ou de pois cassés avec un morceau de viande. Le soir, vers 7 heures, un demi-litre de café ou une soupe d'orge.

On ne peut s'empêcher de comparer cette nourriture avec celle de nos ordinaires qui est beaucoup plus abondante encore qu'en temps de paix. La ration de viande est, en effet, de 500 grammes; la ration de sucre et café, double de la ration normale; la ration de vin, d'un demi-litre. L'administration, surmontant les difficultés du début, fait arriver actuellement sur le front, en quantités tous les jours plus considérables, des légumes verts qui ne tarderont pas à entrer dans l'alimentation journalière de toutes nos troupes.

Les difficultés industrielles et agricoles.

Les métaux. — Depuis plusieurs mois déjà le cuivre manque, bien que le gouvernement ait fait saisir dans les pays envahis tous les objets en cuivre : chaudières, canalisations électriques, batteries de cuisine, robinets, boutons d'uniformes de prisonniers, centimes belges et sous français.

Le prix de ce métal qui, en raison de sa rareté, menaçait de s'élever indéfiniment, a dû être fixé par le gouvernement à 250 francs les 100 kilogrammes. Il coûtait avant la guerre 150 francs.

Pétrole. — L'Allemagne, privée du pétrole russe, américain et roumain, a dû interdire, depuis le 6 mars, l'usage du pétrole aux particuliers.

Tout le pétrole encore existant est réservé aux usages militaires. Les autos civiles ont été complètement supprimées.

Laine. — La laine de tous les moutons de l'empire a été mise sous séquestre. Comme elle sera insuffisante pour les besoins de la consommation, on a organisé des troupes d'enfants qui récoltent dans les familles les vieilles étoffes de laine avec lesquelles on compte fabriquer de la laine artificielle.

Nitrates. — Le blocus empêche l'arrivée des nitrates du Chili. C'est un désastre pour la prochaine récolte. En outre, sans nitrate, pas d'acide nitrique, par conséquent plus de nitroglycérine, plus de fulmicoton, plus de trinitrtoluol, plus d'explosifs en un mot.

Les difficultés financières.

La situation financière de l'Allemagne est aussi critique que sa situation économique. Elle est en effet obligée de payer tout ce qu'elle achète encore dans les pays neutres avec de l'or, car la confiance dans la solvabilité de l'Allemagne n'a pas cessé de décroître depuis le commencement de la guerre. Alors que le billet de la banque française de 100 francs fait prime partout, on n'acceptait en Norvège, le 15 mars, le billet de 100 marks (125 francs) que pour 81 couronnes (105 francs). La dépréciation du billet allemand est donc de 16 francs pour 100 francs. Or, la réserve d'or de l'Allemagne est très faible. Pour essayer de remédier à cette situation désastreuse, le gouvernement a recours à tous les expédients pour se procurer de l'or.

Ainsi, il a projeté de dévaloriser l'or! C'est-à-dire que, à partir d'une certaine date, toutes les pièces d'or de 10 marks détenues par les particuliers ne vaudraient plus que 9 marks. Seules les pièces détenues par l'Etat conserveraient leur valeur. Ce qui est tout simplement absurde, puisqu'un poids d'or vaut toujours ce que la balance indique et sur le marché universel il n'est influencé par aucune volonté arbitraire.

On n'a reculé devant aucun petit moyen pour rafler l'or. Toute personne qui apporte 200 francs d'or à l'Office central de Berlin reçoit une bague en fer comme témoignage de la gratitude nationale.

On fouille les voyageurs à leur entrée en Allemagne et on leur prend de force leur or qu'on remplace par des billets. Enfin, on a formé avec les élèves des lycées et des écoles communales, munis d'une commission de la Banque d'Empire, des équipes qui parcourent les différents quartiers des villes et des villages, pénètrent dans les appartements en troupes nombreuses et n'en sortent que lorsqu'on leur a remis quelques pièces d'or.

Tous ces procédés de détresse n'ont naturellement donné que des résultats dérisoires et la Banque d'Empire n'a pu augmenter ainsi son encaisse d'or que de quelques centaines de mille marks, alors qu'il lui eût fallu des centaines de millions pour enrayer la dépréciation de ses billets de banque. L'encaisse or de la Banque impériale ne s'élevait, fin décembre, qu'à 2 milliards de marks (2 milliards 500 millions) alors qu'à la même date l'encaisse or de la Banque de France s'élevait à plus de 4 milliards.

L'argent disponible actuellement réparti dans la population allemande est d'ailleurs extrêmement rare.

Aussi les emprunts de guerre émis par le gouvernement ont-ils eu la plus grande difficulté à être souscrits. Lors du premier emprunt, au début de la guerre, sur les 7 milliards demandés, 4 milliards seulement ont été souscrits, malgré la pression exercée par le gouvernement sur les caisses d'épargne. Pour le deuxième emprunt, qui vient d'être clôturé, le gouvernement demandait 6 milliards. Ils ne seront couverts qu'à l'aide de véritables subterfuges. C'est ainsi que l'Etat prête en papier monnaie sur les titres du premier emprunt des sommes qu'il accepte comme souscription pour le deuxième. Cela revient à émettre indéfiniment du papier monnaie sans encaisse métallique pour en répondre. Même avec l'aide de ces procédés de faillite, le deuxième emprunt n'a pu être souscrit qu'en obligeant les caisses d'épargne et les banques des pays envahis à souscrire pour toutes leurs disponibilités.

Il faut opposer à cette situation lamentable la situation de la France où les obligations de la Défense nationale sont souscrites sans la moindre difficulté au fur et à mesure des besoins. Nous sommes assurés de faire, jusqu'à la fin de la guerre, face à toutes les dépenses sans recourir à aucun moyen extraordinaire.

Conclusion.

Il résulte de tous les faits qui précèdent que les Alliés, indépendamment de leurs victoires, se trouvent, au point de vue général, dans une situation bien supérieure à celle de leurs ennemis.

Le *Tag*, le grand journal conservateur gouvernemental, a fait l'aveu des terribles déceptions qui, depuis le début de la guerre, se sont accumulées sur l'Allemagne. Il écrivait à la fin de mars :

Nous nous sommes trompés dans tant de nos calculs ! Nous nous attendions à ce que l'Inde entière se révoltât au premier son des canons en Europe, et voilà que des milliers et des dizaines de milliers d'Indiens combattent maintenant avec les Anglais contre nous. Nous nous attendions à ce que l'empire britannique fût réduit en miettes; mais les colonies britanniques se sont unies, comme elles ne l'avaient jamais fait auparavant, à la mère-patrie. Nous nous attendions à un soulèvement victorieux dans l'Afrique du sud britannique, et nous ne voyons là qu'un fiasco. Nous nous attendions à des désordres en Irlande, et l'Irlande envoie contre nous quelques-uns de ses meilleurs contingents. Nous croyions que le parti de la « paix à tout prix » était tout-puissant en Angleterre; mais il a disparu dans l'enthousiasme général qu'a suscité la guerre à l'Allemagne. Nous calculions que l'Angleterre était dégénérée et incapable de constituer un facteur sérieux dans la guerre, et elle se montre notre ennemi le plus dangereux.

Il en a été de même avec la France et la Russie. Nous pensions que la France était corrompue et qu'elle avait perdu le sens de la solidarité nationale, et nous constatons maintenant que les Français sont des adversaires formidables. Nous croyions que la Russie ne pouvait rien faire; nous jugions que ce peuple était trop profondément mécontent pour combattre en faveur du gouvernement russe; nous comptions sur son effondrement rapide, en tant que grande puissance militaire. Mais la Russie a mobilisé ses millions d'hommes très rapidement et très bien; son peuple est plein d'enthousiasme et sa force est écrasante. Ceux qui nous ont conduits à toutes ces erreurs, à tous ces faux calculs, à toutes ces grosses méprises sur nos voisins et sur leurs affaires ont assumé un lourd fardeau de responsabilités.

C'est grâce à la ténacité que nous avons apportée depuis huit mois dans la lutte que l'Allemagne s'affaiblit de jour en jour.

C'est à cette ténacité que nous avons dû la victoire dans toutes les batailles, depuis la Marne.

C'est elle qui nous donnera le triomphe définitif et qui sauvegardera à tout jamais l'indépendance de notre belle France.

C'est elle qui assurera aux générations futures une paix solide et durable.

Si, au contraire, nous avions la faiblesse de laisser l'Allemagne échapper au châtiment qui l'attend, nous la verrions se relever rapidement et nous attaquer à nouveau d'ici dix ans peut-être. Les jeunes hommes qui sont aujourd'hui sur le front auraient à combattre une seconde fois dans leur vie. Les plus vieux verraient marcher leurs enfants, devenus des hommes. Et cela, sans compter qu'avec les progrès de la science, la prochaine guerre sera bien plus terrible encore que la guerre actuelle.

Un Français ne saurait oublier que, depuis que la Prusse existe, elle n'a jamais cessé d'être notre ennemic, elle n'a jamais cessé de viser à la destruction de notre patrie.

L'histoire montre que, chaque fois qu'elle nous a crus faibles, elle s'est ruée sur nous :

En 1792, elle croit notre armée désorganisée; elle nous envahit, à la fois pour nous écraser et pour étouffer nos libertés naissantes. Mais la victoire de Valmy rejette ses armées hors de France.

En 1806, elle voit nos forces disséminées au camp de Boulogne, en Italie, en Espagne; elle croit que nous ne pourrons lui faire face; elle prépare une attaque que les victoires d'Iéna et d'Auerstædt réduisent à néant.

En 1813, elle voit notre armée décimée par l'hiver russe, sans cavalerie, sans artillerie; elle se lève pour nous achever pendant que les Saxons et les Bavarois, nos alliés, nous tirent traîtreusement dans le dos.

En 1814, notre armée est infime, à peine instruite; elle met en ligne avec ses alliés des forces dix fois supérieures, elle en profite pour nous envahir, et, sans l'intervention généreuse de l'empereur Alexandre de Russie, la France n'échappait pas à un partage qui l'eût fait disparaître à tout jamais.

En 1815, elle est la première à se lever pour nous empêcher de réorganiser nos armées et elle nous envahit à nouveau.

En 1870, elle sait que notre armée est numériquement inférieure et que nous n'avons pas de réserve; elle recourt à un faux pour rendre la guerre inévitable; alors déjà elle sème chez nous le meurtre, la ruine et l'incendie.

Enfin, en 1914, c'est par la violation de la neutralité belge qu'elle tente de nous prendre au dépourvu, espérant nous écraser sous le nombre.

Voilà l'ennemi implacable, fourbe, déloyal, capable de tous les crimes, que nous avons devant nous.

Petits-fils des soldats de Valmy, d'Iéna, de Champaubert, de Montmirail, de Ligny, nous le jetterons hors de France.

Soldats de la 6ᵉ armée, sus à l'ennemi! Que pas un de vous ne rentre dans son village sans avoir abattu plusieurs Allemands.

Il y va de l'existence même de la patrie.

Général Dubois,
Commandant la 6ᵉ armée.

ANNEXE N° 2.

QUELQUES ORDRES GÉNÉRAUX.

8ᵉ ARMÉE

ÉTAT - MAJOR   Au Q. G., à Rousbrugge, le 12 mars 1915.

1ᵉʳ *Bureau*

Ordre général n° 34.

M. le général Dubois, appelé à de hautes fonctions, quitte à dater du 14 mars 1915 le commandement du 9ᵉ corps d'armée, qui sera exercé provisoirement, à partir de cette date et jusqu'à l'arrivée du nouveau titulaire, par M. le général Guignabaudet, commandant la 17ᵉ division d'infanterie.

Tous les militaires du 9ᵉ corps regretteront le départ du chef qui les a si vaillamment commandés depuis le début de la campagne et qui, au cours de l'hiver qui vient de s'écouler, a, avec eux, acquis des titres glorieux à la reconnaissance du pays.

Nul ne le regrettera plus que le commandant de l'armée, qui perd en lui un collaborateur dont il a su apprécier la complète abnégation en même temps que les hautes qualités militaires.

Les vœux de tous, à la 8ᵉ armée, le suivront dans l'exercice du commandement éminent qui lui est confié.

Le Général commandant la 8ᵉ armée,

V. D'URBAL.

9ᵉ CORPS D'ARMÉE

ÉTAT - MAJOR

N° 1559

Au quartier général, à Poperinghe, le 13 mars 1915.

Ordre.

Appelé à servir sur un autre point du front, je quitte mon beau et cher 9ᵉ corps.

Aux batailles de la Semoy et de la Meuse, où vous n'avez jamais retraité sans un ordre; au combat de Bertoncourt, qui comptera parmi les plus belles actions offensives de la campagne; à la bataille de la Marne, où la fortune vous a mis à la place la plus enviable; à la bataille de l'Aisne, et enfin à la bataille de l'Yser, où vingt-cinq jours durant, vous avez tenu tête à des forces trois fois supérieu-res, toujours je vous ai trouvés à hauteur des efforts les plus durs, toujours vous avez été prêts à donner à la France jusqu'à votre dernier souffle.

Mes chers amis, une fois de plus, je vous dis : Merci; et quand, bientôt, vous marcherez vers de nouveaux succès, pour assurer défi-nitivement le triomphe de nos armes, votre ancien chef sera, soyez-en sûrs, le premier à y applaudir. Il vous laisse le meilleur de son cœur.

Je salue vos nobles drapeaux et étendards que votre courage fait resplendir d'un nouvel éclat.

Général Dubois.

9ᵉ CORPS D'ARMÉE
—
ÉTAT - MAJOR
—
1ᵉʳ *Bureau*
—
N° 4 P. C.

Au quartier général, à Poperinghe, le 18 janvier 1915.

Note de service.

Le général commandant le corps d'armée a constaté qu'en cer-tains endroits les noms inscrits sur les croix qui surmontent les tombes des militaires morts au champ d'honneur commencent à être peu lisibles.

Dans tous les cantonnements de là zone de combat et dans tous ceux où se trouvent des ambulances, on vérifiera les inscriptions des croix et on les renouvellera pour qu'elles restent parfaitement lisibles.

C'est là un devoir que tous auront à cœur de remplir vis-à-vis de nos morts et aussi vis-à-vis de leurs familles, afin que celles qui vou-draient, après la guerre, ramener en France la dépouille mortelle des leurs, puissent le faire.

Général Dubois.

9ᵉ CORPS D'ARMÉE
—
ÉTAT - MAJOR   Au Q. G., Ypres, le 27 octobre 1914.
—
N° 2771 s. c.

Ordre général.

Le lieutenant-colonel Maury, commandant le 135ᵉ, vient de tomber frappé d'une balle à la tête en entraînant son régiment à l'assaut.

Le général commandant le 9ᵉ C. A. est l'interprète de tout le 9ᵉ corps en saluant ce magnifique officier, dont tous les grades se comptaient par des actions d'éclat.

Nommé chef de bataillon au Maroc, après avoir eu la poitrine traversée d'une balle, il avait été blessé deux fois en Lorraine, au combat d'Erbeviller. Il avait rejoint sans même attendre la guérison complète de ses blessures.

Nommé comme lieutenant-colonel au commandement du 135ᵉ d'infanterie, il avait été cité à l'ordre de l'armée pour son énergie, sa bravoure et son coup d'œil au combat de Prosnes.

Depuis trois jours, à l'ouest de Zonnebeke, il menait victorieusement le 135ᵉ à l'assaut des positions ennemies au sud de Passchendaele.

Son souvenir s'ajoute à celui de tous les officiers, sous-officiers et soldats du 9ᵉ corps d'armée qui, depuis trois mois, se sont sacrifiés sur tous les champs de bataille pour la patrie.

Son nom personnifiera pour nous le type accompli de l'officier français qu'était cet admirable soldat.

Le Général commandant le 9ᵉ corps d'armée,

Général DUBOIS.

9ᵉ CORPS D'ARMÉE
—
ÉTAT - MAJOR
—
1ᵉʳ *Bureau*
—   Au Q. G., Poperinghe, le 7 janvier 1915.
N° 199 s. c./427.

Ordre général n° 101.

Le général commandant le corps d'armée a la douleur de faire part aux troupes sous ses ordres de la mort du colonel Simon, du 90ᵉ d'infanterie, décédé le 1ᵉʳ janvier, à Châteauroux, des suites de la grave maladie qu'il a contractée au cours de la campagne, au moment où la croix d'officier de la Légion d'honneur venait récompenser ses éminents services.

Dans les quatre mois qu'il a passés à l'armée, soit comme colonel du 90e, soit comme commandant des 33e et 34e brigades, le colonel Simon a été, par son courage et ses belles qualités militaires, un exemple pour tous.

S'il n'a pas eu la satisfaction de vivre assez longtemps pour voir l'écrasement définitif de l'Allemagne, il a du moins eu la joie de conduire victorieusement sa brigade à la bataille de la Marne, dans les combats autour de Reims et dans les premières journées de la bataille de l'Yser.

Le général commandant le corps d'armée salue une dernière fois ce vaillant soldat, cet homme de devoir qui s'est dépensé sans compter pour la patrie, ce chef à la fois si ferme et si bienveillant qui a si largement contribué aux succès remportés par ses troupes.

Il se fait l'interprète de tout le corps d'armée en adressant à sa famille l'hommage de sa douloureuse sympathie.

Général Dubois.

ANNEXE N° 3.

Une manifestation nationale a été organisée à la Sorbonne en faveur des régions dévastées, le 19 juin 1920, par les grandes associations françaises, sous la présidence de M. Poincaré.

Les maires de Reims, d'Arras, de Verdun, de Saint-Quentin, de Cambrai et autres villes détruites exposèrent l'effort de leurs concitoyens.

Le Ministre des régions libérées, les présidents de la Chambre et du Sénat firent connaître les volontés du gouvernement et du Parlement. Puis le maréchal Foch prit la parole et rappela l'effort magnifique fait par le pays pour sauver la France et la libérer de l'invasion.

Voici sa déclaration, telle que la reproduit *le Temps* du 20 juin :

Déclaration du maréchal Foch, commandant en chef des armées alliées.

Le maréchal Foch a tenu à montrer l'effort de la France dans la bataille engagée. A cet effet, il a examiné successivement la question des effectifs, la question des fabrications, l'action des troupes françaises et les pertes subies par nos armées :

Effectifs. — A la veille de la mobilisation, l'armée française comptait 817.000 hommes (non compris les indigènes).

La mobilisation l'a portée, du 1ᵉʳ au 15 août 1914, à 2.287.000 hommes.

Au 1ᵉʳ octobre 1918, elle a incorporé, comme hommes de troupe, le chiffre imposant de 7 millions 842.000 hommes.

Ce résultat a été obtenu par l'appel successif des classes 1914, 1915, 1916, 1917, 1918, 1919, la mobilisation complète des vieilles classes jusqu'à la classe 1887 incluse et récupération de plus de 1.370.000 ajournés, réformés et exemptés de toutes classes.

Nos colonies nous ont apporté le concours de 250.000 indigènes de l'Afrique du Nord et de 215.000 indigènes coloniaux.

Au total : 8.407.000 Français ou indigènes ont servi dans les emplois militaires au cours de la guerre (dont 90.000 mobilisés en 1914 comme officiers).

Fabrications. — Le nombre des canons en service aux armées, malgré une usure formidable, est passé :

Pour l'artillerie de campagne, de 3.840 en 1914 à 5.000 en 1918;

Pour l'artillerie lourde, de 308 en 1914 à 5.500 en 1918, de modèles perfectionnés.

L'artillerie d'assaut n'existait pas à la mobilisation. A l'armistice, elle comprend 2.500 chars légers, 100 chars lourds.

La fabrication des munitions, telle qu'elle était prévue avant la mobilisation, était de 13.000 coups de 75, 465 de 155 par jour.

Ce chiffre était bientôt reconnu insuffisant et la fabrication s'élevait, en 1917, à 356.000 obus de 75, 41.000 de 155 usinés par jour.

Le développement de l'aviation était non moins remarquable : de 200 avions en 1914, nous étions passés à 3.174 avions en 1918, en service sur le front.

Efforts des troupes. — Mais, pour se rendre compte de l'effort demandé aux armées françaises au cours de la bataille engagée, de 1914 à 1918, il faut retenir que ces armées ont tenu sur les 680 kilomètres qui s'étendent de la mer du Nord à la Suisse, un front de :

650 kilomètres en décembre 1914;

530 kilomètres au 20 mars 1918;

655 kilomètres au 6 mai de la même année,

Et de 671 kilomètres après la poussée allemande du 27 mai.

La défense continue d'un front aussi étendu a demandé aux divisions françaises un effort constant de manœuvres et d'actions incessantes.

C'est ainsi que les divisions françaises sont sans cesse en mouvement, et à peine sorties d'un secteur de bataille, rejetées dans un autre, après avoir été plus ou moins reconstituées.

Elles soutiennent cependant cet effort jusqu'au bout, sans aucune défaillance, malgré la lourdeur des pertes.

Là sera l'étonnement de l'Histoire que nos soldats aient pu poursuivre pendant cinquante-deux mois une bataille qui n'a pas cessé et qui s'est terminée par un redoublement d'activité, d'énergie et de vigueur de leur part.

Pertes. — Mais ces résultats n'avaient pas été obtenus sans de douloureux sacrifices. Ils se chiffrent par un total de :

1.357.000 tués ou disparus (dont 71.000 indigènes);

377.000 mutilés,

Ce qui représente une perte définitive pour la nation de 1.760.000 hommes, soit environ 1 homme pour 5 mobilisés.

Et il faut y ajouter encore 370.000 réformés du fait de la guerre.

Si la France pacifique de 1914 peut aujourd'hui regarder avec une douloureuse et légitime fierté la victoire que lui ont value ses armées, elle a bien le droit de poursuivre la réparation des dommages qui lui ont été causés par la plus inique des agressions. Bien plus, après avoir éprouvé les pertes cruelles énumérées ci-dessus, avoir subi des dévastations profondes en grande partie systématiques et sans nécessité militaire, après avoir vu infliger à ses populations les traitements les plus barbares, elle a le devoir, pour vivre et pour guérir ses plaies, d'assumer sans retard des charges très lourdes. Elle ne peut les porter sans la pleine exécution des engagements signés par l'ennemi.

TABLE DES MATIÈRES

Du tome II.

I. — La bataille d'Ypres.

II. — Dans les tranchées d'Ypres.

III. — La 6e armée devant le front de Paris.

IV. — Quelques réflexions.

ANNEXES.

CARTES ET CROQUIS.

PARIS ET LIMOGES. — IMPRIMERIE ET LIBRAIRIE MILITAIRES CHARLES-LAVAUZELLE

Général DUBOIS, commandant la 1re division de cavalerie, membre du Conseil supérieur des Haras. — **La crise du demi-sang français.** *Évolution nécessaire.* In-8° de 120 pages, broché.. 3 »

L'Angleterre au feu. — **Dépêches de Sir Douglas Haig,** mises en français par le commandant breveté GEMEAU. Préface de M. le Maréchal FOCH. Volume grand in-8° de 474 pages avec 25 croquis dans le texte et 10 grandes cartes dans une pochette spéciale annexée au volume.................................... 45 »

Général GOMER CASTAING. — **Sur le front : Méditations et Pensées de guerre** (août 1914-mars 1918). Préface du général DE MAUD'HUY. In-18 de 220 pages... 5 »

LUCIEN CORNET, Sénateur. — **1914-1915 : Histoire de la guerre.**
    TOME Ier : *Des origines au 10 novembre 1914.* In-8° de 380 pages........... 7 50
    TOME II : *Du 10 novembre 1914 au 31 mars 1915.* In-8° de 360 pages......... 7 50
    TOME III : *Du 31 mars 1915 à août 1915.* In-8° de 344 pages.................. 9 »
    TOME IV : *(En préparation).*

ERNEST GAY, Président du Conseil général de la Seine. — **Paris Héroïque.** Avec le Discours-Préface prononcé par M. POINCARÉ à la remise de la Croix de guerre à la ville de Paris. In-8° de 328 pages.................................... 7 50

Docteur LÉON WAUTHY. — **Psychologie du soldat en campagne.** Grand in-8° de 108 pages, broché... 5 »

E. DE LARMINAT. — **La Topographie chez l'ennemi. Comment nous dressions la carte du terrain occupé par l'adversaire.** In-8° de 96 pages.... 5 »

La Grande Revanche (1870-1871) (1914-1919). Conférences morales et patriotiques sur la Grande Guerre qui nous a donné la Victoire. Ouvrage de vulgarisation pour les soldats et la jeunesse de France. In-8° avec portraits de M. Clemenceau et des trois maréchaux, gravures et cartes (16e édition)........................ 3 50

PIERRE DAUZET. — **Guerre de 1914. De Liége à la Marne,** avec croquis et carte en couleurs des positions successives des armées. Préface de M. Gabriel HANOTAUX, de l'Académie française. (15e édition entièrement refondue.) In-8° de 124 pages.. 3 75

PIERRE DAUZET. — **Guerre de 1914. La bataille des Flandres** (16 octobre-15 novembre 1914), avec une carte en couleurs et deux croquis. In-8° de 132 p. 3 75

Capitaine KUNTZ. — **1914-1915. Les Opérations franco-britanniques dans les Flandres.** In-18 de 136 pages avec 9 croquis et 2 cartes hors texte..... 3 75

Comte DE CAIX DE SAINT-AYMOUR. — **Guerre de 1914. La marche sur Paris de l'aile droite allemande.** *Ses derniers combats (23 août-4 septembre 1914),* avec trois cartes. (5e édition, revue et considérablement augmentée.) In-18 de 184 p. 3 »

ANDRÉ LAINÉ, pilote-aviateur, instructeur technique. — **Dictionnaire de l'Aviation.** Préface de M. Paul PAINLEVÉ, membre de l'Institut, ancien président du Conseil. In-18 de 408 pages.................................... 12 »

CHARLES LAFON, lieutenant de vaisseau, aviateur-aéronaute, lauréat de l'Institut. — **Les Armées aériennes modernes (France et étranger).** *Ouvrage suivi d'une étude sur l'action des flottes aériennes pendant la guerre 1914,* avec 8 croquis ou gravures dans le texte. In-8° de 268 pages, broché................... 6 »

CHARLES LAFON, lieutenant de vaisseau, aviateur-aéronaute, lauréat de l'Institut. — **La France ailée en guerre.** In-8° de 284 pages..................... 10 »

Lieutenant-colonel CARRÈRE. — **1914-1918. Cavalerie.** *Faits vécus. Enseignements à en tirer.* — *Considérations générales :* Que peut la cavalerie : 1° avant la bataille ; 2° pendant la bataille ; 3° après la bataille? — *Conclusions :* A) Base déterminante de son effectif ; B) Une cavalerie d'armée ; c) Orientation nouvelle de l'instruction. In-8° de 84 pages....................................... 4 »